KLAUS PIELEMEIER

Das Aufrechnungsverbot des § 393 BGB

Schriften zum Bürgerlichen Recht

Band 109

Das Aufrechnungsverbot des § 393 BGB

seine Entstehungsgeschichte und seine Bedeutung im geltenden Recht

Von

Dr. Klaus Pielemeier

Duncker & Humblot / Berlin

CIP-Titelaufnahme der Deutschen Bibliothek

Pielemeier, Klaus:

Das Aufrechnungsverbot des § 393 BGB : seine Entstehungsgeschichte u. seine Bedeutung im geltenden Recht / von Klaus Pielemeier. — Berlin : Duncker u. Humblot, 1988
(Schriften zum Bürgerlichen Recht ; Bd. 109)
Zugl.: Bochum, Univ., Diss., 1986
ISBN 3-428-06391-0
NE: GT

Satz: Irma Grininger, Berlin 62
Druck: Berliner Buchdruckerei Union GmbH, Berlin 61
Printed in Germany

ISBN 3-428-06391-0

Vorwort

Die Arbeit wurde von der Juristischen Fakultät der Ruhr-Universität Bochum im Wintersemester 1986/87 als Dissertation angenommen.

Großen Dank schulde ich meinem verehrten Lehrer, Herrn Prof. Dr. Jan Schröder, der nicht nur die Anregung zu dem Thema der Arbeit gab, sondern mich auch beim weiteren Verlauf mit großer Geduld durch zahlreiche Gespräche und wertvolle Hinweise unterstützte.

Danken möchte ich auch Herrn Prof. Dr. Christoph Krampe, dem Zweitberichterstatter im Promotionsverfahren, der mir insbesondere zum römischrechtlichen Teil der Arbeit hilfreiche Anregungen gab.

Der Ruhr-Universität Bochum danke ich für die Verleihung des Preises für das Jahr 1987 sowie für die Gewährung eines Druckkostenzuschusses.

Den Mitarbeitern des Verlages Duncker & Humblot danke ich für die problemlose Zusammenarbeit.

Bochum, im April 1987

Klaus Pielemeier

Inhaltsverzeichnis

Abkürzungsverzeichnis

a.A.	anderer Ansicht
aaO	am angegebenen Ort
ABGB	Allgemeines Bürgerliches Gesetzbuch für die gesammten deutschen Erbländer der Österreichischen Monarchie von 1811
Abs.	Absatz
Abt.	Abteilung
AcP	Archiv für die civilistische Praxis
a.E.	am Ende
AK	Alternativkommentar
Anh.	Anhang
Anm.	Anmerkung
APal	Annali del Seminario giuridico dell'Università di Palermo
Art.	Artikel
Aufl.	Auflage
Bad.Württ.	Baden-Württemberg
BAG	Bundesarbeitsgericht
BayObLG	Bayerisches Oberstes Landesgericht
BB	Betriebs-Berater
Bd.	Band
BEG	Bundesgesetz zur Entschädigung für Opfer der nationalsozialistischen Verfolgung von 1956
Bespr.	Besprechung
BFH	Bundesfinanzhof
BGB	Bürgerliches Gesetzbuch
BGH	Bundesgerichtshof
BGHSt	Entscheidungen des Bundesgerichtshofes in Strafsachen
BGHZ	Entscheidungen des Bundesgerichtshofes in Zivilsachen
Bull.	Bullettino dell'Istituto di diritto romano
BVerfG	Bundesverfassungsgericht
BVerfGE	Entscheidungen des Bundesverfassungsgerichts
bzw.	beziehungsweise
C	Codex Iustinianus (Corpus iuris civilis, vol. II, hrsg. von Paul Krüger, 14. Auflage, Dublin, Zürich 1967)
Cap.	Capitel
CT	Codex Theodosianus (hrsg. von Th. Mommsen und P. M. Meyer, 4. unveränderte Auflage, Dublin, Zürich 1970/71)
D	Digesta Iustiniani (Corpus iuris civilis, vol. I, hrsg. von Paul Krüger und Theodor Mommsen, 22. Auflage, Dublin, Zürich 1973)
Def.	Defendent (defendens); Definitio
ders.	derselbe
dgl.	dergleichen
d.h.	das heißt
dies.	dieselben
Disp.	Disputatio

Diss.	Dissertatio
DM	Deutsche Mark
DÖD	Der öffentliche Dienst
DR	Deutsches Recht
ED	Enciclopedia del diritto
Einl.	Einleitung
Exerc.	Exercitatio
f.	folgende
ff.	fortfolgende
Fn.	Fußnote
fol.	Blatt (folium)
FS	Festschrift
GA	Goltdammer's Archiv für Strafrecht
Gebr.	Gebrüder
GG	Grundgesetz
Gl	Glosse
HGB	Handelsgesetzbuch
h.M.	herrschende Meinung
hrsg.	herausgegeben
I	Institutiones Iustiniani (Corpus iuris civilis, vol. I, hrsg. von Paul Krüger und Theodor Mommsen, 22. Auflage, Dublin, Zürich 1973)
i.a.R.	in aller Regel
i.E.	im Ergebnis
Imp.	Imperator
inaug.	inauguralis
insbes.	insbesondere
IP	Interpretatio zu den Paulussentenzen (hrsg. von Max Kaser und Fritz Schwarz, Köln, Graz 1956)
i.S.d.	im Sinne des (der)
IT	Interpretatio zum Codex Theodosianus
iur.	iuridica
Iura	IURA. Rivista internazionale di diritto romano e antico
i.V.m.	in Verbindung mit
JR	Juristische Rundschau
jur.	juridica
Jura	Juristische Ausbildung
JuS	Juristische Schulung
JW	Juristische Wochenschrift
JZ	Juristenzeitung
Kap.	Kapitel
KO	Konkursordnung
KTS	Konkurs-, Treuhand- und Schiedsgerichtswesen
Labeo	LABEO, Rassegna di diritto romano
LG	Landgericht
Lib.	Liber
LM	Nachschlagewerk des Bundesgerichtshofs, hrsg. von Lindenmaier/Möhring und anderen
LZ	Leipziger Zeitschrift für Deutsches Recht
m. Anm. v.	mit Anmerkung von
MDR	Monatsschrift für Deutsches Recht
Mnem.	Mnemosyne, Bibliotheca philologica

Mot.	Motive zu dem Entwurf eines Bürgerlichen Gesetzbuches für das deutsche Reich
MünchKomm	Münchener Kommentar
Ndr.	Neudruck
NJW	Neue Juristische Wochenschrift
NNDI	Novissimo digesto italiano
Nov.	Novellae Iustiniani (Corpus iuris civilis, vol. III, hrsg. von R. Schoell und G. Kroll, 10. Auflage, Dublin, Zürich 1972)
Nr.	Nummer
NStZ	Neue Zeitschrift für Strafrecht
OLG	Oberlandesgericht
OLGZ	Entscheidungen der Oberlandesgerichte in Zivilsachen
pp.	praefectus praetorio
pr.	principium
praef. praet.	praefectus praetorio
Praes.	Praeses
Prot.	Protokolle der Kommission für die zweite Lesung des Entwurfs des Bürgerlichen Gesetzbuches
PS	Pauli sententiae receptae (Fontes iuris Romani anteiustiniani, vol. II: auctores, hrsg. von J. Baviera und C. Ferrini, Florenz 1909, S. 259-344)
Qu.	Quaestio
RE	Paulys Realencyclopädie der classischen Altertumswissenschaft. Neue Bearbeitung von G. Wissowa, W. Kroll, K. Mittelhaus, K. Ziegler und H. Gärtner
Recht	Das Recht (Untertitel: Rundschau für den Deutschen Juristenstand, ab 1925: Juristisches Zentralblatt für Praktiker)
Resp.	Respondent (respondens)
RG	Reichsgericht
RGRK	Kommentar zum Bürgerlichen Gesetzbuch, hrsg. von Reichsgerichtsräten und Bundesrichtern
RGZ	Entscheidungen des Reichsgerichts in Zivilsachen
RIDA	Revue internationale des droits de l'antiquité
Rn.	Randnummer
S.	Seite; siehe
Sächs.Arch.	Sächsisches Archiv für Rechtspflege
scil.	scilicet
SDHI	Studia et documenta historiae et iuris
SeuffArch.	Seufferts's Archiv für Entscheidungen der obersten Gerichte in den deutschen Staaten
SK	Systematischer Kommentar zum Strafgesetzbuch
Sp.	Spalte; Specimen
StGB	Strafgesetzbuch
StudK	Studienkommentar
SZ	Zeitschrift der Savigny-Stiftung für Rechtsgeschichte. Romanistische Abteilung
Tit.	Titulus
Tom.	Tomus
TR	Tijdschrift voor rechtsgeschiedenis = Revue d'histoire de droit
u.	und
u.a.	unter anderem
v.	von

VersR	Versicherungsrecht
VGH	Verfassungsgerichtshof
vgl.	vergleiche
vo	Rückseite (verso)
Vol.	Volumen
Vorbem. v.	Vorbemerkung vor
WarnRspr.	Die Rechtsprechung des Reichsgerichts auf dem Gebiete des Zivilrechts, hrsg. von Otto Warneyer
WM	Wertpapier-Mitteilungen
z.B.	zum Beispiel
Ziff.	Ziffer
ZPO	Zivilprozeßordnung
ZZP	Zeitschrift für Zivilprozeß

Erster Teil

Die Entstehungsgeschichte des § 393 BGB

1. Kapitel

Römisches Recht - C 4, 31, 14, 2

I. Einleitung

Die Vorschrift des § 393 BGB, der zufolge die Aufrechnung gegenüber Ansprüchen aus vorsätzlich begangener unerlaubter Handlung untersagt ist, hat seit dem Inkrafttreten des Bürgerlichen Gesetzbuches bis heute unverändert fortbestanden. Unternimmt man den Versuch, die Entstehungsgeschichte des § 393 BGB darzustellen, so kommt man nicht umhin, das römische Recht zum Ausgangspunkt der Untersuchung zu machen. Eine Stelle aus dem justinianischen Codex, C 4, 31, 14, 2, wird nämlich heute noch als erster „Vorläufer" des § 393 BGB angesehen.[1] C 4, 31, 14, 2 lautet:

Imp. Iustinianus A. Iohanni pp. (531)
Possessionem autem alienam perperam occupantibus compensatio non datur.

(Der Kaiser Justinian an Johannes, praef. praet.
Auch[2] denen, die sich widerrechtlich fremden Besitzes bemächtigen, wird die Aufrechnung nicht gestattet.)

Für die Verfasser des Bürgerlichen Gesetzbuches war diese Verordnung Justinians das Vorbild zu § 393 BGB, und erst während der Gesetzgebungsarbeiten wurde das justinianische Aufrechnungsverbot erweitert[3] und erhielt seine heutige Fassung.[4]

Zuvor hatte das Reichsgericht noch gem. C 4, 31, 14, 2 Recht gesprochen.[5] War demzufolge die justinianische Verordnung in C 4, 31, 14, 2 bis zum Inkrafttreten des Bürgerlichen Gesetzbuches ein verbindlicher Bestandteil der Rechtsordnung, so erhellt ohne weiteres die Notwendigkeit, sich im Rahmen der Untersuchung der Entstehungsgeschichte des § 393 BGB zunächst mit jener Verord-

---

[1] Haase, JR 1972, S. 137 Fn. 2; MünchKomm/v. Feldmann, § 393 Rn. 1; ebenso etwa schon Heilfron, § 34, S. 293; Oertmann, § 393 Anm. 1; Rehbein, S. 359.

[2] Die Übersetzung von autem mit auch resultiert aus dem zuvor von Justinian erwähnten Aufrechnungsausschluß beim depositum.

[3] MünchKomm/v. Feldmann, § 393 Rn. 1; Rehbein, S. 359.

[4] Vgl. hierzu Mugdan, Mot. II, S. 62 zu § 287; Schubert, Die Vorlagen der Redaktoren, Recht der Schuldverhältnisse Teil 1, S. 1094 f. zu § 5 und unten 1. Teil, 4. Kap., IV.

[5] RGZ 22, 227—229; RGZ 19, 237 f.; RGZ 7, 328 (332); RGZ 3, 113 (116 Fn. 1).

nung Justinians auseinanderzusetzen. Andernfalls wäre eine Würdigung der Beweggründe unmöglich, die zur Ablösung bzw. Modifizierung von C 4, 31, 14, 2 durch § 393 BGB geführt haben mögen.

Obwohl die romanistische Literatur nicht arm an Beiträgen zur compensatio ist, gibt es nur sehr wenige Untersuchungen zu der Verordnung Justinians in C 4, 31, 14, 2.[6]

Besonderes Interesse fanden stattdessen vor allem in früheren Zeiten die Fragen nach der ipso-iure-Wirkung der compensatio[7] sowie nach deren Erfordernis der Liquidität.[8]

Gleichwohl gibt es einige Autoren, die sich — wenn auch vergleichsweise knapp — um eine Aufhellung des Aufrechnungsverbotes in C 4, 31, 14, 2 bemüht haben. Deren Interpretationsvorschläge sollen zunächst kurz vorgestellt und kritisch gewürdigt werden.

---

[6] Die Arbeiten folgender Autoren habe ich durchgesehen: Appleton, nebst Bespr. von Eisele, SZ 17 (1896), S. 348—354; Asher; Astuti, ED VIII (1961), S. 1—17; Berger, S. 401; Beseler, Beiträge zur Kritik der römischen Rechtsquellen IV, S. 199—201; ders., SZ 66 (1948), S. 265—393 (insbes. 347 f.); Biondi, La compensazione nel diritto romano, nebst Bespr. von Kreller, SZ 49 (1929), S. 506—518; Biondi, NNDI III (1959), S. 719—722; Brassloff; d'Ors, insbes. S. 173—176; Eisele, Die Compensation nach römischem und gemeinem Recht, nebst Bespr. von Brinz, Kritische Vierteljahresschrift, Bd. XIX (1877), S. 321—349; Geib; Hanske; Hausmaninger/Selb, S. 374—377; Jörs/Kunkel/Wenger, § 125, S. 201—204; Karlowa, § 176, S. 1392—1400; Kaser, Das römische Privatrecht I, § 151, S. 644—647 und II, § 274 IV., S. 447 f.; ders., Römisches Privatrecht, § 53 III., S. 240—242; Kipp, insbes. S. 351—356; Kreller, Iura 2 (1951), S. 82—101; ders., Römisches Recht II, § 21 III. 2., S. 381—385; Kretschmar, nebst Bespr. von Koschaker, SZ 30 (1909), S. 457—461; F. Leonhard, Die Aufrechnung; R. Leonhard, RE Bd. 7 (1900), Sp. 784—788; Levy, Obligationenrecht, § 53—55, S. 145—149; Liebknecht; Liebs, Römisches Recht, S. 256—258; Lombardi; v. Lübtow, Catos leges venditioni et locationi dictae, insbes. S. 374—405; Monier, Manuel élémentaire de droit romain II, S. 276—281; Naber; Osuchowski; Pernice, S. 275—309; Prausnitz, insbes. S. S. 152—157; Priester, Compensatio culpae; Priester, Ipso iure compensatur; Rabel, § 98, S. 150 f.; Rezzonico, nebst Bespr. von Biondi, Iura 10 (1959), S. 308—313 sowie Kaser, SZ 76 (1959), S. 608—610 und Wubbe, TR 27 (1959), S. 220—227; Schwanert; Siber, Römisches Privatrecht, § 100 3., S. 273—276; ders., Compensation und Aufrechnung; Solazzi, nebst Bespr. von Kreller, Iura 2 (1951), S. 216—223; Stampe; Thielmann, insbes. S. 146—182, nebst Bespr. von Kaser, SZ 79 (1962), S. 439—449; Upmeyer; van Warmelo.

[7] Brinz, Jahrbuch des gemeinen deutschen Rechts, 1. Bd. (1857), S. 24—40; ders., Die Lehre von der Compensation, 1. u. 2. Abschnitt, S. 1—76; Lenel, Über Ursprung und Wirkung der Exceptionen, Beilage S. 139—151; Priester, Ipso iure compensatur; Schwanert; Sintenis, Zeitschrift für Civilrecht und Prozeß, Bd. 18 (1843), S. 1—37; Ubbelohde, Ueber den Satz: Ipso iure compensatur; Upmeyer, Ipso iure compensari.

[8] Hasse, AcP 7 (1824), S. 145—207; Tellkampf, AcP 23 (1840), S. 301—342.

II. Die These von der fehlenden Gleichartigkeit als Grund für den Aufrechnungsausschluß in C 4, 31, 14, 2

1. Die Ansicht von Biondi und Solazzi

Zu den wenigen Romanisten, die bisher die justinianische Verordnung in C 4, 31, 14, 2 zu deuten versucht haben, zählen insbesondere Biondo Biondi und Siro Solazzi.[9] Beide Autoren kommen zu dem Ergebnis, Justinian habe die compensatio bei der widerrechtlichen Besitzentziehung ausgeschlossen, weil die sich gegenüberstehenden Forderungen in den einschlägigen Fällen ungleichartig seien.[10] Zwar werde allgemein angenommen, Justinian habe die compensatio nur noch bei gleichartigen Ansprüchen zugelassen, aber diese Voraussetzung sei im Corpus Iuris Civilis an keiner Stelle ausdrücklich niedergelegt[11] und von den Kompilatoren auch nur intuitiv erfaßt worden.[12] Zu den Quellen, aus denen sich das erst allmählich durchsetzende Erfordernis der Gleichartigkeit im justinianischen Recht der compensatio ergäbe, zähle neben deren Ausschluß in C 4, 31, 14, 2 insbesondere noch das Verbot der compensatio beim depositum in C 4, 31, 14, 1 (531) und C 4, 34, 11 (529) sowie beim commodatum.[13]

2. Kritik

Zunächst ist Biondi und Solazzi zuzugeben, daß das Erfordernis der Gleichartigkeit der beiderseitigen Forderungen im justinianischen Recht der compensatio zwar allgemein bejaht wird,[14] aber im Corpus Iuris Civilis jedenfalls nicht

---

[9] Biondo Biondi, La compensazione nel diritto romano, APal 12 (1929), S. 161—476; Siro Solazzi, La compensazione nel diritto romano, 2. Aufl., Neapel 1950.

[10] Biondi, aaO, S. 328; Solazzi, S. 184 f.; zustimmend Osuchowski, S. 271 insbes. Fn. 1, der jedoch die Ansicht von Biondi und Solazzi im wesentlichen nur kritiklos referiert.

[11] Biondi, aaO; Solazzi, S. 181 und S. 184; ebenso Osuchowski, S. 271.

[12] Biondi, aaO: Nella compilazione giustinianea, a differenza delle moderne legislazioni, il requisito generale della fungibilità delle prestazioni non è formulato esplicitamente, ma è una vaga intuizione dei compilatori, che si manifesta in talune decisioni, tra cui bisogna annoverare il divieto della compensazione nei casi sopra ricordati. Quindi questo divieto non èsuperfluo, giacchè non è una ovvia applicazione del principio della fungibilità, ma piuttosto costituisce eccezione al principio generale della compensazione, e si ispira appunto alla tendenza del nuovo diritto di ammettere la compensazione solo tra prestazioni fungibili; Pertanto deve limitarsi al caso in cui la responsabilità si concreta non nel risarcimento del danno ma nella restituzione dell'ipsa res.; ebenso Osuchowski, aaO.

[13] Biondi, aaO; Solazzi, S. 182 ff., 184: Nella compilazione giustinianea il requisito generale della fungibilità delle prestazioni non è espresso; ma si desume da varie decisioni, tra cui èparticolarmente interessante il divieto della compensazione nei casi sopra menzionati. Questo divieto non era superfluo nel Corpus iuris, perchè costituisce un'eccezione al principio generale della compensazione e rivela la tendenza del nuovo diritto di ammettere la compensazione solo fra prestazioni fungibili.

[14] Astuti, ED VIII (1961), S. 1 (11); Eisele, Die Compensation nach römischem und gemeinem Recht, § 26, S. 315—327; Jörs/Kunkel/Wenger, § 125, 3., S. 204; Kaser, Römisches Privatrecht, § 53 III., S. 241; Kreller, Römisches Recht II, § 21 III. 2., S. 383; Liebs, Römisches

ausdrücklich geregelt ist. Richtig ist außerdem, daß die Gleichartigkeit der zur Aufrechnung gestellten Forderungen nicht schon von jeher eine Voraussetzung der compensatio gewesen ist.

Im klassischen Recht gab es noch kein einheitliches Recht der compensatio,[15] die im übrigen noch nicht materiellrechtlich, sondern nur prozessual erfaßt wurde.[16] Die klassische compensatio tritt in mehreren selbständigen Erscheinungsformen auf.[17] Zumindest in einigen dieser anfänglich nur vorhandenen Sonderfällen der compensatio war die Gleichartigkeit der beiderseitigen actiones nicht erforderlich. Dies gilt insbesondere für die compensatio bei den bonae fidei iudicia[18] sowie beim agere cum deductione des bonorum emptor.[19] Ebenso wie das Recht der compensatio überhaupt, so hat sich auch deren Voraussetzung der Gleichartigkeit erst allmählich entwickelt.

Bedenken gegenüber der Argumentation von Biondi und Solazzi entstehen jedoch insoweit, als diese aus dem bloßen Fehlen einer allgemeinen Regelung der Voraussetzung der Gleichartigkeit darauf zu schließen scheinen, in den einzelnen justinianischen Aufrechnungsverboten komme dieses Erfordernis der compensatio mittelbar zum Ausdruck. Methodisch wäre nämlich auch eine ganz andersartige Schlußfolgerung möglich: eben weil das Erfordernis der Gleichartigkeit bei der compensatio für Justinian sogar so selbstverständlich geworden war, daß er auf eine ausdrückliche Regelung dieser Voraussetzung verzichten zu können glaubte, muß den einzelnen tatsächlich überlieferten Aufrechnungsverboten eine andere Ratio zugrunde gelegen haben.

Hierfür würde es sprechen, wenn bereits andere Quellen als die oben[20] genannten Aufrechnungsverbote das Erfordernis der Gleichartigkeit im justinianischen bzw. schon im vorjustinianischen Recht der compensatio in einem hohen Maße glaubhaft machten.

Recht, S. 258; Osuchowski, S. 271; ebenso Roby, S. 413 und Thomas, S. 108 schon für das vorjustinianische Recht; a.A. anscheinend aber früher Naber, Mnem. 36 (1908), S. 65 (66 f.).

[15] Biondi, NNDI III (1959), S. 719 (720); Jörs/Kunkel/Wenger, § 125 1., S. 201; Rabel, § 98, S. 150 f.; Thomas, S. 107.

[16] Jörs/Kunkel/Wenger, § 125 1., S. 201; Kaser, Das römische Privatrecht I, § 151 I., S. 644; ders., Römisches Privatrecht, § 53 III., S. 241; Kreller, Römisches Recht II, § 21 III. 2., S. 381; Pernice, S. 275.

[17] Jörs/Kunkel/Wenger, § 125 2., S. 201 ff.; Kaser, Das römische Privatrecht I, § 151 I., S. 644; Kreller, Römisches Recht II, § 21 III. 2., S. 381; Monier, Manuel élémentaire de droit romain II, S. 277 f.; Rabel, § 98, S. 150 f.; Siber, Römisches Recht II, § 100, S. 274 f.

[18] Biondi, NNDI III (1959), S. 719 (721); Hausmaninger/Selb, S. 375; Jörs/Kunkel/Wenger, § 125 2. b), S. 202; Kaser, Das römische Privatrecht I, § 151 II., S. 645; ders., Römisches Privatrecht, § 53 III. 1., S. 241; Monier, Manuel élémentaire de droit romain II, S. 278.

[19] Astuti, ED VIII, S. 1 f.; Berger, S. 427 zu deductio; Biondi, NNDI III (1959), S. 719 (721); Jörs/Kunkel/Wenger, § 125 2. a), S. 202 Fn. 5; Kaser, Das römische Privatrecht I, § 151 IV., S. 645; ders., Römisches Privatrecht, § 53 III. 3., S. 241; R. Leonhard, RE 7 (1900), Sp. 784 (788); Monier, Manuel élémentaire de droit romain II, S. 278; Rabel, § 98, S. 151; Siber, Römisches recht II, § 100, S. 275.

[20] 1. Teil, 1. Kap., II. 2.

Denn letzterenfalls hieße es, den überlieferten Aufrechnungsverboten eine bloß deklaratorische Natur beizumessen, wenn man ihre Ratio eben in der Voraussetzung der Gleichartigkeit erblicken wollte. Je eher also aus anderen Quellen als den überlieferten Aufrechnungsverboten auf das Erfordernis der Gleichartigkeit im justinianischen bzw. sogar vorjustinianischen Recht der compensatio geschlossen werden kann, desto mehr verliert die Annahme an Wahrscheinlichkeit, auch in den diversen Aufrechnungsverboten komme diese Voraussetzung der compensatio zum Ausdruck.

Für die Beantwortung der Frage, ob auch aus anderen Quellen als den überlieferten Aufrechnungsverboten auf die Voraussetzung der Gleichartigkeit der beiderseitigen Forderungen bei der compensatio zu schließen ist, kann teilweise auf Vorarbeiten von Biondi und Solazzi zurückgegriffen werden. So weisen diese darauf hin, die Kompilatoren hätten vorwiegend solche Fragmente zusammengetragen und in die Digesten aufgenommen, die sich auf die compensatio des argentarius beziehen, und zwar vielleicht gerade deshalb, weil dort stets beiderseitige Geldforderungen in Frage standen.[21] Jedenfalls sei in den Texten der Kompilation bei der compensatio immer von Geldforderungen oder von geschuldeten quantitates die Rede,[22] die ebenfalls byzantinischen Ursprungs seien.[23] Außerdem habe man in D 24, 3, 15, 1 die klassischen retentiones durch compensationes ersetzt, jedoch begrenzt auf jene, die „ad pecuniariam causam respiciunt".[24] Bei der dos werde zudem in D 25, 1, 5 pr. von der klassischen Regel berichtet, „impensae necessarie ipso iure dotem minuunt", aber die Kompilatoren hätten sich zu dem Hinweis genötigt gefühlt, daß dies nur insoweit gilt, als es sich um eine finanzielle oder wenigstens in Geld zu schätzende dos gehandelt habe[25]: „etenim absurdum est deminutionem corporis fieri propter pecuniam ... ubi ergo admittimus deminutionem fieri. proinde si aestimata corpora in dotem data sint, ipso iure dos deminuetur per impensas necessarias".

In D 16, 2, 10, 2[26] hätten die Kompilatoren die compensatio zwar auch bei den actiones ex delicto zugelassen, aber mit der Einschränkung, „si de ea (actione) pecuniarie agitur".[27]

Schließlich sei im Corpus Iuris Civilis kein einziger Fall überliefert, in dem die compensatio ausnahmsweise bei ungleichartigen Forderungen zugelassen worden sei.[28]

---

[21] Biondi, La compensazione nel diritto romano, S. 327; Solazzi, S. 181.

[22] Biondi, aaO; Solazzi, aaO; von quantitates ist u.a. die Rede in D 2, 1, 11, 1; D 16, 2, 11; D 24, 3, 42, 2; D 27, 4, 3, 3.

[23] Biondi, aaO, S. 327; Solazzi, S. 181.

[24] Biondi, aaO; Solazzi, S. 182.

[25] Biondi, aaO; Solazzi, aaO.

[26] Vgl. dazu unten 1. Teil, 1. Kap., II. 2. d).

[27] Biondi, La compensazione nel diritto romano, S. 327; Solazzi, S. 181.

[28] Biondi, aaO, S. 328.

Ohne diese Überlegungen von Biondi und Solazzi im einzelnen gewürdigt zu haben, wird man einräumen müssen, daß sie zwar die Geltung des Erfordernisses der Gleichartigkeit im justinianischen Recht der compensatio nahelegen, aber noch nicht so zwingend darauf schließen lassen, daß den überlieferten Aufrechnungsverboten eher eine andere Ratio zugrunde gelegen haben dürfte.

Anders könnte es jedoch liegen, wenn man zusätzlich folgendes in Rechnung stellt.

a) Prinzip der condemnatio in ipsam rem

Während im klassischen Recht das Prinzip der condemnatio pecuniaria noch alleinige Geltung beanspruchte,[29] wurde dieses bereits im nachklassischen Kognitionsverfahren durch das Prinzip der condemnatio in ipsam rem abgelöst, das schon vor Justinian im Osten allgemein üblich war[30] und von den Kompilatoren übernommen wurde.[31]

Zweifelhaft ist insoweit nur, in welchem Umfang sich das Corpus Iuris Civilis vom klassischen Prinzip der Geldkondemnation löste.[32] Vielfach wird unter Berufung auf D 6, 1, 68; I 4, 6, 32; C 7, 4, 17 (530) die Ansicht vertreten, daß das Prinzip der Sachkondemnation ausschließliche Geltung beanspruchte, wenn keine Geldleistung primär geschuldet und die Sachleistung noch möglich war.[33] Demgegenüber meinen andere, die sich vor allem auf D 19, 1, 1 pr. stützen, auch im Corpus Iuris Civilis seien noch Tatbestände der Geldkondemnation enthalten.[34]

---

[29] D 2, 9, 5; D 42, 1, 6, 1; Blank, SZ 99 (1982), S. 303 (316); Berger, S. 403; Biondi, Scritti giuridici II, S. 435 (470 f.); Hausmaninger/Selb, S. 246; Jörs/Kunkel/Wenger, § 78 4., S. 141 und § 106 2. a), S. 170; Kaser, Das römische Zivilprozeßrecht, § 54 IV. 1., S. 286 und Das Römische Privatrecht I, § 117 I. 1., S. 499; Liebs, Römisches Recht, S. 185 f.; v. Lübtow, SZ 68 (1951), S. 320 (358); Wenger, Institutionen des römischen Zivilprozeßrechts, § 14 IV., S. 135.

[30] Biondi, La compensazione nel diritto romano, S. 330 und Scritti giuridici II, S. 435 (470 f.); Kaser, Das römische Zivilprozeßrecht, § 74 I. 2., S. 392; Liebs, Die Klagenkonkurrenz im römischen Recht, S. 57; Partsch, S. 111 f.; Samter, S. 133 f.; Simon, S. 204; Visky, RIDA 19 (1972), S. 469 (488); Wenger, in Jörs/Kunkel/Wenger, Römisches Zivilprozeßrecht, § 26 1., S. 384.

[31] Kaser, Das römische Privatrecht II, § 257 II. 1., S. 343 f.; Levy, Obligationenrecht, § 43, S. 128; Liebs, Die Klagenkonkurrenz im römischen Recht, S. 57 f.; Schindler, S. 284 f.; Visky, RIDA 19 (1972), S. 469 (494).

[32] Vgl. hierzu vor allem H. Dilcher, SZ 78 (1961), S. 277 (278—283).

[33] Kaser, Das römische Privatrecht II, § 257 II. 1., S. 343 f. und Das römische Zivilprozeßrecht, § 74 I. 2., S. 392; Monier, Manuel élémentaire de droit romain II, S. 238; Simon, S. 204; Visky, RIDA 19 (1972), S. 469 (488).

[34] Fischer, S. 31 und S. 121; Lange, Schadensersatz und Privatstrafe, S. 10; einen differenzierenden Standpunkt nimmt H. Dilcher, SZ 78 (1961), S. 277 (282 f.) ein, der die ausschließliche Geltung des Prinzips der Sachkondemnation zwar für Obligationen auf dare bejaht, aber für Obligationen auf praestare und facere die Quellenlage für unklar hält.

Auch ohne diesen Meinungsstreit hier in vollem Umfang darzustellen und zu würdigen, wird man festhalten dürfen, daß die Tendenz der byzantinischen Jurisprudenz zur Sachkondemnation ebensowenig zu leugnen ist wie deren zumindest teilweise ausschließliche Geltung, nämlich bei Obligationen auf dare.[35]

Die jedenfalls weitgehende und teilweise ausschließliche Geltung des Prinzips des condemnatio in ipsam rem schon im nachklassischen Kognitionsverfahren könnte nun bis zu einem gewissen Grade die Voraussetzung der Gleichartigkeit der beiderseitigen Ansprüche bei der compensatio bedingt haben. Andernfalls hätte nämlich, falls der Beklagte gegenüber der actio des Klägers eine ungleichartige Forderung aufrechnungshalber einwandte, eine Umrechnung der beiderseitigen Ansprüche in Geld stattfinden müssen, bevor der Beklagte in den Saldo, also regelmäßig zu einer Geld-, nicht aber zu einer Sachleistung hätte verurteilt werden können.

Hätte demnach A den B auf Übereignung eines Sklaven im Werte von 10.000 verklagt und B einen auf Übereignung einer Vase im Werte von 5.000 gerichteten Anspruch eingewandt, so hätte die compensatio, falls sie noch nicht die Gleichartigkeit der Forderungen vorausgesetzt haben sollte, zu einer Verurteilung des B zur Zahlung von 5.000 geführt.

Von einer derartigen Umrechnung ungleichartiger Ansprüche berichten die Quellen jedoch nichts.

Außerdem hätte eine derartige Umrechnung auch die Gründe unterlaufen, die zur Abschaffung der condemnatio pecuniaria und zur Einführung der condemnatio in ipsam rem geführt haben. Die Einführung der condemnatio in ipsam rem hat nämlich in dem Verfall der Wirtschaft und der Instabilität der Währung seit der Mitte des dritten Jahrhunderts[36] ihren Ursprung.[37] Wollte man daher dem Kläger eine Geldkondemnation nicht mehr zumuten, weil dieser hierdurch möglicherweise schon durch den zwischen Urteil und dessen Vollstreckung eingetretenen Währungsverfall einen Verlust erlitten hätte, so ist kaum anzunehmen, daß man wegen der versuchten compensatio mit einer ungleichartigen Forderung vom Prinzip der Sachkondemnation abgewichen ist.

Das Prinzip der condemnatio in ipsam rem legt daher die Vermutung nahe, nicht nur bei, sondern sogar schon vor Justinian habe die compensatio die Gleichartigkeit der beiderseitigen Forderungen vorausgesetzt.

---

35 So auch H. Dilcher, SZ 78 (1961), S. 277 (282 f.).

36 Vgl. dazu Jones, Kap. XII, S. 411—469; Mickwitz, Kap. 4—6, S. 115—189; Visky, RIDA 19 (1972), S. 469 (491 ff.).

37 Levy, Obligationenrecht, § 42, S. 127; Liebs, Die Klagenkonkurrenz im römischen Recht, S. 57 f. und Römisches Recht, S. 271; v. Lübtow, SZ 68 (1951), S. 320 (351); Wieacker, Vulgarismus und Klassizismus im Recht der Spätantike, S. 35; und vor allem Visky, RIDA 19 (1972), S. 469 (491 ff.).

Setzte die Aufrechnung aber schon vor Justinian, vielleicht seit dem Ende des dritten Jahrhunderts, stets die Gleichartigkeit der beiderseitigen actiones voraus, so bestand für Justinian kein Anlaß mehr, jenes Erfordernis der compensatio besonders zu regeln. Das Bedürfnis nach einer derartigen Regelung hätte vielmehr schon im vorjustinianischen Recht mit dem Wechsel von der condemnatio pecuniaria zur condemnatio in ipsam rem bestanden. Wenn überhaupt, so müßte sich eine allgemeine Regelung der Voraussetzung der Gleichartigkeit der beiderseitigen Forderungen nicht erst bei Justinian, sondern schon vorher finden lassen; und sie findet sich in der Tat:

b) PS 2, 5, 3

Für die selbstverständliche Geltung des Erfordernisses der Gleichartigkeit sowohl im vorjustinianischen, als auch im justinianischen Recht der compensatio könnte ein Fragment aus den Paulussentenzen, PS 2, 5, 3[38] sprechen:

> Compensatio debiti ex pari specie et causa dispari admittimur: velut si pecuniam tibi debeam et tu mihi pecuniam debeas, aut frumentum aut cetera huiusmodi, licet ex diverso contractu, compensare vel deducere debes: si totum petas, plus petendo causa cadis.
>
> (Die Aufrechnung wird bei Schulden zugelassen, die gleichartig sind und aus verschiedenem Grund resultieren: so etwa, wenn ich dir und du mir Geld schuldest oder Getreide oder etwas anderes derartiges, mußt du, obwohl aus verschiedenen Verträgen geschuldet wird, aufrechnen oder einen Abzug machen: wenn du alles forderst, verlierst du wegen der Zuvielforderung den Prozeß.)

Die klassische compensatio bei den bonae fidei iudicia konnte nur bei Forderungen erfolgen, die aus demselben Schuldverhältnis herrührten.[39] Auf diese Voraussetzung der Aufrechnung wird in dem Fragment aus den Paulussentenzen ausdrücklich verzichtet. Dafür wird aber ganz allgemein die Gleichartigkeit der beiderseitigen Ansprüche als ein Erfordernis der compensatio statuiert.

Allerdings sind die Sentenzen nicht von Paulus selbst, sondern von einem unbekannten Autor am Ende des dritten Jahrhunderts verfaßt worden.[40] In der

---

[38] Vgl. hierzu Appleton, S. 56, 113, 133, 155, 310, 313, 396, 401, 406, 451, 456; Astuti, ED VIII (1961), S. 1 (5); Biondi, La compensazione nel diritto romano, S. 282 und 338; D'Ors, SDHI 19 (1953), S. 134 (174 f.); Jörs/Kunkel/Wenger, § 125 3., S. 204 Fn. 15; Karlowa, S. 1395 ff.; Kaser, Das römische Privatrecht II, § 274 IV., S. 447 Fn. 64; Kretschmar, S. 22—26 und S. 52 f., 60; F. Leonhard, Die Aufrechnung, § 9, S. 38—41; Levy, Obligationenrecht, § 53, S. 145 f.; Lombardi, Bull. 66 (1963), S. 35 (58 Fn. 43); Monier, Manuel élémentaire de droit romain II, S. 280 Fn. 2); Osuchowski, S. 63; v. Scheurl, S. 163 f.; Solazzi, S. 103 f.; Stampe, S. 93—95; van Warmelo, S. 337.

[39] Astuti, ED VIII (1961), S. 1 f.; Biondi, NNDI III (1959), S. 719 (720); Hausmaninger/Selb, S. 375; Jörs/Kunkel/Wenger, § 125 2. b), S. 202; Kaser, Das römische Privatrecht I, § 151 II., S. 644; ders., Römisches Privatrecht, § 53 III. 1., S. 241; Liebs, Römisches Recht, S. 256 f.; Solazzi, S. 5 ff.

Folgezeit wurden die Paulussentenzen in mehreren voneinander zu unterscheidenden Stufen überarbeitet,[41] deren letzte durch die in die Digesten übernommenen Fragmente repräsentiert wird.[42]

Die hier interessierende Stelle in PS 2, 5, 3 ist nun derart schweren sprachlichen und inhaltlichen Bedenken ausgesetzt, daß an einer starken Überarbeitung des Fragmentes nicht zu zweifeln ist.[43] Ob es im übrigen zumindest im Ansatz klassischen Ursprungs ist und Paulus selbst lediglich vom agere cum compensatione des argentarius[44] oder von laufenden Rechnungsverhältnissen im allgemeinen[45] oder auch vom bonorum emptor[46] sprach, oder ob ein klassischer Vorläufer des Fragments überhaupt nicht existiert, bedarf vorliegend keiner Erörterung. Da die Kompilatoren das Paulusfragment nämlich nicht in die Digesten aufgenommen haben, drängt sich die Schlußfolgerung geradezu auf, die Überarbeitung von PS 2, 5, 3 habe — gleichviel ob in einem oder in mehreren Schritten — schon vor Justinian und im Westen stattgefunden.[47]

Allein und unmittelbar aus PS 2, 5, 3 wird man daher nicht auf das Erfordernis der Gleichartigkeit im justinianischen Recht der compensatio schließen können.[48] Bedingte aber den obigen Ausführungen zufolge[49] die condemnatio in ipsam rem die Voraussetzung der Gleichartigkeit bei der compensatio, so ist dieses Erfordernis bereits mit der Einführung der Sachkondemnation vor Justinian regelungsbedürftig geworden. Diesem Regelungsbedürfnis könnte man u.a. mit PS 2, 5, 3 Rechnung getragen haben.

Zu Justinians Zeiten könnte die Voraussetzung der Gleichartigkeit dann schon so selbstverständlich geworden sein, daß sie keiner Erwähnung mehr

---

[40] Beseler, Beiträge zur Kritik der römischen Rechtsquellen I, S. 99; Jörs/Kunkel/Wenger, § 21 4., S. 38; Jolowicz, S. 476; Kaser, Das römische Privatrecht II, § 195 I. 1. b), S. 42; Levy, Vulgarization auf Roman Law in the Early Middle Ages, S. 224; Schulz, History of Roman Legal Science, S. 176; Wenger, Die Quellen des römischen Rechts, S. 518 insbes. Fn. 307; Wieacker, Textstufen klassischer Juristen, S. 435.

[41] Kaser, Das römische Privatrecht II, § 195 I. 1. b), S. 42; Levy, Vulgarization of Roman Law in the Early Middle Ages, S. 232 und Pauli Sententiae, Preface S. VIII f.

[42] Levy, Vulgarization of Roman Law in the Early Middle Ages, S. 232.

[43] Jörs/Kunkel/Wenger, § 125 3., S. 204 Fn. 15; Kretschmar, S. 22 ff.; Levy, Obligationenrecht, § 53, S. 145; Osuchowski, S. 63; Solazzi, S. 103 f., vgl. auch S. 143 und öfter; Stampe, S. 93 ff.

[44] Astuti, ED VIII, S. 1 (5); Jörs/Kunkel/Wenger, § 125 3., S. 204 Fn. 15; Kaser, Das römische Privatrecht II, § 274 IV., S. 447 Fn. 64; Levy, Obligationenrecht, § 53, S. 145 f.; Lombardi, Bull. 66 (1963), S. 35 (58 Fn. 43); Monier, Manuel élémentaire de droit romain II, S. S. 280 Fn. 2); Osuchowski, S. 63; Solazzi, S. 104.

[45] Karlowa, S. 1395 f.

[46] Brinz, Die Lehre von der Compensation, S. 96; v. Scheurl, S. 164.

[47] Jörs/Kunkel/Wenger, § 125 3., S. 204 insbes. Fn. 15; Karlowa, S. 1394; Solazzi, S. 104; Stampe, S. 93 ff.

[48] So aber anscheinend Kreller, Römisches Recht II, § 21 III. 2., S. 383 insbes. Fn. 5; ebenso v. Scheurl, S. 164 schon für das klassische Recht.

[49] 1. Teil, 1. Kap., II. 2. a).

bedurfte. Jedenfalls wäre eine betont vorsichtige und nur mittelbare Normierung jener Voraussetzung der compensatio in den verschiedenen Aufrechnungsverboten nicht mehr nötig gewesen. Weiterhin ist zu bedenken, daß im Recht der Aufrechnung Einwirkungen typisch vulgaren Denkens kaum vorhanden sind.[50] Räumt man außerdem gerade im Hinblick auf PS 2, 5, 3 ein, im Westen habe sich schon früh die Auffassung durchgesetzt, trotz ungleichen Schuldgrundes könne bei gleichartigem Schuldgegenstand aufgerechnet werden,[51] so wird dies wohl nicht auf Besonderheiten der Entwicklung des Vulgarrechts im Westen zurückzuführen sein. Vielmehr ist davon auszugehen, daß die Einführung der Voraussetzung der Gleichartigkeit und der Verzicht auf denselben Schuldgrund bei der compensatio nicht nur durch die Sachkondemnation, sondern auch durch das Absterben des Formularprozesses und das Aufkommen des Kognitionsverfahrens bedingt waren.[52] Dieses war aber nun keine Besonderheit des Westens, sondern löste das Formularverfahren insgesamt ab.[53] Wenn die Einführung der Voraussetzung der Gleichartigkeit sowie der Verzicht auf denselben Schuldgrund tatsächlich mit dem Wechsel vom Formular- zum Kognitionsverfahren erfolgte, so steht nichts der Annahme entgegen, auch im Osten sei das Erfordernis der Gleichartigkeit bei der compensatio mit der Verbreitung des Kognitionsverfahrens schon vor Justinian ein selbstverständlicher Bestandteil des Rechts der Aufrechnung geworden.

Gerade für das justinianische Recht ist folgendes zusätzlich zu bedenken: Wenn auch die Umarbeitung von PS 2, 5, 3 in seine überlieferte Gestalt im Westen stattfand, so dürfte es doch außer Zweifel stehen, daß den Kompilatoren die Paulussentenzen bekannt waren. Dies ergibt sich ohne weiteres aus dem Umstand, daß die letzte der zahlreichen Stufen der Überarbeitung der Paulussentenzen durch die in die Digesten übernommenen Fragmente repräsentiert wird.[54] Daher dürften die Kompilatoren auch von der allgemein formulierten Regelung des Erfordernisses der Gleichartigkeit in PS 2, 5, 3 gewußt haben. War zudem bei Justinian die Gleichartigkeit der beiderseitigen Ansprüche tatsächlich eine Voraussetzung der compensatio, was im Ergebnis auch von Biondi und Solazzi bejaht wird,[55] so ist es wahrscheinlicher, daß PS 2, 5, 3 deshalb nicht in die Digesten übernommen wurde, weil jene Voraussetzung der Aufrechnung ohnehin selbstverständlich war, als daß die Kompilatoren die Gleichartigkeit nur „intuitiv" u.a. in den verschiedenen Aufrechnungsverboten zum Ausdruck

---

50 Levy, Obligationenrecht, § 53, S. 145.

51 Kaser, Das römische Privatrecht II, § 274 IV., S. 447.

52 Jörs/Kunkel/Wenger, § 125 3., S. 204; Kaser, Das römische Privatrecht II, § 274 IV., S. 447; ebenso wohl schon Pernice, S. 280 f.

53 Hausmaninger/Selb, S. 489 ff.; Kaser, Das römische Zivilprozeßrecht, § 77, S. 410 ff.; Wenger, in Jörs/Kunkel/Wenger, Römisches Zivilprozeßrecht, § 20, S. 382 f.

54 Levy, Vulgarization of Roman Law in the Early Middle Ages, S. 232.

55 Biondi, La compensazione nel diritto romano, S. 328; Solazzi, S. 181 und S. 184.

bringen wollten.[56] Auch in anderen Fällen scheute Justinian sich nicht, rechtliche Neuerungen klar und unmißverständlich zu formulieren, was sich insbesondere bei der ipso-iure-Wirkung[57] der compensatio zeigt. Warum die Kompilatoren bei dem Erfordernis der Gleichartigkeit den umständlicheren Weg hätten gehen sollen, diese Voraussetzung nur indirekt u.a. in den verschiedenen Aufrechnungsverboten zu statuieren, ist nicht ersichtlich. Gerade das hier in erster Linie interessierende Verbot der compensatio in C 4, 31, 14, 2 kann nicht einmal auf klassische Vorbilder zurückgeführt werden, sondern ist ebenfalls eine Neuerung Justinians. Wenn dieser aber die compensatio nur noch bei gleichartigen Forderungen zulassen wollte und dies für regelungsbedürftig hielt, so ist kaum anzunehmen, daß er hierfür u.a. auf die Schaffung eines neuen Aufrechnungsverbotes für Fälle widerrechtlicher Besitzentziehung ausgewichen sein soll, anstatt PS 2, 5, 3 in die Digesten aufzunehmen.

Auch das Fragment aus den Paulussentenzen 2, 5, 3 spricht daher für die These, im justinianischen Recht der compensatio sei die Voraussetzung der Gleichartigkeit sogar schon so selbstverständlich geworden, daß man auf eine ausdrückliche Regelung dieses Erfordernisses verzichten zu können glaubte.

c) Ipso-iure- und Rück-Wirkung der compensatio

Die Annahme der selbstverständlichen Geltung des Erfordernisses der Gleichartigkeit der zur Aufrechnung gestellten Ansprüche bei Justinian könnte noch durch dessen Einführung der ipso-iure-Wirkung der compensatio an Wahrscheinlichkeit gewinnen.

So verordnet Justinian etwa in C 4, 31, 14 pr.[58]:

Imp. Iustinianus A Iohanni pp. (531)
Compensationes ex omnibus actionibus ipso iure fieri sancimus nulla differentia in rem vel personalibus actionibus inter se observanda.

(Der Kaiser Justinian an Johannes, praef. praet.
Wir verordnen, daß die Aufrechnung bei allen Klagen ipso iure eintreten soll, ohne daß zwischen dinglichen und persönlichen Klagen ein Unterschied gemacht werde.)

Der Streit um die Bedeutung dieser ipso-iure-Wirkung hat bekanntlich schon früh eingesetzt und ist noch nicht beendet. So ist es auch heute noch fraglich, ob die ipso-iure-Wirkung dahin zu verstehen ist, daß der Richter die Gegenforderung auch dann berücksichtigen mußte, wenn der Beklagte sie nicht geltend gemacht hatte,[59] oder ob eine entsprechende Einwendung des Beklagten erforderlich war.[60]

---

[56] So aber Biondi, La compensazione nel diritto romano, S. 328; zustimmend Osuchowski, S. 271.

[57] Vgl. hierzu noch unten 1. Teil, 1. Kap., II. 2. c).

[58] Vgl. außerdem: I 4, 6, 30; D 16, 2, 4; D 16, 2, 10 pr.; C 4, 31, 4 (229).

Unzweifelhaft ist jedoch, daß Justinian die Folgen der plus petitio milderte, indem der Kläger, der mehr forderte als ihm nach Abzug des gegnerischen Anspruchs gebührte, nicht mehr abgewiesen, sondern nur noch durch die Pflicht zur Zahlung der dreifachen Mehrkosten bestraft wurde.[61] Hierdurch wurde die Verurteilung des Beklagten in den Saldo ermöglicht. Die Pflicht des Richters, die liquide,[62] d.h. sofort beweisbare, Gegenforderung abzuziehen und den Beklagten in den Saldo zu verurteilen, kommt nun u.a. in dem ipso iure compensatur zum Ausdruck.[63]

Sollte die ipso-iure-Wirkung eine compensatio auch dann ermöglicht haben, wenn der Beklagte sie nicht geltend machte, so war der ipso-iure-Wirkung die Voraussetzung der Gleichartigkeit der beiderseitigen Forderungen immanent. Denn die Klageforderung konnte sich nur dann infolge eines Selbstvollzuges der Aufrechnung kraft Gesetzes mindern, wenn die Höhe der vorzunehmenden Minderung zu ermitteln war. Dies ist ohne weiteres aber nur bei gleichartigen Forderungen möglich. Hatte dagegen A den B auf Übereignung eines Sklaven verklagt, und stand dem B gegen A eine Forderung auf Dienstleistungen zu, so wäre es fraglich gewesen, wie und um welchen Betrag der Übereignungsanspruch hätte gemindert werden müssen. Jedenfalls hätte sich die compensatio in einem derartigen Falle nicht von selbst vollziehen können.

Aber auch dann, wenn die compensatio trotz deren ipso-iure-Wirkung eine entsprechende Einwendung des Beklagten erforderte, legt sie die Vermutung nahe, die Voraussetzung der Gleichartigkeit sei bei der Aufrechnung ganz selbstverständlich gewesen. Denn jedenfalls bedeutete die ipso-iure-Wirkung, daß der Richter auf die Einwendung des Beklagten hin die liquide Gegenforderung abzuziehen und den Beklagten in den Saldo zu verurteilen hatte, der als die wahre Klageforderung angesehen wurde.[64] Dies setzte aber voraus, daß überhaupt ein Saldo bestand, und eine Saldierung ist ohne weiteres nur bei gleichartigen Forderungen möglich. Bei ungleichartigen Forderungen hätte eine Saldierung hingegen erst nach der Umrechnung der jeweiligen Forderungen in Geld stattfinden können. Abgesehen davon, daß die Quellen in diesem Zusammenhang nichts von der Umrechnung ungleichartiger Ansprüche berichten, hätte eine derartige Umrechnung je nach Lage des Falles — etwa bei Dauerschuldverhältnissen —

[59] Berger, S. 401; Jörs/Kunkel/Wenger, § 125 3., S. 204; Kaser, Römisches Privatrecht, § 53 III. 5., S. 242.

[60] Biondi, NNDI III (1959), S. 719 (721); Kreller, Römisches Recht II, § 21 III. 2., S. 383.

[61] C 3, 10, 2 (532); I 4, 6, 24; I 4, 6, 33 e; Jörs/Kunkel/Wenger, § 125 3., S. 204; Kaser, Das römische Privatrecht II, § 274 IV., S. 448; Sitzia, Bull. 75 (1972), S. 221—233.

[62] C 4, 31, 14, 1 (531): Ita tamen compensationes obici iubemus, si causa ex qua compensatur liquida sit et non multis ambagibus innodata, ...

[63] Jörs/Kunkel/Wenger, § 125 3., S. 204; Kaser, Das römische Privatrecht II, § 274 IV., S. 448 und Römisches Privatrecht, § 53 III., S. 242; vgl. auch Pringsheim, S. 56 f.

[64] Jörs/Kunkel/Wenger, § 125 3., S. 204; Kaser, Das römische Privatrecht II, § 274 IV., S. 448; Pringsheim, S. 56 f.

beträchtliche Schwierigkeiten bereitet und einige Zeit in Anspruch genommen. Daß Justinian der compensatio trotzdem eine ipso-iure-Wirkung beigemessen haben soll, ist unwahrscheinlich.

Deshalb deutet auch die ipso-iure-Wirkung der Aufrechnung darauf hin, bei Justinian sei die Voraussetzung der Gleichartigkeit der beiderseitigen Forderungen schon ganz selbstverständlich gewesen.

Hierfür spricht außerdem der Umstand, daß die compensatio bei Justinian zurückwirkte,[65] was sich insbesondere beim Zinsenlauf[66] und bei der Kondiktion des schon Geleisteten zeigt.[67] Aus der Rückwirkung der compensatio hätten sich nämlich besondere Komplikationen ergeben, wenn sie noch nicht die Gleichartigkeit der beiderseitigen Forderungen vorausgesetzt haben sollte. Dies wird durch folgendes Beispiel deutlich: Angenommen, A klagte gegen B auf Übereignung eines Sklaven, der zum Zeitpunkt der Entstehung des Anspruchs einen Wert von 10.000, im Zeitpunkt des Urteils aber einen Wert von 12.000 hatte. Hiergegen wandte nun B einen Anspruch auf Übereignung einer Vase aufrechnungshalber ein, die ursprünglich einen Wert von 5.000, im Zeitpunkt des Urteils hingegen einen Wert von 6.000 besaß. Stellt man auf den Zeitpunkt des Urteils ab, so hätte eine Verurteilung in den Saldo nach Umrechnung der Ansprüche die Pflicht des B zur Zahlung von 6.000 zur Folge gehabt. Infolge der Rückwirkung der Aufrechnung hätte man aber auch zu dem Ergebnis gelangen können, der Saldo habe nur 5.000 betragen. Angesichts der hohen Geldentwertung seit dem Ende des dritten Jahrhunderts[68] wäre die Entstehung derartiger Schwierigkeiten wohl sogar wahrscheinlich gewesen, wenn die compensatio nicht die Gleichartigkeit der beiderseitigen Ansprüche vorausgesetzt hätte. Hinsichtlich anderer aus der Rückwirkung der Aufrechnung resultierender Komplikationen sind nun durchaus Quellen überliefert. So hörte der Zinsenlauf auf, seitdem sich die Forderungen erstmals kompensabel gegenüberstanden, C 4, 31, 4 f. (229); C 8, 42, 7 (244); D 16, 2, 11. Was trotz bestehender Aufrechnungsmöglichkeit geleistet worden war, konnte mit der condictio indebiti zurückgefordert werden, D 16, 2, 10, 1; D 12, 6, 30.[69] Auch die Pfänder galten offenbar als rückwirkend frei geworden, D 20, 4, 4; C 8, 30, 3 (293).[70] Bezüglich der oben im Beispielsfall angedeuteten Schwierigkeiten ist jedoch nichts überliefert. Dieser Umstand ist aber

---

[65] Kaser, Das römische Privatrecht II, § 274 IV., S. 448 Fn. 69; ders., Römisches Privatrecht, § 53 III. 5., S. 242; Kreller, SZ 49 (1929), S. 506 (515); Liebs, Römisches Recht, S. 258; Thielmann, S. 175 f.

[66] C 4, 31, 4 f. (229); C 8, 42, 7 (244); D 16, 2, 11.

[67] D 16, 2, 10, 1; D 12, 6, 30.

[68] Vgl. dazu Jones, Kap. XIII, S. 411—469; Mickwitz, Kap. 4—6, S. 115—189; Visky, RIDA 19 (1972), S. 469 (491 ff.).

[69] Vgl. hierzu Eisele, Die Compensation nach römischem und gemeinem Recht, § 21, S. 259—269; Karlowa, S. 1398 f.; Kaser, Das römische Privatrecht II, § 274 IV., S. 448 Fn. 69; Kipp, SZ 42 (1921), S. 328 (353—355); Stampe, S. 23—25.

[70] So jedenfalls Kaser, St. Grosso I, S. 27 (37 Anm. 35) und Das römische Privatrecht II, § 274 IV., S. 448 Fn. 69; Stampe, S. 25—30.

vermutlich nicht zufällig, sondern dürfte darauf zurückzuführen sein, daß diese aus der Umrechnung ungleichartiger Forderungen resultierenden Komplikationen wegen des Erfordernisses der Gleichartigkeit bei der compensatio eben gar nicht entstehen konnten.

Auch durch die Rückwirkung der compensatio gewinnt deshalb die These an Wahrscheinlichkeit, im justinianischen Recht sei die Voraussetzung der Gleichartigkeit bei der Aufrechnung bereits ganz selbstverständlich gewesen.

Zählte die Voraussetzung der Gleichartigkeit nach alledem aber schon vor und erst recht bei Justinian zu den selbstverständlichen Voraussetzungen der compensatio, so bestand für diesen keine Veranlassung, jene Voraussetzung besonders zu regeln, geschweige denn sie umständlich und nur indirekt in den verschiedenen Aufrechnungsverboten zum Ausdruck zu bringen.

d) Die Antinomie zu D 16, 2, 10, 2

Dem justinianischen Aufrechnungsverbot in C 4, 31, 14, 2 scheint eine Digestenstelle zu widersprechen. Dieses Ulpian-Fragment lautet:

D 16, 2, 10, 2:
Ulpianus libro sexagensimo tertio ad edictum
Quotiens ex maleficio oritur actio, ut puta ex causa furtiva ceterorumque maleficiorum, si de ea pecuniarie agitur, compensatio locum habet: idem est et si condicatur ex causa furtiva. sed et qui noxali iudicio convenitur, compensationem opponere potest.

(Ulpian im 63. Buch seines Ediktskommentars
So oft aus widerrechtlichen Handlungen eine Klage resultiert, z.B. aus dem Grunde des Diebstahls und der übrigen Übeltaten, so findet, wenn auf Entschädigung in Geld geklagt wird, die Aufrechnung statt. Dasselbe gilt auch, wenn aus dem Grunde des Diebstahls kondiziert werden sollte. Aber auch, wer aufgrund seiner Noxalhaftung belangt wird, kann die Aufrechnung einwenden.)

Wenn Ulpian also ausdrücklich erklärt, die compensatio finde auch in Fällen des furtum und der übrigen deliktischen Handlungen statt, so scheint der Widerspruch zu C 4, 31, 14, 2, auf den schon öfter hingewiesen wurde,[71] auf der Hand zu liegen. Zählt man, was nahe liegt, auch den Dieb zum Kreise jener, die sich fremden Besitzes widerrechtlich bemächtigt haben, so überschneiden sich die Fragmente zumindest teilweise.

Ausgehend von seiner These, die Voraussetzung der Gleichartigkeit komme im justinianischen Recht der compensatio nur mittelbar in den verschiedenen Aufrechnungsverboten zum Ausdruck,[72] versucht Solazzi auch die zwischen C 4, 31, 14, 2 und D 16, 2, 10, 2 bestehende Antinomie aufzulösen. Das Ulpian-Frag-

---

[71] RGZ 22, 227 (228); Appleton, S. 497 Fn. 1); Dernburg, Compensation, § 59 2), S. 511; Solazzi, S. 185.

[72] Vgl. oben 1. Teil, 1. Kap., II. 1.

ment sei von den Kompilatoren stark überarbeitet worden,[73] weshalb es unwahrscheinlich sei, daß der Satz: „Quotiens ex maleficio oritur actio, ut puta ex causa furtiva ceterorumque maleficiorum, si de ea pecuniarie agitur, compensatio locum habet: idem est et si condicatur ex causa furtiva" ihrer Aufmerksamkeit entgangen sei.[74] Sehr viel eher sei anzunehmen, Justinian habe dem Dieb die compensatio in D 16, 2, 10, 2 zugestanden, weil bei der condictio furtiva regelmäßig sofort auf die Zahlung einer Geldsumme geklagt worden sei.[75] Dem Räuber habe er demgegenüber in C 4, 31, 14, 2 die compensatio versagt, weil dort die Rückgabe der entzogenen Sache in erster Linie interessiert habe.[76]

Nach den bisherigen Ausführungen zum Erfordernis der Gleichartigkeit im justinianischen bzw. im vorjustinianischen Recht der compensatio überrascht es nicht, daß sich die von Solazzi vorgeschlagene Auflösung der Antinomie zwischen C 4, 31, 14, 2 und D 16, 2, 10, 2 als eine nur scheinbare erweist.

Zwar soll die Annahme von Solazzi, das Ulpian-Fragment sei von den Kompilatoren stark überarbeitet worden und diesen sei der Widerspruch zu C 4, 31, 14, 2 aufgefallen, nicht bezweifelt werden.

Als fragwürdig erscheint es aber, wenn Solazzi ausführt, bei der condictio furtiva sei die compensatio von Justinian zugelassen worden, weil hier in erster Linie die Zahlung von Schadensersatz begehrt worden sei, während er in C 4, 31, 14, 2 die compensatio versagte, weil dort die Rückgabe der geschuldeten Sache im Vordergrund des Interesses gestanden habe.[77] Tatsächlich äußert sich Justinian in C 4, 31, 14, 2 nämlich nicht ausdrücklich zu der Frage, gegenüber welchen Ansprüchen bzw. actiones er die compensatio verbieten will. Der Satz „possessionem autem alienam perperam occupantibus compensatio non datur" läßt sehr wohl Raum für die Annahme, Justinian habe demjenigen, der sich fremden Besitzes zu Unrecht bemächtigte, die compensatio auch oder möglicherweise gerade dann versagen wollen, wenn sekundäre Ersatzansprüche geltend gemacht wurden. Nicht überzeugend ist außerdem die Feststellung Solazzis, in D 16, 2, 10, 2 sei die compensatio zugelassen worden, weil bei der condictio furtiva die Zahlung von Schadensersatz in erster Linie interessiert habe. Mit der condictio furtiva konnte nämlich nicht nur Schadensersatz, sondern gerade auch die Herausgabe der entzogenen Sache selbst verlangt werden,[78] was nicht deshalb überflüssig war, weil dem Bestohlenen möglicher-

---

[73] Solazzi, S. 89—91 und S. 185; ebenso mit noch weitergehenden Interpolationsannahmen Biondi, La compensazione nel diritto romano, S. 348—350; vgl. auch Kreller, Iura 2 (1951), S. 82 (90).

[74] Solazzi, S. 185.

[75] Solazzi, aaO.

[76] Solazzi, aaO.

[77] Solazzi, S. 185.

[78] Jörs/Kunkel/Wenger, § 157 3., S. 255; Kaser, Das römische Privatrecht II, § 272 II., S. 434 insbes. Fn. 18; Levy, Die Konkurrenz der Aktionen und Personen, § 27, S. 279 f.; Liebs,

weise auch die rei vindicatio zur Verfügung stand.[79] Bei dieser Klage waren nämlich gegenüber dem Beklagten gewisse Rücksichten zu beobachten, die gegenüber dem Dieb als nicht angebracht erschienen[80] und deshalb bei der condictio furtiva keine Geltung beanspruchten. Insoweit sollte dem Bestohlenen mit der condictio furtiva eine zusätzliche Sachverfolgung ermöglicht werden.[81]

Wenn Solazzi im übrigen zu bedenken gibt, der Dieb habe sich der gestohlenen Sache schnellstmöglich entledigen wollen, weshalb die condictio furtiva in der Praxis regelmäßig direkt auf die aestimatio bezogen worden sei,[82] so ist dem entgegenzuhalten, daß es in keiner Weise ersichtlich ist, warum in C 4, 31, 14, 2 das Interesse dessen, der sich fremden Besitzes widerrechtlich bemächtigt hat, sich der angeeigneten Sache schnellstens zu entledigen, nicht ebenso groß gewesen sein soll, wie das des Diebes in D 16, 2, 10, 2.

Unter Zugrundelegung des Deutungsvorschlages von Biondi und Solazzi läßt sich daher die Antinomie zwischen C 4, 31, 14, 2 und D 16, 2, 10, 2 nicht zufriedenstellend lösen.

3. Exkurs: Das Aufrechnungsverbot beim depositum

Aufgrund der bisherigen Ausführungen darf die These von Biondi und Solazzi, die Kompilatoren hätten das Erfordernis der Gleichartigkeit nur intuitiv erfaßt und lediglich mittelbar u.a. in den verschiedenen Aufrechnungsverboten zum Ausdruck gebracht, wenn vielleicht auch nicht als eindeutig widerlegt, so doch als eher unwahrscheinlich bezeichnet werden. Sehr viel wahrscheinlicher ist demgegenüber jedenfalls die Annahme, die Voraussetzung der Gleichartigkeit sei im justinianischen Recht der compensatio sogar so selbstverständlich gewesen, daß man auf eine ausdrückliche Regelung — etwa durch Anknüpfung an PS 2, 5, 3 — verzichten zu können glaubte.

Im folgenden soll nun noch kurz der Frage nachgegangen werden, ob dieses Ergebnis der bisherigen Ausführungen auch durch den Aufrechnungsausschluß beim depositum Bestätigung findet.

In C 4, 31, 14, 1 (531) heißt es am Ende:

> ... excepta actione depositi secundum nostram sanctionem, in qua nec compensationi locum esse disposuimus.
>
> (Ausgenommen ist gemäß unserer Verordnung die Klage aus der Verwahrung, bei der wir die Aufrechnung für unstatthaft erklärt haben.)

Römisches Recht, S. 283; Schwarz, S. 292; Siber, Römisches Privatrecht, § 89 1. b), S. 231; Stone, SZ 83 (1966), S. 357 (362).

79 Liebs, Die Klagenkonkurrenz im römischen Recht, S. 97; Schwarz, S. 292.

80 Liebs, aaO.

81 Liebs, aaO.

82 Solazzi, S. 185.

Hier verweist Justinian auf seine Verordnung in C 4, 31, 11 pr.:

Imp. Iustinianus A. Demostheni pp. (529)
Si quis vel pecunias vel res quasdam per depositionis accepit titulum, eas volenti ei qui deposuerit reddere ilico modis omnibus compellatur nullamque compensationem vel deductionem vel doli exceptionem opponat, quasi et ipse quasdam contra eum qui deposuit actiones personales vel in rem vel hypothecarias praetendens, cum non sub hoc modo depositum accepit, ut non concessa ei retentio generatur, et contractus qui ex bona fide oritur ad perfidam retrahatur.

(Der Kaiser Justinian an Demosthenes, praef. praet.
Wenn jemand entweder Geld oder gewisse Sachen zur Verwahrung angenommen hat, so soll er schlechterdings gezwungen werden, sie dem, der sie hinterlegt hat, sobald derselbe es will, sofort zurückzugeben, ohne eine Aufrechnung oder einen Abzug oder die Einrede der Arglist einwenden zu können, insofern er selbst gegen den Hinterleger persönliche, dingliche oder Pfandklagen zu haben behauptet; denn er hat das Hinterlegte nicht dazu empfangen, damit ihm eine unstatthafte Zurückbehaltung ermöglicht und ein Vertrag, der aus Treu und Glauben entstanden ist, in Treulosigkeit verkehrt wird.)

Von ihrer Auffassung ausgehend, das Erfordernis der Gleichartigkeit sei im justinianischen Recht der compensatio von den Kompilatoren nur intuitiv in Einzelfällen zum Ausdruck gebracht worden, deuten Biondi und Solazzi auch den Aufrechnungsausschluß beim depositum. Dieser habe wegen der fehlenden Gleichartigkeit der beiderseitigen Ansprüche nur insoweit Geltung beansprucht, als eine bestimmte Sache hinterlegt und zurückzugeben war,[83] habe aber dann nicht eingegriffen, wenn es sich um ein depositum irregulare gehandelt habe oder vermittelst der actio depositi Ersatz für die vom Verwahrer verschuldete Unmöglichkeit der Rückgabe verlangt worden sei.[84] Während nämlich in C 4, 34, 11 (529) noch von pecuniae vel res die Rede sei, handele I 4, 6, 30 nur noch von res depositae[85] und Nov. 88, 1 nur noch von aurum vel res[86] und heiße es in PS 2, 12, 12: In causa depositi compensationi locus non est, sed *res ipsa* reddenda est.[87] Daher sei auch das in C 4, 34, 11 (529) erwähnte Geld nicht im Sinne eines depositum irregulare oder im Sinne von Schadensersatz, sondern im Sinne von Geld als einem fest umrissenen Körper zu verstehen.[88]

---

[83] Biondi, La compensazione nel diritto romano, S. 330; Solazzi, S. 182 Fn. 20 und S. 21 f.; zustimmend Osuchowski, S. 271; ebenso schon Eisele, Die Compensation nach römischem und gemeinem Recht, § 30 3., S. 351 ff.

[84] Biondi, La compensazione nel diritto romano, S. 331; Solazzi, S. 182 Fn. 20; ebenso schon Eisele, Die Compensation nach römischem und gemeinem Recht, § 30 3., S. 351 ff.

[85] Biondi, aaO, S. 330; Solazzi, aaO.

[86] Biondi, aaO, S. 331; Solazzi, aaO.

[87] Biondi, aaO, S. 329; Solazzi, aaO; Hervorhebung von mir; vgl. zu PS 2, 12, 12 im übrigen: Astuti, ED VIII (1961), S. 1 (3); Jörs/Kunkel/Wenger, § 137 2. b), S. 223 Fn. 5; Levy, Obligationenrecht, § 55, S. 148 f.; Osuchowski, S. 219 und S. 271 f.; Rotondi, Scritti giuridici II, S. 1 (77 f.); Solazzi, S. 21 f.

[88] Biondi, aaO, S. 330; Solazzi, S. 182 Fn. 20.

Es liegt auf der Hand, daß man von dem hier vertretenen Lösungsansatz ausgehend eher die gegenteilige Schlußfolgerung ins Auge fassen wird: eben weil die Gleichartigkeit der gegenseitigen Forderungen bei Justinian eine selbstverständliche Voraussetzung der compensatio war, kann das Aufrechnungsverbot für die Fälle sinnvoll, d.h. von konstitutiver Bedeutung gewesen sein, in denen die Aufrechnung nicht ohnehin schon an der fehlenden Gleichartigkeit der beiderseitigen Ansprüche scheiterte.

Dies sind beim depositum insbesondere das von Biondi und Solazzi ausgeklammerte depositum irregulare[89] sowie der Fall, in dem mit der actio depositi Ersatz für die vom Verwahrer verschuldete Unmöglichkeit der Rückgabe der Sache verlangt wird.

Für den hier vertretenen Lösungsansatz spricht beim depositum insbesondere der Umstand, daß Justinian in C 4, 34, 11 pr. (529) nicht nur die compensatio verbietet, sondern darüber hinaus feststellt, dem Verwahrer dürfe auch keine retentio zugebilligt werden. Wenn auch einzuräumen ist, daß C 4, 34, 11 pr. (529) mit Blick auf das klassische Recht geschrieben ist,[90] was sich insbesondere bei der von Justinian beschworenen, aber schon zu seiner Zeit längst überholten Trias von compensatio, deductio und exceptio doli zeigt,[91] so verdeutlicht die Verordnung doch, daß Justinian die retentio noch kannte, wenn er sie auch nur erwähnt, um ihre Geltendmachung auszuschließen.[92] Nun mag das Verhältnis zwischen retentio und compensatio für das klassische Recht als ungeklärt bezeichnet werden.[93] Aber im justinianischen Recht unterschieden sich beide Rechtsinstitute insoweit klar voneinander, als die retentio auch bei ungleichartigen Ansprüchen geltend gemacht werden konnte, während die Möglichkeit der compensatio nur bei gleichartigen, aber auch aus verschiedenen Rechtsverhältnissen herrührenden Forderungen eröffnet war.[94]

Hält man sich dies vor Augen, so mag der Ausschluß der compensatio beim depositum mit dem Hinweis auf die fehlende Gleichartigkeit noch plausibel erklärt werden können. Ganz im Unklaren liegt dann aber die Frage nach den Gründen, die Justinian zum Ausschluß auch der retentio bewogen haben mögen, da hier die Gleichartigkeit der beiderseitigen Ansprüche gerade nicht erforderlich war. Daher ist die Annahme von Biondi und Solazzi, die Funktion des Aufrechnungsverbotes beim depositum erschöpfe sich in der fehlenden

---

89 Vgl. zu diesem insbes. Klami, nebst Bespr. von Benöhr, Sz 89 (1972), S. 437—443.

90 Bürge, S. 180 f.

91 Levy, SZ 77 (1960), S. 1 (13 f.); ders., Obligationenrecht, § 53, S. 146 Fn. 65.

92 Bürge, S. 180 f.

93 So wohl Kaser, Das römische Privatrecht I, § 121 I., S. 521 Fn. 1; vgl. zu dieser umstrittenen Frage im übrigen Burdese, Iura 9 (1958), S. 185 (188—191); Marrone, Labeo IV (1958), S. 81 (87 f.); Nardi I und II. Die neueste Monographie zur retentio von A. Bürge ist für die Frage nach der Abgrenzung zwischen compensatio und retentio unergiebig.

94 So jedenfalls Kaser, Das römische Privatrecht II, § 261 III., S. 368; Nardi II, S. 169 ff.

Gleichartigkeit, wohl eher als unwahrscheinlich zu bezeichnen. Wahrscheinlicher ist demgegenüber, daß Justinian sowohl die compensatio generell, also insbesondere in Fällen der Gleichartigkeit der gegenseitigen Forderungen, als auch die retentio aufgrund einer einheitlichen Motivationslage ausschließen wollte.

Für diese Motivationslage gibt die Verordnung in C 4, 34, 11 pr. (529) bis zu einem gewissen Grade Aufschluß. Am Ende führt Justinian nämlich aus, die compensatio solle u.a. deshalb ausgeschlossen sein, „ut non ... contractus qui ex bona fide oritur ad perfidam retrahatur". Mit einem solchen Grund für das Verbot der compensatio ist das von Biondi und Solazzi unterstellte Fehlen ihrer bloß technischen Voraussetzungen schwerlich vereinbar. Näherliegend erscheint es, daß Justinian sowohl die compensatio als auch die retentio beim depositum etwa deshalb ausgeschlossen hat, weil hier der Hinterleger die Sache gerade im Vertrauen darauf ausgehändigt hat, daß er sie jederzeit vom Verwahrer zurückfordern und zurückerlangen könne.[95]

Die vorstehenden Überlegungen zum Aufrechnungsausschluß beim depositum legen die Vermutung nahe, daß diesem wohl kaum oder jedenfalls nicht ausschließlich die Ratio der fehlenden Gleichartigkeit zugrunde gelegen haben dürfte, wodurch die oben[96] am Deutungsversuch von Biondi und Solazzi geübte Kritik Bestätigung findet.

4. Zusammenfassung

Der von Biondi und Solazzi vertretenen These, Justinian habe die compensatio in C 4, 31, 14, 2 versagt, weil in den dort in Rede stehenden Fällen die sich gegenüberstehenden Forderungen ungleichartig seien, kann nicht beigepflichtet werden. Gegen sie spricht vor allem der Umstand, daß das Erfordernis der Gleichartigkeit ein selbstverständlicher Bestandteil des justinianischen Rechts der compensatio gewesen sein dürfte. Dies ergibt sich außer aus den oben[97] referierten von Biondi und Solazzi bemühten Quellen aus der ipso-iure-Wirkung der compensatio sowie aus deren Rückwirkung. Diesen spezifischen Ausprägungen des Rechts der Aufrechnung ist das Erfordernis der Gleichartigkeit ebenso immanent wie dem Prinzip der condemnatio in ipsam rem. Für die selbstverständliche Geltung der Voraussetzung der Gleichartigkeit der gegenseitigen

---

[95] Dies klingt auch bei Osuchowski, S. 271 an, der sich aber im übrigen in vollem Umfang Biondi und Solazzi anschließt. Vgl. außerdem Litewski, S. 32 und schon v. Scheurl, S. 183. Archi, Giustiniano legislatore, S. 218, erblickt den Grund des Aufrechnungsverbotes anscheinend in den praktischen Schwierigkeiten, die bei der Auflösung eines Verwahrungsvertrages entstanden: Si noti, una riforma concernente un singolo istituto senza alcuna preoccupazione di collegarla con il sistema, ma bensi seguendo l'impulso di diffcoltà pratiche, che si dovevano determinare in quei tempi nello scioglimento del contratto di deposito.

[96] 1. Teil, 1. Kap., II. 2.

[97] 1. Teil, 1. Kap., II. 1.

Forderungen spricht außerdem das überlieferte Fragment aus den Paulussentenzen, PS 2, 5, 3. Hätte Justinian die Frage nach dem Erfordernis der Gleichartigkeit tatsächlich für regelungsbedürftig gehalten, so hätte es näher gelegen, PS 2, 5, 3 in die Digesten aufzunehmen, als das neuartige Aufrechnungsverbot für Fälle widerrechtlicher Besitzentziehung zu schaffen. War aber die Gleichartigkeit eine unzweifelhafte Voraussetzung der compensatio, so wird sie Justinian nicht zum Erlaß von C 4, 31, 14, 2 veranlaßt haben, da diese Verordnung anderenfalls jeder konstitutiven Bedeutung entbehren würde. Die Ratio der fehlenden Gleichartigkeit der beiderseitigen Forderungen dürfte daher dem Aufrechnungsausschluß in C 4, 31, 14, 2 nicht zugrunde gelegen haben. Bestätigung findet dies im übrigen auch durch die Untersuchung des Aufrechnungsverbotes beim depositum.

III. Die Ansicht von Appleton

Der Vollständigkeit halber soll auch der von C. Appleton in seinem 1895 erschienenen Werk „Histoire de la compensation en droit romain" vorgetragene Deutungsversuch von C 4, 31, 14, 2 nicht übergangen werden.

Appleton geht davon aus, Justinian habe in jener Verordnung die compensatio als Synonym für mutua petitio gebraucht.[98] Den Grund für den Ausschluß der Widerklage erblickt er u.a. darin, daß der Beklagte der Hauptklage den Erlaß eines Urteils und dessen Vollstreckung nicht ungebührlich habe verzögern dürfen.[99] Dieser Lösungsversuch resultiert aus einer eigenwilligen Lehre[100] Appletons, für die er C 4, 31, 14, 2 nur als Prüfstein erörtert:[101] Appleton vertritt die Ansicht, die berühmte exceptio des Mark Aurel[102] in I 4, 6, 30 habe die Aufrechnung nur für liquide Geldforderungen vermitteln sollen.[103] Für die übrigen Fälle sei dann die Widerklage der Normalfall der Aufrechnung geworden.[104] Die ipso-iure-Wirkung resultiere aus einer Instruktion von Justinian an die Kompilatoren, die von diesen mißverstanden und in die einzelnen klassischen Stellen interpoliert worden sei.[105]

---

[98] Appleton, S. 498.

[99] Appleton, S. 499.

[100] Diese Lehre hat bei Wenger, Zur Lehre von der actio iudicati, S. 69 f. Anklang gefunden.

[101] Appleton, S. 497 f.

[102] Mit Hilfe dieser exceptio konnte im klassischen Recht eine compensatio wohl auch bei den strengrechtlichen Judizien erfolgen; jedoch ist die genauere Bedeutung jener exceptio umstritten; vgl. etwa Astuti, ED VIII (1961), S. 1 (8 f.); Biondi, NNDI III (1959), S. 719 (721); Hausmaninger/Selb, S. 376; Jörs/Kunkel/Wenger, § 125 2. c), S. 203 f.; Kaser, Das römische Privatrecht I, § 151 V. 2., S. 646; Levy, Obligationenrecht, § 53, S. 146 Fn. 65; Liebs, Römisches Recht, S. 257; Medicus, SZ 81 (1964), S. 233 (263 zu Fn. 107); Monier, Manuel élémentaire de droit romain II, S. 279 f.; Roby, S. 413; Solazzi, S. 97 ff.; Thielmann, S. 153.

[103] Appleton, S. 265 ff.

[104] Appleton, S. 237 ff.; 259; 261; 302; 486; 533 f.

[105] Appleton, S. 461 und S. 483, 484 ff.

Auch ohne diese Lehre von Appleton noch näher darzustellen[106] und einer kritischen Würdigung zu unterziehen,[107] wird man sie und damit den Deutungsversuch von C 4, 31, 14, 2 aus heutiger Sicht wohl als überholt bezeichnen dürfen.

Trotz der zweifellos zwischen compensatio und mutua petitio bestehenden Berührungspunkte können beide Rechtsinstitute nicht pauschal miteinander identifiziert werden. Die überlieferten Quellen bezeugen Justinians Kenntnis sowohl von der compensatio als auch von der mutua petitio. Während nämlich in Nov. 96, 2 (529); C 7, 45, 14 (529 f.); D 17, 1, 38 pr.; C 4, 31, 6 (229); C 5, 21, 1 (229); D 16, 2, 16, 1; D 49, 8, 1, 4 von den mutuae petitiones (actiones) die Rede ist, behandeln C 4, 31 und D 16, 2 ausführlich das Recht der compensatio. Hätte Justinian aber zwischen Aufrechnung und Widerklage keinen Unterschied mehr gesehen, so hätte eine einheitliche Terminologie nahe gelegen.

Außerdem ist die bereits oben[108] kurz erörterte ipso-iure-Wirkung der compensatio in Rechnung zu stellen. Diese ipso-iure-Wirkung ist nämlich nur bei der compensatio in ihrer herkömmlichen Bedeutung, nicht aber bei der Widerklage sinnvoll.

Die Lehre Appletons setzt daher dessen zusätzliche These voraus, die Einführung der ipso-iure-Wirkung resultiere lediglich aus einem Mißverständnis.[109]

Soweit ersichtlich werden derart weitgehende Verdächtigungen heute nicht mehr erhoben. Dementsprechend findet sich auch die generelle Identifikation von mutua petitio und compensatio in der modernen romanistischen Literatur nicht mehr. Die Widerklage wird man sogar nicht einmal als ein Mittel zur Bewirkung der compensatio bezeichnen können.[110] Denn aus Klage und mutua petitio müssen jedenfalls zwei Urteile ergehen, weshalb die Frage der Aufrechnung nicht gelöst, sondern allenfalls in den Bereich der Vollstreckung verschoben wird.[111]

Bezeichnend ist im übrigen, daß Appleton sich zur Erklärung der Antinomie zwischen C 4, 31, 14, 2 und D 16, 2, 10, 2 außerstande sieht. Bei der Aufnahme des Ulpian-Fragmentes in die Digesten, so Appleton, sei den Kompilatoren ein Versehen unterlaufen.[112]

---

[106] Vgl. schon die Zusammenfassungen von: Eisele, SZ 17 (1896), S. 348—354; Geib, S. 48 f. und S. 89—91; Kretschmar, S. 6 f.; F. Leonhard, Die Aufrechnung, S. 214 f.; v. Lübtow, Catos leges venditioni et locationi dictae, S. 387 f.; Solazzi, S. 106—108.

[107] Vgl. schon die Kritik von: Astuti, ED VIII (1961), S. 1 (8 f.); Eisele, SZ 17 (1896), S. 348—354; Geib, S. 48 f., S. 91—93 und vor allem S. 147—152; Kretschmar, S. 24—26; v. Lübtow, Catos leges venditioni et locationi dictae, S. 388; Solazzi, S. 108—113.

[108] 1. Teil, 1. Kap., II. 2. c).

[109] Appleton, S. 461 und S. 484 ff.

[110] So allerdings auch Rezzonico, S. 44 ff.; dagegen aber Biondi, Iura 10 (1959), S. 308 (311); Kaser, SZ 76 (1959), S. 608 (609); Wubbe, TR 27 (1959), S. 220 (224 und 226).

[111] So jedenfalls Kaser, SZ 76 (1959), S. 608 (609); ebenso wohl Biondi, Iura 10 (1959), S. 308 (311); Wubbe, TR 27 (1959), S. 220 (224).

[112] Appleton, S. 497 Fn. 1: Ce texte, en tant qu'il admet la compensation contre la condictio

Interessant erscheint jedoch ein weiterer Grund, den Appleton für den Ausschluß der Widerklage/compensatio angibt. Ohne das Verbot der Aufrechnung/Widerklage in C 4, 31, 14, 2 hätte sich der Gläubiger einer fälligen Geldschuld einer Sache seines Schuldners bemächtigen können, um dann gegenüber der Klage auf Rückgabe der Sache die Widerklage zu erheben.[113] Schließlich hätte er dann bei Erfolg der mutua petitio die noch in seinem Besitz befindliche Sache pfänden lassen können, um auf diese Weise die Befriedigung seiner sonst vielleicht uneinbringlichen Geldforderung zu erlangen.[114] Dies läßt vermuten, Appleton sei der Ansicht, das Verbot der compensatio in C 4, 31, 14, 2 habe jedenfalls auch dazu gedient, der unzulässigen Selbsthilfe vorzubeugen. Hierauf wird später zurückzukommen sein.[115]

IV. Eigener Deutungsversuch: Aufrechnungsausschluß zur Sicherung von Selbsthilfeverboten

1. Die privilegierten actiones

Will man die Ratio des Aufrechnungsausschlusses in C 4, 31, 14, 2 ergründen, so erscheint es zweckmäßig, zunächst der Frage nachzugehen, an welche Ansprüche oder actiones Justinian dachte, als er die compensatio verbot.

Aufschlußreich hierfür ist zweierlei. Zum einen setzen die von Justinian mit dem Aufrechnungsverbot begünstigten Ansprüche eine widerrechtliche Besitzentziehung des Anspruchsgegners voraus. Zum anderen ist es jedoch nicht erforderlich, daß der Inhaber des Anspruchs Eigentümer der zu Unrecht entzogenen Sache ist. Hält man sich an den Wortlaut von C 4, 31, 14, 2, so würde das Verbot der compensatio sogar dann gelten, wenn der Eigentümer dem Besitzer die Sache widerrechtlich entzieht und letzterer nunmehr Ansprüche wegen der Besitzentziehung geltend macht.

Ansprüche, deren Voraussetzungen sich in einer widerrechtlichen Besitzentziehung erschöpfen und die sogar gegenüber dem Eigentümer, der sich des Besitzes widerrechtlich bemächtigt hat, geltend gemacht werden können, sind nun vornehmlich possessorische Ansprüche, d.h. im römischen Recht vor allem die Besitzschutzinterdikte.[116] Diese haben im römischen Recht eine recht

furtiva, a été inséré par inadvertance au Digeste. En effet, il est en contradiction avec la disposition de Justinien qui refuse la compensation au spliateur, voy. le numéro suivant.

[113] Appleton, S. 500.

[114] Appleton, S. 500.

[115] Vgl. unten 1. Teil, 1. Kap., IV. 3.

[116] Auf Besitzschutzinterdikte wird das Aufrechnungsverbot möglicherweise auch von Leage bezogen, bei dem es auf S. 459 allerdings vage heißt: Justinian allowed compensation in all cases without any express plea, whatever the nature of the action, save that — (i) the counterclaim must be easy of proof and (ii) it could not be made at all in actions on a depositum or to recover land wrongfully occupied.

wechselvolle Entwicklung durchgemacht,[117] der kurz nachgegangen werden soll, um anschließend den Versuch einer Beantwortung der Frage nach der Ratio von C 4, 31, 14, 2 zu unternehmen.

2. Die Entwicklung der Besitzschutzinterdikte

Das sehr differenzierte Recht der Besitzschutzinterdikte, deren Zweck es war, den Besitz gegen Störung und Entziehung durch unerlaubte Eigenmacht zu sichern,[118] ging in der nachklassischen Zeit mehr und mehr verloren.[119] Der Grund hierfür waren die vor allem seit dem vierten Jahrhundert immer weiter um sich greifenden Akte unzulässiger Selbsthilfe.[120] Die großen Unruhen bewogen die Kaiser jener Zeit, die Einschränkung verbotener Eigenmacht als eine der vordringlichsten Aufgaben anzusehen.[121]

Sachlich war eine der ersten wichtigen Änderungen die Abschaffung der exceptio vitiosae possessionis,[122] was für die effektive Einschränkung der Selbsthilfe unerläßlich geworden war.[123] Auch die alte Terminologie der Besitzschutzinterdikte ging allmählich verloren.[124] Der Besitzprozeß, der dem klassischen Recht als interdictum unde vi bekannt war, wurde seit Konstantin als Streit um die momentaria possessio oder dgl. bezeichnet,[125] weil der „augenblickliche" Besitz, wie er bis zur Störung bzw. Entziehung bestanden hatte, wiederherzustellen war.[126] Später sprach man dann von der actio momentaria, causa momentaria oder Ähnlichem.[127]

Um der immer weiter um sich greifenden unzulässigen Selbsthilfe Herr zu werden, wurde die gewaltsame Besitzentziehung unter teils drakonische Straf-

---

[117] Vgl. hierzu vor allem Levy, The Law of Property, S. 243—276; außerdem Bruns, Das Recht des Besitzes im Mittelalter und in der Gegenwart, S. 27—77; Burdese, ED XXXIV (1985), S. 452 (464 f.); Gradenwitz, SZ 38 (1917), S. 35 (59—63); Kaser, Das römische Privatrecht II, § 240, S. 256—261; Monier, Manuel élémentaire de droit romain I, S. 395; Schulz, Classical Roman Law, S. 453.

[118] Kaser, Das römische Privatrecht I, § 96 II. 1., S. 396; Schulz, Classical Roman Law, S. 452.

[119] Levy, The Law of Property, S. 243 ff.

[120] Kaser, Das römische Privatrecht II, § 240 I., S. 257.

[121] Levy, aaO, S. 243 und S. 247.

[122] CT 9, 10, 3 (319) u.a.; ferner IP 5, 7, 5; Kaser, Das römische Privatrecht II, § 240 I. 1. b), S. 257; Levy, aaO, S. 246 ff.

[123] Hausmaninger/Selb, S. 190; Levy, aaO, S. 247 f.

[124] Levy, aaO, S. 243—246.

[125] CT 4, 22, 1 (326) = C 8, 5, 1 pr.; C 3, 16, 1 (366); CT 2, 1, 8, 1 (395) = C 8, 4, 8; zuweilen einfach momentum: CT 4, 22, 4 (397); Kaser, Das römische Privatrecht II, § 240 I. 1. a), S. 257; Kniep, S. 395.

[126] Kaser, Das römische Privatrecht II, § 240 I. 1. a), S. 257.

[127] Vgl. z.B. IT 4, 23, 1; IT 11, 37, 1; IP 5, 6, 1; IP 5, 7, 14; Kaser, Das römische Privatrecht II, § 240 I. 1. a), S. 257; Levy, The Law of Property, S. 244 f. mit zahlreichen weiteren Quellenangaben.

drohungen gestellt.[128] Konstantin verhängte für Sonderfälle sogar die Todesstrafe über Akte verbotener Selbsthilfe.[129] Im übrigen trafen den Störer, der sich einer fremden Sache bemächtigt hatte, Deportation und Vermögenseinziehung; hatte der Eigentümer eine eigene Sache in Besitz genommen, so erhielt er wegen der unzulässigen Selbsthilfe nur die Hälfte der ergriffenen Sachen zurück, während die andere Hälfte dem Staat verfiel.[130]

Spätere Kaiserkonstitutionen verzichteten bei der Selbsthilfe auf eine öffentliche Bestrafung. An deren Stelle traten die neuen Maßnahmen des Verfalls und der Wiedervergeltung.[131] Wer sich zum Zwecke der Selbsthilfe einer Sache gewaltsam bemächtigt hatte, verlor den Besitz an den Gegner und wurde, falls er der Eigentümer der Sache war, von jeder späteren Zurückforderung ausgeschlossen; war er nicht der Berechtigte, so mußte er die Sache gleichfalls zurückgeben und zusätzlich dem Gegner eine Strafe leisten; anfangs eine Geldstrafe in Höhe des Wertes der Sache, später eine Sache gleicher Art.[132] Justinian stellte dann das alte materielle Recht der Besitzschutzinterdikte in engerer Anlehnung an das klassische Recht wieder her.[133] Allerdings blieben zahlreiche nachklassische Verfalls- und Strafmaßnahmen in Geltung.[134] Hierbei unterließ Justinian es jedoch, die verschiedenen Regelungen hinreichend klar voneinander abzugrenzen.[135] Infolgedessen entstand eine Reihe von Widersprüchen und Ungerechtigkeiten.[136] Das Recht der Besitzschutzinterdikte war unübersichtlich geworden und stellte wohl sogar für die Kompilatoren selbst keinen homogenen Regelungskomplex mehr dar.[137].

---

[128] Kaser, Das römische Privatrecht II, § 240 I. 1. b), S. 258; Levy, The Law of Property, S. 250.

[129] Vgl. CT 9, 10, 1 und 2 (317 und 318) sowie Levy, The Law of Property, S. 250.

[130] CT 9, 10, 3 (319); Kaser, Das römische Privatrecht II, § 240 I. 1. b), S. 258; Levy, The Law of Property, S. 250 f.; De Malafosse, S. 30—33; Wieacker, Symbolae Lenel, S. 259 (346 f.).

[131] Kaser, Das römische Privatrecht II, § 240 I. 1. c), S. 258; Levy, The Law of Property, S. 250—263.

[132] CT 4, 22, 3 (389); Kaser, Das römische Privatrecht II, § 240 I. 1. c), S. 258.

[133] Kaser, Das römische Privatrecht II, § 240 II., S. 259; Levy, The Law of Property, S. 266 f.

[134] Kaser, Das römische Privatrecht II, § 240 II., S. 259; Levy, The Law of Property, S. 267 ff.

[135] Kaser, Das römische Privatrecht II, § 240 II., S. 259; Levy, The Law of Property, S. 270 und 272.

[136] Levy, The Law of Property, S. 270 ff.

[137] So wohl Levy, The Law of Property, S. 272: The task Justinian set himself was more ambitious and laborious. In reinstating the classical law of interdicta he was required to adjust it to the likewise adopted postclassical devices of criminal reaction and forfeiture. But he failed to live up to the task. He did nearly nothing to throw light upon the relation between the conflicting rules. Contradictions and overlaps obscured his attitude against selfhelp in property and made the law hopelessly inextricable. The outcome is another test for his inability to weld classical and later elements or various postclassical ingredients into an integrated whole.

3. Die Ratio von C 4, 31, 14, 2

Legt, wie oben[138] ausgeführt, der Wortlaut von C 4, 31, 14, 2 die Vermutung nahe, Justinian habe mit dem Aufrechnungsverbot Besitzschutzinterdikte privilegieren wollen, so ist hierdurch die Frage nach der Ratio von C 4, 31, 14, 2 noch nicht beantwortet. Denn im Rahmen der Besitzschutzinterdikte war das Aufrechnungsverbot nur dann sinnvoll, wenn die compensatio nicht schon an der fehlenden Gleichartigkeit der beiderseitigen Ansprüche scheiterte.

Von konstitutiver Bedeutung ist die Verordnung in C 4, 31, 14, 2 bei den Besitzschutzinterdikten vor allem in den drei folgenden Fallgruppen.

a) Die Wegnahme einer geschuldeten Sache

Zunächst ist an den Fall zu denken, in dem ein Gläubiger bei seinem Schuldner gerade eine solche Sache eigenmächtig wegnahm, die ihm aufgrund irgendwelcher Umstände geschuldet wurde. Hier wäre die compensatio nicht schon an der fehlenden Gleichartigkeit, sondern erst an C 4, 31, 14, 2 gescheitert. Insoweit wäre das Aufrechnungsverbot daher sinnvoll gewesen und hätte der eigenmächtigen Forderungsbeitreibung, also der unzulässigen Selbsthilfe vorgebeugt.

b) C 8, 4, 7 (389)

Für die Ratio von C 4, 31, 14, 2 könnte sich ferner C 8, 4, 7, eine Konstitution aus dem Jahre 389, als aufschlußreich erweisen:

Impp. Valentinianus Theodosius et Arcadius AAA. ad Messianum comitem rerum privatorum.
Si quis in tantam furoris pervenit audaciam, ut possessionem rerum apud fiscum vel apud homines quoslibet constitutarum ante eventum iudicalis arbitrii violenter invaserit, dominus quidem constitutus possessionem quam abstulit restituat possessori et dominium eiusdem rei amittat: sin vero alienarum rerum possessionem invasit, non solum eam possidentibus reddat, verum etiam aestimationem earundem rerum restituere compellatur.

(Die Kaiser Valentinianus, Theodosius und Arcadius an Messianus, Comes des kaiserlichen Privatschatzes
Wenn jemand in unsinniger Vermessenheit so weit gegangen sein sollte, daß er sich des Besitzes an Gegenständen, den der Staat oder irgendein Privatmann inne hat, vor dem Erfolg der richterlichen Entscheidung gewaltsam bemächtigt hat, so soll er, wenn er Eigentümer ist, den entrissenen Besitz dem Besitzer zurückgeben und das Eigentum an der Sache verlieren. Wenn er sich aber des Besitzes an einer fremden Sache bemächtigt hat, so soll er ihn nicht nur den Besitzern zurückgeben, sondern auch zur Herausgabe des Wertes der Sachen gezwungen werden.)

---

[138] 1. Teil, 1. Kap., IV. 1.

Mit der Aufnahme dieser Konstitution in C 8, 4 fügte Justinian die der Einschränkung unzulässiger Selbsthilfe dienenden alten Verfalls- und Strafmaßnahmen in das Recht des interdictum unde vi ein.

Hatten Leute des neuen Besitzers die Besitzverletzung begangen oder handelte der Eindringling nicht zum Zwecke der Selbsthilfe oder stand der neu eingefügte Fall der Aneignung einer vacua possessio[139] in Rede, so blieb das interdictum unde vi ein possessorischer Rechtsbehelf und auf Grundstücke beschränkt.[140] Insoweit fand die Verordnung in C 8, 4, 7 (389) keine Anwendung.[141] Soweit der neue Besitzer hingegen selbst zum Zwecke der Selbsthilfe den Besitz gewaltsam entzogen hatte, schuldete er nicht nur die Rückgabe der Sache, sondern sah sich außerdem den Strafmaßnahmen von C 8, 4, 7 (389) ausgesetzt. Für diesen Fall fand das interdictum unde vi nunmehr auch auf bewegliche Sachen Anwendung.[142] Hierfür werden u.a. I 4, 2, 1; I 4, 15, 6 ins Feld geführt.[143] Darüber hinaus ist insbesondere der Umstand zu berücksichtigen, daß die in C 8, 4, 7 (389) angeordneten Strafmaßnahmen ursprünglich nicht zum Recht des Besitzschutzes zählten, sondern eigens um der Einschränkung der unzulässigen Selbsthilfe willen eingeführt worden waren.[144] Der Einschränkung der Selbsthilfe bedurfte es aber bei beweglichen und unbeweglichen Sachen gleichermaßen, weshalb auch insoweit eine Differenzierung nicht zu beobachten ist. Warum nun die Verfalls- und Wiedervergeltungsmaßnahmen mit ihrer Einfügung in das Recht des interdictum unde vi durch Justinian ihren Anwendungsbereich verändert haben sollten, ist nicht ersichtlich. Der Verordnung in C 8, 4, 7 (389) ist eine Beschränkung auf Grundstücke jedenfalls nicht zu entnehmen. Daher dürften die in C 8, 4, 7 (389) angeordneten Strafmaßnahmen auch jenen getroffen haben, der sich den Besitz an einer beweglichen Sache zu Unrecht angeeignet hatte.

Gem. C 8, 4, 7 (389) mußte der neue Besitzer, der sich einer eigenen Sache widerrechtlich bemächtigt hatte, nicht nur die Sache herausgeben, sondern war obendrein von jeder späteren Rückforderung ausgeschlossen. War er jedoch nicht der Eigentümer der entzogenen Sache, so war er dem Gegner nicht nur zur Rückgabe der Sache, sondern zusätzlich zur Zahlung einer Privatstrafe in Höhe des Wertes der Sache verpflichtet.

---

[139] Vgl. C 8, 4, 11 (532) sowie Levy, The Law of Property, S. 270; s. zur vacua possessio auch Rotondi, Scritti giuridici III, S. 94 (179 ff.).

[140] Vgl. D. 43, 16, 1, 3—8; I 4, 15, 6 init. sowie Kaser, Das römische Privatrecht II, § 240 II. 1., S. 260; Levy, The Law of Property, S. 270.

[141] Kaser, Das römische Privatrecht II, § 240 II. 1., S. 260; Levy, The Law of Property, S. 270.

[142] So jedenfalls Bonfante, S. 480 f.; Buckland, S. 585; Kaser, Das römische Privatrecht II, § 240 II. 1., S. 260; Levy, The Law of Property, S. 270; a.A., aber ohne Begründung, Coing, S. 238; in der modernen romanistischen Literatur ist eine von Kaser und Levy abweichende Meinung sonst nicht zu finden.

[143] Levy, The Law of Property, S. 270.

[144] Vgl. oben 1. Teil, 1. Kap., IV. 2.

Gerade für diesen letzten Fall war nun das Aufrechnungsverbot in C 4, 31, 14, 2 wichtig und von konstitutiver Bedeutung. Angenommen, A schuldete dem B 10.000. Da A insolvent oder auch nur zahlungsunwillig war, nahm B dem A heimlich eine Vase im Werte von ebenfalls 10.000 weg. Blieb der Diebstahl des B unentdeckt, so hätte sich dieser im Wege der Selbsthilfe erfolgreich Befriedigung verschafft. Wurde seine Täterschaft jedoch aufgedeckt, so mußte er natürlich die Vase herausgeben. Außerdem hatte er dem A noch gem. C 8, 4, 7 (389) eine Privatstrafe in Höhe von 10.000 zu zahlen, wobei es im vorliegenden Zusammenhang ohne Belang ist, ob diese Verpflichtung mit dem interdictum unde vi[145] oder mit einer eigenen — in den Quellen nicht erwähnten — actio[146] durchzusetzen war.

Sieht man nun mit Biondi und Solazzi die Ratio von C 4, 31, 14, 2 nur in der fehlenden Gleichartigkeit der gegenseitigen Ansprüche,[147] so hätte einer Aufrechnung des B nichts im Wege gestanden. Denn da sich zwei Geldforderungen gegenüberstanden, waren die technischen Voraussetzungen der compensatio gegeben. Durch Aufrechnung hätte sich B also der ihm gem. C 8, 4, 7 (389) obliegenden Verpflichtung zur Zahlung der Privatstrafe entziehen können. Auf diese Weise hätte B nur seine vielleicht ohnehin uneinbringliche und daher wertlose Forderung eingebüßt. Gerade um die insoweit drohende Aushöhlung der in C 8, 4, 7 (389) über die unzulässige Selbsthilfe verhängten Sanktionen zu verhindern, könnte Justinian nun die Aufrechnung in C 4, 31, 14, 2 verboten haben. Dies erscheint besonders naheliegend, wenn man mit der hier vertretenen Ansicht[148] davon ausgeht, Justinian habe die Aufrechnung in C 4, 31, 14, 2 mit Blick auf die Besitzschutzinterdikte untersagt. Im Rahmen der Besitzschutzinterdikte spielte nämlich bei Justinian das interdictum unde vi eine dominierende Rolle, was durch den langen Digestentitel D 43, 16 und die ersten Passagen in C 8, 4 bezeugt wird.[149] Als Bestandteil des Rechts des interdictum unde vi wiederum hat Justinian auch die in C 8, 4, 7 (389) angeordneten Strafmaßnahmen angesehen, was durch die systematische Stellung jener Verordnung eben im Recht des interdictum unde vi ohne weiteres erhellt. Bezog Justinian aber das Aufrechnungsverbot in C 4, 31, 14, 2 auf Besitzschutzinterdikte, so assoziierte er es möglicherweise unmittelbar mit dem in seinem Recht des Besitzschutzes so dominierenden interdictum unde vi und damit auch mit C 8, 4, 7 (389).

Um der Aushöhlung der dort über die Selbsthilfe verhängten Sanktionen entgegenzuwirken, könnte Justinian die Aufrechnung in C 4, 31, 14, 2 verboten haben.

---

145 So Levy, The Law of Property, S. 269.

146 So Buckland, S. 585; vgl. auch Bonfante, S. 479 ff.

147 S. oben 1. Teil, 1. Kap., II. 1.

148 Vgl. oben 1. Teil, 1. Kap., IV. 1.

149 Kaser, Das römische Privatrecht II, § 240 II. 1., S. 260; Levy, The Law of Property, S. 267.

c) Die Veräußerung der weggenommenen Sache

Schließlich könnte das Aufrechnungsverbot auch noch für jene Fälle gegolten haben, in denen ein Gläubiger die zum Zwecke der Selbsthilfe bei seinem Schuldner weggenommene Sache später veräußerte.

Angenommen, A schuldete dem B 10.000. Da A insolvent oder auch nur zahlungsunwillig war, nahm B dem A eine Vase im Werte von 5.000 weg und veräußerte sie an einen Unbekannten. Selbstverständlich konnte A Schadensersatz wegen der verschuldeten Unmöglichkeit der Rückgabe der Vase in Höhe von 5.000 fordern. Zusätzlich mußte B dem A wiederum gem. C 8, 4, 7 (389) eine Privatstrafe in Höhe von 5.000 zahlen. Durfte B nun im Hinblick auf die Gleichartigkeit der sich gegenüberstehenden Ansprüche aufrechnen, so hätte er sich im Wege unzulässiger Selbsthilfe immerhin eine Befriedigung seiner sonst vielleicht uneinbringlichen Forderung in Höhe von 5.000 verschafft. Um dem entgegenzuwirken, könnte das Aufrechnungsverbot möglicherweise nicht nur den Anspruch auf Zahlung der Privatstrafe, sondern auch den aus der Veräußerung der Vase resultierenden sekundären Ersatzanspruch privilegiert haben.

Mit dem Wortlaut des Aufrechnungsverbotes in C 4, 31, 14, 2 wäre dies jedenfalls vereinbar. Denn der Satz: possessionem autem alienam perperam occupantibus compensatio non datur, läßt sehr wohl Raum für die Annahme, nicht nur die unmittelbar aus der Besitzentziehung resultierenden Rückgabeansprüche seien gemeint, sondern auch die wegen der später eintretenden Unmöglichkeit der Rückgabe entstehenden Ersatzansprüche.

d) Ergebnis

Zusammenfassend bleibt festzustellen, daß der Wortlaut von C 4, 31, 14, 2 die Annahme nahelegt, Justinian habe mit dem Aufrechnungsverbot Ansprüche aus dem Bereich der Besitzschutzinterdikte privilegieren wollen. Da außerdem die Voraussetzung der Gleichartigkeit der beiderseitigen Ansprüche im justinianischen Recht der compensatio schon ganz selbstverständlich geworden war, kann das Aufrechnungsverbot sinnvollerweise nur für solche Fälle gedacht gewesen sein, in denen die Aufrechnung gegenüber den privilegierten actiones nicht schon am Erfordernis der Gleichartigkeit scheiterte.

Insoweit kommen vornehmlich drei Fallgruppen in Betracht. Erstens ist der Fall einschlägig, in dem der Gläubiger bei seinem Schuldner gerade eine solche Sache wegnahm, die ihm aufgrund irgendwelcher Umstände geschuldet wurde.

Zweitens ist an den Fall zu denken, in dem der Gläubiger einer Geldforderung Selbsthilfe geübt hatte und deshalb den Strafmaßnahmen der Verordnung in C 8, 4, 7 (389) ausgesetzt war.

Drittens war das Aufrechnungsverbot auch für den Fall sinnvoll, in dem der Gläubiger einer Geldforderung bei seinem Schuldner eigenmächtig eine Sache wegnahm und sie veräußerte, so daß er nicht nur zur Zahlung der Privatstrafe, sondern außerdem noch zur Zahlung von Schadensersatz verpflichtet war.

All diese Fälle, in denen dem Aufrechnungsverbot im Rahmen der Besitzschutzinterdikte eine sinnvolle Bedeutung abgewonnen werden kann, sind Fälle unzulässiger Selbsthilfe. Die Ratio von C 4, 31, 14, 2 könnte demnach durchaus in der Vorbeugung unzulässiger Selbsthilfe bestanden haben. Hierfür spricht auch, daß sich so die Antinomie zwischen C 4, 31, 14, 2 und D 16, 2, 10, 2 zufriedenstellend lösen läßt. Allen Deliktstätern und auch dem Dieb ist die Aufrechnung erlaubt. Nur soweit das Delikt in der Ausübung unzulässiger Selbsthilfe besteht, ist die compensatio gem. C 4, 31, 14, 2 verboten. Die Verordnung in C 4, 31, 14, 2 ist demzufolge als eine Einschränkung von D 16, 2, 10, 2 zu verstehen.

4. Das decretum Divi Marci

Gegen den soeben vorgetragenen Deutungsversuch von C 4, 31, 14, 2 könnte allerdings ein decretum Divi Marci[150] sprechen, das in den Digesten in zwei Fragmenten überliefert ist.

D 48, 7, 7
Callistratus libro quinto de cognitionibus
Creditores si adversus debitores suos agant, per iudicem id, quod deberi sibi putant, reposcere debent: alioquin si in rem debitoris sui intraverint id nullo concedente, divus Marcus decrevit ius crediti eos non habere, verba decreti haec sunt. ‚Optimum est, ut, si quas putas te habere petitiones, actionibus experiaris: interim ille in possessione debet morari, tu petitor es.' et cum Marcianus diceret: ‚vim nullam feci': Caesar dixit: ‚tu vim putas esse solum, si homines vulnerentur? vis est et tunc, quotiens quis id, quod deberi sibi putat, non per iudicem reposcit. non puto autem nec verecundiae nec dignitati nec pietati tuae convenire quicquam non iure facere. quisquis igitur probatus mihi fuerit rem ullam debitoris non ab ipso sibi traditam sine ullo iudice temere possidere, eumque sibi ius in eam rem dixisse, ius crediti non habebit'.

(Callistratus im fünften Buch über die cognitiones
Wenn Gläubiger gegen ihre Schuldner vorgehen, so müssen sie das, von dem sie glauben, es werde ihnen geschuldet, durch den Richter zurückfordern; sonst, wenn sie ohne jemandes Erlaubnis sich einer Sache des Schuldners bemächtigt haben, hat der göttliche Mark Aurel verordnet, daß jene keine Forderungen haben sollen. Die Worte des Dekretes sind folgende: ‚Es ist am besten, daß du dich der Klagen bedienst, wenn du Forderungen zu haben glaubst; inzwischen muß jener im Besitz bleiben, und du bist der Kläger.' Und als Marcianus sagte: ‚Ich habe keine Gewalt verübt', hat der Kaiser gesagt: ‚Du glaubst, daß Gewalt nur dann vorliegt, wenn Menschen verwundet werden? Gewalt ist auch dann gegeben, so oft jemand das, von dem er glaubt, es werde ihm geschuldet, nicht durch den Richter einfordert. Ich glaube aber, daß es weder

[150] Vgl. zu diesem vor allem Archi, RIDA 4 (1957), S. 221 (229); Aru, APal 15 (1936), S. 113 (175 ff.); Bonini, S. 124 ff. nebst Bespr. von Liebs, TR 34 (1966), S. 254 (265 f.); Cohen, RIDA 2 (1955), S. 107 (128 und 130); Friedemann, § 5, S. 17—26; Luzzatto, SZ 73 (1956), S. 29 (36 f.); Mayer-Maly, Synteleia Arangio-Ruiz II, S. 878 (883 f.); Pugliese, Iura I (1950), S. 404 (410); Schulz, Einführung in das Studium der Digesten, S. 46 f.; Verrey, S. 181 f. nebst Bespr. von Krampe, Sz 93 (1976), S. 369 (376 f.); Wesener, FS Steinwenter, S. 100 (103 ff.).

deinem sittlichen Empfinden noch deiner Würde noch deinem Pflichtgefühl entspricht, irgendetwas ohne Recht zu tun. Jeder nun, von dem mir nachgewiesen wird, daß er irgendeine Sache seines Schuldners, welche ihm von demselben nicht übergeben worden ist, ohne jede richterliche Hilfe grundlos besitzt und sich in Bezug auf jene Sache selbst Recht gesprochen hat, der wird kein Forderungsrecht haben.‘)

D 4, 2, 13

Callistratus libro quinto de cognitionibus

Exstat enim decretum divi Marci in haec verba: ‚Optimum est, ut, si quas putas te habere petitiones, actionibus experiaris.‘ cum Marcianus diceret: ‚vim nullam feci,‘ Caesar dixit: ‚tu vim putas esse solum, si homines vulnerentur? vis est et tunc, quotiens quis id, quod deberi sibi putat, non per iudicem reposcit. quisquis igitur probatus mihi fuerit rem ullam debitoris vel pecuniam debitam non ab ipso sibi sponte datam sine ullo iudice temere possidere vel accepisse, isque sibi ius in eam rem dixisse: ius crediti non habebit.‘

(Callistratus im fünften Buch über die cognitiones
Es gibt nämlich eine Verordnung des göttlichen Mark Aurel folgenden Wortlauts: ‚Es ist am besten, daß du dich der Klagen bedienst, wenn du Forderungen zu haben glaubst.‘ Als Marcianus sagte: ‚Ich habe keine Gewalt verübt,‘ sagte der Kaiser: ‚Du glaubst, daß Gewalt nur dann vorliegt, wenn Menschen verwundet werden? Gewalt ist auch dann gegeben, so oft jemand das, von dem er glaubt, es werde ihm geschuldet, nicht durch den Richter einfordert. Jeder nun, von dem mir nachgewiesen wird, daß er irgendeine ihm geschuldete Sache seines Schuldners oder die ihm geschuldete Summe Geldes, ohne daß sie ihm vom Schuldner selbst aus freiem Willen gegeben worden ist, ohne richterliche Hilfe grundlos besitzt oder in Empfang genommen hat und demnach sich in dieser Sache selbst Recht gesprochen hat, der wird kein Forderungsrecht haben.‘)

Auch ohne eine eingehende Textanalyse vorzunehmen,[151] wird man den hier interessierenden Inhalt des decretum Divi Marci dahingehend zusammenfassen dürfen, daß derjenige Gläubiger, der sein Forderungsrecht gewaltsam durch die Wegnahme von Sachen des Schuldners durchzusetzen versuchte, sein Forderungsrecht verlieren sollte.[152] Dem Dekret des Mark Aurel zufolge sollte die unzulässige Selbsthilfe also mit dem Verlust der Forderung des Gläubigers geahndet werden.

Hieraus, so könnte man meinen, sei zu folgern, daß der Ausschluß der compensatio in C 4, 31, 14, 2 entgegen den obigen Ausführungen[153] keinesfalls aus dem Bemühen um eine Einschränkung der unzulässigen Selbsthilfe habe resultieren können. Verlor nämlich der zu Unrecht Selbsthilfe übende Gläubiger ohnehin seine Forderung, so brauchte man ihm nicht mehr eigens die Aufrechnung zu verbieten.

---

[151] Vgl. zur Textkritik schon: Aru, APal 15 (1936), S. 113 (178); Krampe, SZ 93 (1976), S. 369 (376 f.); Liebs, TR 34 (1966), S. 254 (265 f.); Mayer-Maly, Synteleia Arangio-Ruiz II, S. 878 (883 f.); Schulz, Einführung in das Studium der Digesten, S. 46 f.

[152] Ebenso: Buckland, S. 584 f.; Kaser, Das römische Privatrecht I, § 55 II., S. 222; Schulz, Classical Roman Law, S. 459; Wenger, in Jörs/Kunkel/Wenger, Römisches Zivilprozeßrecht, § 2, S. 366.

[153] 1. Teil, 1. Kap., IV. 3.

Dies würde allerdings voraussetzen, daß das decretum Divi Marci auch noch unter Justinian ein verbindlicher Bestandteil der Rechtsordnung war.[154] Demgegenüber wäre es immerhin denkbar, daß in D 4, 2, 13 sowie in D 48, 7, 7 nur von einem früheren Rechtszustand berichtet wird. Denn anderenfalls wäre eine Kumulierung mit den in C 8, 4, 7 (389) angeordneten Strafmaßnahmen eingetreten. In C 8, 4, 7 (389) ist von einer Kumulierung bzw. Konkurrenz der über die unzulässige Selbsthilfe verhängten Sanktionen jedoch nicht die Rede. C 8, 4, 7 (389) enthält im übrigen auch die angemesseneren und technisch höher entwickelten Strafmaßnahmen. Dem decretum Divi Marci zufolge verlor der Gläubiger einer hohen Forderung, der eine verhältnismäßig wertlose Sache beim Schuldner wegnahm, viel, während der Gläubiger einer geringen Forderung, der eine wertvolle Sache beim Schuldner wegnahm, nur wenig einbüßte. Demgegenüber orientierten sich die in C 8, 4, 7 (389) verhängten Strafen nicht am eher zufälligen Umstand der Höhe der jeweiligen Forderung, sondern am tatsächlichen Verhalten des Gläubigers, nämlich am Wert der weggenommenen Sache. Das decretum Divi Marci könnte man daher als einen bloß „sporadischen Vorläufer" der später auch in C 8, 4, 7 (389) übernommenen Strafmaßnahmen qualifizieren.[155]

Fraglich ist allerdings, ob sich die These, das decretum Divi Marci habe zu Justinians Zeiten keine Geltung mehr beansprucht, mit der Doppelüberlieferung des Dekretes vereinbaren läßt. Denn schon allein die Tatsache der Doppelüberlieferung läßt vermuten, daß auch noch die Kompilatoren dem decretum Divi Marci eine besondere Bedeutung beigemessen haben. Weitaus schwerer könnten darüber hinaus die Abweichungen ins Gewicht fallen, die D 4, 2, 13 gegenüber D 48, 7, 7 aufweist. D 48, 7, 7 wird allgemein als das getreuer überlieferte Fragment angesehen.[156]

Sollten nun die in D 4, 2, 13 enthaltenen Abweichungen auf Eingriffen der Kompilatoren beruhen, so liegt es auf der Hand, daß das decretum Divi Marci auch noch unter Justinian angewandt wurde. Denn anderenfalls hätte es einer Überarbeitung des Dekretes nicht bedurft. Umgekehrt läßt sich diese These, das decretum Divi Marci habe unter Justinian seine Gültigkeit verloren, nur dann aufrecht erhalten, wenn die in D 4, 2, 13 gegenüber D 48, 7, 7 enthaltenen Abweichungen bereits vorkompilatorischen Ursprungs sind. Diese Auffassung

---

[154] So etwa Aru, APal 15 (1936), S. 113 (185 f.), der meint, das Dekret sei ursprünglich auf unbewegliche Sachen beschränkt gewesen und erst Justinian habe es auf bewegliche ausgedehnt; dagegen aber Wesener, FS Steinwenter, S. 100 (104 f.).

[155] Levy, The Law of Property, S. 252: It was something new to subject an invader to such an alternative sanction of forfeiture or retaliation. But the constituent elements of the rule had long been familiar in the thinking of the fourth century, to say nothing of the decretum Marci ... as a sporadic forerunner.

[156] Bonini, S. 127; Krampe, SZ 93 (1976), S. 369 (376); Liebs, TR 34 (1966), S. 254 (265); Mayer-Maly, Synteleia Arangio-Ruiz II, S. 878 (883 f.); Schulz, Einführung in das Studium der Digesten, S. 47; Wesener, FS Steinwenter, S. 100 (104).

wird von Mayer-Maly vertreten.[157] Da es wegen const. Tanta 13 (14) auszuschließen sei, daß die Kompilatoren bei bewußter Duplizierung des Dekrets die für D 4, 2, 13 bestimmte Fassung umgestaltet hätten, biete sich als einleuchtende Erklärung das „Prinzip der Formung von Textgruppen" an. Zwischen dem Fragment D 4, 2, 13, das anders als D 48, 7, 7 nicht der Ordnung Bluhmes folgt, und der vorangehenden Ulpian-Stelle D 4, 2, 12, 2 bestehe eine enge thematische Verwandtschaft.[158] Ein vorkompilatorischer Ursprung der durch D 4, 2, 13 dokumentierten Fassung des decretum Divi Marci sei deshalb wahrscheinlich.[159] Diese Interpretation der Doppelüberlieferung ist jedoch keineswegs zwingend.[160] Deshalb könnte die Überarbeitung von D 4, 2, 13 sehr wohl durch die Kompilatoren erfolgt sein.[161] Denn die Weglassungen, Ergänzungen und Änderungen, die D 4, 2, 13 gegenüber D 48, 7, 7 aufweist, sind zumindest teilweise für die Arbeitsweise der Kompilatoren typisch.[162] Daß D 48, 7, 7 unversehrt blieb, läßt sich außerdem leicht mit der Eile der Kompilatoren gegen Ende ihres Werkes erklären.[163]

Aber selbst wenn demzufolge die Überarbeitung von D 4, 2, 13 durch die Kompilatoren erfolgte und das decretum Divi Marci daher auch noch unter Justinian angewandt wurde, widerlegt dies noch nicht die oben[164] vertretene Auffassung, die Verordnung in C 4, 31, 14, 2 habe aus dem Bemühen um eine Einschränkung der unzulässigen Selbsthilfe resultiert. Das Verbot der compensatio wäre immerhin noch für diejenigen Fälle von konstitutiver Bedeutung gewesen, in denen dem Gläubiger mehrere Forderungen gegen seinen Schuldner zustanden und er nur eine gewaltsam durchzusetzen versucht hatte.

Aber auch soweit das Aufrechnungsverbot im Hinblick auf das Dekret des Mark Aurel ohne konstitutive Bedeutung gewesen sein sollte, würde es sich gleichwohl nahtlos in die zahlreichen Widersprüche und Ungereimtheiten[165] des unübersichtlich gewordenen Rechts der Besitzschutzinterdikte einfügen. Denn wenn Justinian die zahlreichen nachklassischen Kaiserkonstitutionen, die der Einschränkung unzulässiger Selbsthilfe dienten, übernahm, ohne sie hinlänglich klar voneinander abzugrenzen, so mag er bei der Statuierung des Aufrechnungsverbotes in C 4, 31, 14, 2 das decretum Divi Marci aus den Augen verloren haben.

Schließlich ist zu bedenken, daß die Römer möglicherweise ganz anders gedacht haben, als man es heute aufgrund der überlieferten Quellen bisweilen zu

---

157 Synteleia Arangio-Ruiz II, S. 878 (882 ff.).

158 aaO, S. 884.

159 aaO, S. 884.

160 Krampe, SZ 93 (1976), S. 369 (376).

161 Liebs, TR 34 (1966), S. 254 (265); Schulz, Einführung in das Studium der Digesten, S. 47.

162 Liebs, TR 34 (1966), S. 254 (265 f.).

163 Liebs, TR 34 (1966), S. 254 (266).

164 1. Teil, 1. Kap., IV. 3.

165 Vgl. zu diesen insbes. Levy, The Law of Property, S. 270—272.

tun geneigt ist. Wenn es im decretum Divi Marci nämlich heißt, daß der Selbsthilfe übende Gläubiger das „ius crediti non habebit", so könnten die Römer ausschließlich an die offensive Geltendmachung des ius crediti gedacht haben. Die Rechtsfolgen des Dekretes würden sich dann darin erschöpfen, daß der Gläubiger die ihm ursprünglich zustehende actio nicht mehr erfolgreich geltend machen konnte. Völlig unberührt hiervon wäre dann die Frage der defensiven Geltendmachung der Forderung, etwa mit Hilfe der compensatio, geblieben.

Eine Konkurrenz zwischen dem Dekret des Mark Aurel und der Verordnung in C 4, 31, 14, 2 hätte gar nicht entstehen können. Das aktionenrechtliche Denken[166] der Römer und der sich erst allmählich entwickelnde Begriff des Anspruchs im heutigen Sinne lassen diese Überlegungen zumindest als nicht ganz fernliegend erscheinen.

Nach alledem vermag das decretum Divi Marci die oben[167] vertretene Ansicht, der Verordnung in C 4, 31, 14, 2 habe die Ratio der Vorbeugung unzulässiger Selbsthilfe zugrunde gelegen, nicht zu erschüttern.

V. Zusammenfassung

Die bisherigen Ausführungen haben deutlich gemacht, daß es naheliegend ist, die Ratio von C 4, 31, 14, 2 in der Verhinderung der Aushöhlung des Verbotes der unzulässigen Selbsthilfe zu erblicken.

Der Wortlaut von C 4, 31, 14, 2 läßt darauf schließen, daß Justinian die Besitzschutzinterdikte privilegieren wollte. Im Rahmen der Besitzschutzinterdikte erlangt das Aufrechnungsverbot insbesondere in den Fällen konstitutive Bedeutung, in denen ein Selbsthilfe übender Gläubiger sich entweder gerade der Sache bemächtigte, die ihm geschuldet wurde, oder zwar eine andere als die ihm geschuldete Sache wegnahm, dafür aber den Strafmaßnahmen von C 8, 4, 7 (389) unterworfen war. Insbesondere für diese Fälle kann dem Aufrechnungsverbot in C 4, 31, 14, 2 eine sinnvolle Bedeutung abgewonnen werden.

Dieser Lösungsvorschlag dürfte jedenfalls in höherem Maße wahrscheinlich sein, als die von Biondi und Solazzi vermutete Ratio der fehlenden Gleichartigkeit der beiderseitigen actiones. Gegen diesen Lösungsansatz spricht vor allem der Umstand, daß bereits andere Quellen und Rechtsinstitute auf die geradezu selbstverständliche Geltung des Erfordernisses der Gleichartigkeit der gegenseitigen Ansprüche im justinianischen Recht der compensatio schließen lassen.

---

[166] Vgl. zu diesem H. Kaufmann, JZ 1964, S. 482—489.

[167] 1. Teil, 1. Kap., IV. 3.

2. Kapitel

Glossatoren und Kommentatoren

Eine wesentliche Änderung des Verständnisses der justinianischen Verordnung in C 4, 31, 14, 2 hat sich bei den Glossatoren und — wie sich erweisen wird — vor allem bei den Kommentatoren vollzogen.

I. Glossatoren

Die Glossatoren haben das Aufrechnungsverbot in C 4, 31, 14, 2 nicht einheitlich kommentiert. Allerdings waren sie sich noch insoweit einig, als sie den Aufrechnungsausschluß gerade dann für anwendbar hielten, wenn nicht die Rückgabe der entzogenen Sache, sondern Wertersatz geschuldet war. Hierdurch erfährt das oben zum römischen Recht Gesagte eine gewisse Bestätigung. So heißt es etwa bei Irnerius[1]:

> item qui possessionem alienam perperam occupant, et si ad extimationem teneantur amissa forte possessione, tamen eo invito cui debetur compensatio non admittitur.
>
> (Ebenso wird denen, die sich fremden Besitzes widerrechtlich bemächtigt haben, die Aufrechnung gegen den Willen des Gläubigers nicht gestattet, auch wenn auf den Wert geklagt wird, nachdem sie den Besitz vielleicht verloren haben.)

Übereinstimmend führt Azo aus[2]:

> Possessionem. Immobilem vel mobilem cum perventum fuerit ad aestimationem, compensatio non datur, ...
>
> (Wenn beweglicher oder unbeweglicher Besitz seinem Wert nach klageweise verfolgt wird, findet die Aufrechnung nicht statt, ...),

und bei Accursius liest man[3]:

> Possessionem. mobilem vel immobilem. et intellige quando ad aestimationem fuisset perventum: alias nullum esset dubium.
>
> (Beachte, daß das Aufrechnungsverbot gilt, wenn beweglicher oder unbeweglicher Besitz seinem Wert nach klageweise verfolgt wird. Anderenfalls ist nichts zweifelhaft.)

Unterschiedlich haben die Glossatoren jedoch die Frage nach den durch C 4, 31, 14, 2 privilegierten actiones beantwortet.

---

1 Zu C 4, 31, 14, 2, S. 108.

2 Gl Compensationes (Rn. 4) zu C 4, 31, 14, 2, S. 321.

3 Gl compensationes zu C 4, 31, 14, 2, S. 218.

Placentinus wollte offenbar das Aufrechnungsverbot auf die actio vi bonorum raptorum[4] bezogen wissen, wenn er ausführte[5]:

Omni actioni compensatio obiicitur, praeterquam actioni vi bonorum raptorum ...

(Gegenüber jeder Klage kann die Aufrechnung eingewandt werden, außer gegenüber der Klage gegen den Räuber ...)

Ebenso könnte Azo bei seiner allerdings recht knappen Erläuterung gedacht haben[6]:

et ita praedo non potest opponere compensationem.

(und so kann der Räuber die Aufrechnung nicht einwenden.)[7]

Zwar erwähnt Azo die actio vi bonorum raptorum nicht, aber immerhin bezieht er das Aufrechnungsverbot auf den praedo.

Soweit die Glossatoren die justinianische Verordnung in C 4, 31, 14, 2 mit der Klage gegen den Räuber assoziierten, dürften sie die im römischen Recht wohl maßgebliche Ratio der Vorbeugung unzulässiger Selbsthilfe nicht mehr erfaßt haben. Denn zum einen stellte die actio vi bonorum raptorum keinen gerade gegen unerlaubte Selbsthilfe gerichteten Rechtsbehelf dar. Zum anderen wurden eben die Besitzschutzinterdikte und damit auch die im römischen Recht als Bindeglied zur Selbsthilfe vermutlich maßgebliche Verordnung in C 8, 4, 7 (389) nicht mehr mit dem Aufrechnungsverbot in Verbindung gebracht.

Auf die Besitzschutzinterdikte und insbesondere auf C 8, 4, 7 (389) könnte allerdings Accursius das Aufrechnungsverbot bezogen haben, indem er nach der oben wiedergegebenen Erläuterung fortfährt[8]:

item ratione poenae in qua est quantitas: ut interdictum unde vi. lex si quis in tantam.[9]

Die Bedeutung dieses Satzes ist jedoch etwas unklar. Denkbar ist es, daß Accursius das Aufrechnungsverbot ebenso wie bei der zuvor erwähnten Klage auf Schadensersatz auch dann zum Zwecke der Strafe anwenden wollte, wenn Quantitäten widerrechtlich entzogen worden waren. Dann wäre es allerdings unverständlich, warum Accursius die ratio poenae erst bei den Quantitäten und nicht schon bei dem zuvor erwähnten, ad aestimationem verfolgten Besitz zur Sprache gebracht hat. Außerdem hätte für Accursius dann keine Veranlassung bestanden, die Verordnung in C 8, 4, 7 (389) als Beispiel zu zitieren. Denn die dort über die Selbsthilfe verhängten Strafen galten gleichermaßen für Speziesstücke wie für Gattungssachen.

---

4 Vgl. zu dieser im römischen Recht Kaser, Das römische Privatrecht II, § 272 III., S. 435 f.; Liebs, Die Klagenkonkurrenz im römischen Recht, S. 161—177 und öfter.

5 Zu C 4, 31, 14, 2, S. 165.

6 Gl Compensationes (Rn. 4) zu C 4, 31, 14, 2, S. 321.

7 Ebenso Odofredus, Gl Compensationes (Rn. 5) zu C 4, 31, 14, 2, S. 234.

8 Gl compensationes zu C 4, 31, 14, 2, S. 218.

9 Ebenso wohl Odofredus, Gl Compensationes (Rn. 5) zu C 4, 31, 14, 2, S. 234.

Es ist deshalb näherliegend, daß Accursius das Aufrechnungsverbot in allen Fällen anwenden wollte, in denen nach einer widerrechtlichen Besitzentziehung strafweise Quantitäten geschuldet waren, und als einen dieser Fälle die Verordnung in C 8, 4, 7 (389) ansah. Auf diese Weise hätte Accursius das Aufrechnungsverbot noch unmittelbar mit den über die Selbsthilfe in C 8, 4, 7 (389) verhängten Sanktionen in Verbindung gebracht, was der hier zum römischen Recht vertretenen Ansicht[10] entspräche. Allerdings dehnte Accursius den Anwendungsbereich des Aufrechnungsverbotes noch weiter aus, indem er später ausführte, das Aufrechnungsverbot sei in den einschlägigen Fällen anwendbar, sive condictione ex lege sive actione in rem sive interdicto agatur.[11]

Die Ratio der Vorbeugung unzulässiger Selbsthilfe, die dem Aufrechnungsverbot im römischen Recht vermutlich zugrunde lag, wurde also zumindest nicht von allen Glossatoren erfaßt. Dies kann aber auch nicht verwundern, wenn man sich die großen Schwierigkeiten vergegenwärtigt, denen die Glossatoren bei ihren Bemühungen um eine homogene Auslegung des Rechts der Besitzschutzinterdikte, des decretum Divi Marci und anderer kollidierender Rechtsinstitute ausgesetzt waren.[12]

II. Kommentatoren

Eine entscheidende Wende hat sich im Verständnis des justinianischen Aufrechnungsverbotes bei den Kommentatoren vollzogen.

Bartolus und Baldus haben die Verordnung in C 4, 31, 14, 2 insbesondere mit dem Satz erläutert[13]:

spoliatus ante omnia est restituendus.

(Der Beraubte ist vor allem zu restituieren.)

Die Kommentatoren haben also das Aufrechnungsverbot nicht mehr mit den Besitzschutzinterdikten oder mit anderen römisch-rechtlichen Klagen assoziiert, sondern mit dem Spolium.[14]

---

[10] Vgl. oben 1. Teil, 1. Kap., IV. 3.

[11] Gl compensationes zu C 4, 31, 14, 2, S. 218.

[12] Vgl. etwa die allerdings knappen Bemerkungen bei Levy, The Law of Property, S. 275.

[13] Bartolus, Gl Possessionem zu C 4, 31, 14, 2, fol. 147 vo; Baldus, Gl Compensationes (Rn. 5) zu C 4, 31, 14, 2, fol. 102 vo.

[14] Vgl. zu diesem: Coing, § 53 III. 2., S. 285 f.; Genius, S. 57 ff.; Kaser, Römisches Privatrecht, § 21 III. 2. b), S. 103; Levy, The Law of Property, S. 275; Picker S. 467; Schulz, Classical Roman Law, S. 453; Wesenberg/Wesener, § 3 III., S. 18 f.; Wolter, Ius canonicum in iure civili, S. 185 f.; ders., Mietrechtlicher Bestandsschutz, S. 56 ff.; außerdem aus dem älteren Schrifttum: besonders ausführlich Gaertner; ferner Bähr, S. 37—52; Bruns, Die Besitzklagen des römischen und heutigen Rechts, §§ 20—25, S. 212—262; ders., Das Recht des Besitzes im Mittelalter und in der Gegenwart, S. 127 ff.; Meischeider, § 26, S. 144—150 und § 31, S. 166—169; Savigny, Das Recht des Besitzes, § 50, S. 568—579.

Die Spolienklage ist eine Schöpfung des kanonischen Rechts.[15] Sie beruht auf dem Canon redintegranda, den Gratian aus den Fälschungen des Pseudo-Isidor in sein Dekret übernommen hatte.[16] Hiernach brauchte sich ein depossedierter und zugleich kriminalrechtlich verfolgter Bischof auf die Strafklage erst einzulassen, wenn ihm die entzogenen Güter zurückerstattet waren.[17] Bis dies geschehen war, stand dem Bischof die exceptio spolii zu.[18] Im 11. Jahrhundert wurde das Prinzip der restitutio spolii auf Zivilprozesse erstreckt und auch auf andere Personen als Bischöfe ausgedehnt.[19] Sodann wurde dem Spoliatus eine eigene Klage gewährt: zunächst die condictio ex canone Redintegranda[20] und später die noch weiter reichende actio spolii.[21]

Die actio spolii war ein neuer, allgemeiner possessorischer Rechtsbehelf. Als Spolium wurde jeder unfreiwillige Besitzverlust, etwa durch Raub, Drohung, Betrug oder auch durch bloße Vertauschung, angesehen.[22] Im Unterschied zu den römischen Besitzschutzinterdikten wurde die Spolienklage auch bei bloßer Detention sowie beim Rechtsbesitz gewährt.[23] Außerdem richtete sich die Klage auch gegen Gehilfen des Spolianten und dessen bösgläubige Nachfolger im Besitz.[24] Schließlich galt für die actio spolii eine dreißigjährige Verjährungsfrist.[25]

Aus welchem Grunde die actio spolii in das weltliche Recht übernommen wurde, ist fraglich. Denkbar wäre es, daß mit der Übernahme der Spolienklage dem Bedürfnis nach einer Ausdehnung des Besitzschutzes Rechnung getragen wurde, der durch die Besitzschutzinterdikte nur in eingeschränkterem Umfang gewährleistet worden war.[26] Möglicherweise kam die actio spolii aber auch ein-

---

[15] Coing, § 53 III., S. 285; Genius, S. 57; Kaser, Römisches Privatrecht, § 21 III. 2. b), S. 103; Levy, The Law of Property, S. 275; Wesenberg/Wesener, § 3 III., S. 18; Wolter, Ius canonicum in iure civili, S. 185; ders., Mietrechtlicher Bestandsschutz, S. 56.

[16] Dekret Gratians 2, 3, 1, 1—4; vgl. im übrigen Coing, § 53 III. 2., S. 285; Kaser, Römisches Privatrecht, § 21 III. 2. b), S. 103; Liebs, Lateinische Rechtsregeln und Rechtssprichwörter, S. 200, Nr. 58; Wesenberg/Wesener, § 3 III., S. 18; Wolter, Ius canonicum in iure civili, S. 185; ders., Mietrechtlicher Bestandsschutz, S. 56.

[17] Genius, S. 62; Wesenberg/Wesener, § 3 III., S. 18; Wolter, Ius canonicum in iure civili, S. 185; ders., Mietrechtlicher Bestandsschutz, S. 56.

[18] Kaser, Römisches Privatrecht, § 21 III. 2. b), S. 103; Wesenberg/Wesener, § 3 III., S. 18.

[19] Wesenberg/Wesener, § 3 III., S. 18.

[20] Coing, § 53 III. 2., S. 285; Wesenberg/Wesener, § 3 III., S. 18; Wolter, Mietrechtlicher Bestandsschutz, S. 56.

[21] Wesenberg/Wesener, § 3 III., S. 18; Wolter, Mietrechtlicher Bestandsschutz, S. 56.

[22] Wesenberg/Wesener, § 3 III., S. 18 f.; Wolter, Ius canonicum in iure civili, S. 185; ders., Mietrechtlicher Bestandsschutz, S. 56.

[23] Coing, § 53 III. 2., S. 285; Wesenberg/Wesener, § 3 III., S. 18; Wolter, Ius canonicum in iure civili, S. 185; ders., Mietrechtlicher Bestandsschutz, S. 56 f.

[24] Kaser, Römisches Privatrecht, § 21 III. 2. b), S. 103; Wesenberg/Wesener, § 3 III., S. 18; Wolter, Ius canonicum in iure civili, S. 185; möglicherweise sogar gegen gutgläubige Dritte, so jedenfalls Coing, § 53 III. 2., S. 285.

[25] Coing, § 53 III. 2., S. 285; Wesenberg/Wesener, § 3 III., S. 19; Wolter, Mietrechtlicher Bestandsschutz, S. 57.

[26] So wohl Schulz, Classical Roman Law, S. 453; Wolter, Ius canonicum in iure civili, S. 185.

fach deshalb auf, weil die Besitzschutzinterdikte für die Glossatoren kein einheitliches, und vor allem praktikables Rechtsgebiet mehr darstellten.[27]

Für das Verständnis des Aufrechnungsverbotes in C 4, 31, 14, 2 und dessen Wandel, ist diese Frage jedoch letztlich ohne Belang.

Soweit die Verordnung in C 4, 31, 14, 2 schon von den Kommentatoren mit der Spolienklage assoziiert wurde, mußte der Bezug zu C 8, 4, 7 (389) zwangsläufig verloren gehen. Infolgedessen war für die Kommentatoren ein im römischen Recht wohl maßgebliches Bindeglied zur Selbsthilfe weggefallen.

Trotzdem könnten die Kommentatoren die Ratio von C 4, 31, 14, 2 in der Vorbeugung unzulässiger Selbsthilfe erblickt haben. Ausdrücklich geben sie dies zwar nicht zu verstehen. Aber dem Satz: spoliatus ante omnia est restituendus, ist ein gewisser Bezug zur Selbsthilfe immanent. Die Begründung der Pflicht, den Spoliatus vor allem anderen zu restituieren, bedeutet nämlich im Grunde nichts weiter, als den Ausschluß aller petitorischer Einwendungen. Der Ausschluß petitorischer Einwendungen bei possessorischen Ansprüchen wiederum dient der Vorbeugung unzulässiger Selbsthilfe. Denn petitorische Einwendungen können nur dann vorgebracht werden, wenn dem Schuldner ein wie auch immer geartetes Recht auf die weggenommene Sache zusteht. Ein solches Recht wird dem Schuldner des possessorischen Anspruchs regelmäßig schon vor der Wegnahme der Sache zugestanden haben, so daß die Eigenmacht jedenfalls typischerweise zum Zwecke der Selbsthilfe begangen wird. Soweit die Kommentatoren daher das justinianische Aufrechnungsverbot in C 4, 31, 14, 2 mit dem Satz „spoliatus ante omnia est restituendus" erläuterten, könnten sie den Grund jener Verordnung durchaus in der Vorbeugung unzulässiger Selbsthilfe erblickt haben.

Ob die Kommentatoren das Aufrechnungsverbot wirklich bewußt mit der Selbsthilfe in Verbindung gebracht haben, läßt sich nur mutmaßen. Möglicherweise dachten sie angesichts des Wortlautes von C 4, 31, 14, 2 sofort an Besitzschutzansprüche und assoziierten deshalb das Aufrechnungsverbot ohne weitere Überlegungen mit der von ihnen bereits praktizierten Spolienklage.

---

[27] So wohl Levy, The Law of Property, S. 275; ebenso schon Bähr, VIII., S. 42.

3. Kapitel

Usus modernus und Aufklärungskodifikationen

I. Die Literatur des Usus modernus

Das in der Zeit vom Usus modernus bis zur Epoche der Aufklärung erschienene Schrifttum hat die justinianische Verordnung in C 4, 31, 14, 2, soweit sie überhaupt erörtert worden ist,[1] nur noch ganz vereinzelt auf die Besitzschutzinterdikte bezogen.

So heißt es etwa bei Johannes Harpprecht nach Behandlung des Aufrechnungsausschlusses beim depositum[2]:

> Deinde excipitur interdictum Unde vi; quo conventus propter vim factam, compensationis exceptione se defendere nequit; sed ea non audita, rem vi occupatam restituere cogitur.

> (Sodann wird das interdictum unde vi ausgenommen, wo Übereinstimmung besteht, daß man sich wegen der verübten Gewalt nicht mit der Einrede der Aufrechnung verteidigen kann; sondern diese wird nicht gehört und man wird gezwungen, die gewaltsam angeeignete Sache zurückzugeben.)

Bisweilen wurde das in C 4, 31, 14, 2 statuierte Aufrechnungsverbot auch mit der actio momentaria[3] in Verbindung gebracht, also mit dem durch das Vulgarrecht modifizierten interdictum unde vi. In diesem Sinne ist etwa Hirschbach zu verstehen, der feststellt[4]:

> Excipitur sola actio depositi directa et actio momenti; in quibus compensatio non admittitur ...

> (Ausgenommen ist nur die unmittelbare Klage aus der Verwahrung und die actio momenti, bei denen die Aufrechnung nicht gestattet ist ...)

---

[1] Keine Aussage zu C 4, 31, 14, 2 findet sich bei: Bernoulli; Cappel; Carpzov, der zwar in Part. I. Constitut. VI., S. 51—55 das Spolium behandelt, aber in seinen Ausführungen zur compensatio in Part. I. Constitut. IIX., S. 66—78 lediglich in Def. XXXII., S. 78 die Aufrechnungsverbote beim depositum und commodatum, nicht hingegen die Verordnung in C 4, 31, 14, 2 behandelt; Carrach; Chladenius; Cocceji, Lib. XVI. Tit. II., S. 756—765 zur compensatio; Famars; Ferdinand Chr. Harpprecht; Hess; Hoppius; Kanne; Leyser, Sp. CLXXIII., S. 273—285 zur compensatio; Linde; Ludovici, Diss. de juramento compensationem non excludente; Magirus; Mayohl; Schetla; Schreiter; Walch; Wunderlich; Zoller.

[2] Zu I. IV, 6, 30, S. 768.

[3] Vgl. oben 1. Teil, 1. Kap., IV. 2.

[4] Thesis XIII.; ebenso Gruber, Thesis IX., S. 5 f.; Locamerus, Thesis XX.; Moeller, Thesis X., S. 942 f. (B).

Überwiegend wurde die Verordnung Justinians in C 4, 31, 14, 2 dagegen mit dem Spolium assoziiert. Zasius führt nach Erwähnung des Aufrechnungsausschlusses beim depositum aus[5]:

Item in spolio: quia si tu me spoliasses pecunia aliqua vel re mobili, vel alia in qua ageretur ad aestimationem, si ago contra te super spolio, non obiicies mihi compensationem.

(Ebenso liegt es beim Spolium: weil wenn du mir irgendwelches Geld oder eine bewegliche Sache oder etwas anderes, was dem Wert nach geltend gemacht wird, geraubt hättest und wenn ich gegen dich über das Spolium vorgehe, kannst du mir gegenüber nicht die Aufrechnung einwenden.)

Sachlich übereinstimmend schreibt Donellus[6]:

Ex omnibus causis duae actiones excipiuntur in extremo huius legis, in quibus placet nullo modo compensationem opponi posse, sive debitum liquidum opponatur, sive non liquidum, actio depositi ... et actio, qua repetitur res vi occupata. Placet spoliatum ante omnia restituendum esse, usque adeo ut ei, qui spoliatus rem repetit, non possit exceptio ejusdem criminis obiici.

(Von allen Fällen werden am Ende jenes Gesetzes <scil.: C 4, 31, 14> zwei Klagen ausgenommen, bei denen bestimmt ist, daß die Aufrechnung auf keinen Fall eingewandt werden kann, mag die eingewandte Forderung nun liquid sein oder nicht, nämlich die Klage aus der Verwahrung ... und die Klage, mit der eine gewaltsam angeeignete Sache zurückgefordert wird. Es ist bestimmt, daß der Beraubte vor allem zu restituieren ist, und zwar so weitgehend, daß dem, der als Beraubter die Sache zurückfordert, nicht einmal die Einrede desselben Verbrechens entgegengehalten werden kann.)

Donellus dehnt das Aufrechnungsverbot beim Spolium demnach so weit aus, daß dem Spoliierten nicht einmal entgegengehalten werden kann, er habe sich seinerseits eines Spoliums schuldig gemacht.[7] Im vorliegenden Zusammenhang genügt es jedoch festzuhalten, daß Donellus die Verordnung in C 4, 31, 14, 2 nicht mehr mit den Besitzschutzinterdikten, sondern mit der Spolienklage in Verbindung bringt. Gleiches gilt im 16. Jahrhundert auch noch für Medice,[8] Tyndarus[9] und Maestertius.[10] Im 17. Jahrhundert heißt es bei Struve[11]:

caeterum actionem de perperam occupata possessione restituenda speciatim excipere non fuit opus, cum satis alias constet, spoliatum ante omnia esse restituendum. Nec tamen dubium ex generali Justitiani constitutione oriatur id denuo monetur.

(im übrigen war eine Ausnahme für die Klage, mit der zu Unrecht angeeigneter, fremder Besitz zurückzufordern ist, nicht erforderlich, weil es ohnehin feststeht, daß

---

[5] Zu I. IV, 6, 30 in: de actionibus, Sp. 190 f.

[6] Zu C 4, 31, 14, 2, S. 350.

[7] Dementsprechend ist es heute noch fraglich, ob § 393 BGB auch dann eingreift, wenn nicht nur gegenüber, sondern auch mit einer Forderung aus vorsätzlich begangener unerlaubter Handlung aufgerechnet wird; vgl. dazu unten: 2. Teil, 3. Kap., I.

[8] Quaestio XXVIII., S. 255 f.

[9] S. 346 f.

[10] Quaestio XXV., S. 138.

[11] Exerc. XXI. Lib. 16 tit. 2. XXIII., S. 770.

das Geraubte vor allem zurückzugeben ist. Damit trotzdem aus dem allgemeinen Gesetz kein Zweifel entsteht, hat Justinian dies noch einmal hervorgehoben.)

Bei Lauterbach liest man kurz aber deutlich[12]:

Quod ex spolio debetur, et restituendum est, nullam admittit compensationem; Spoliatus enim ante omnia est restituendus.

(Was aus dem Spolium geschuldet wird und zurückzugeben ist, duldet keine Aufrechnung; der Beraubte ist nämlich vor allem wieder in den alten Zustand zu versetzen.)

In ähnlicher Weise wird die Verordnung Justinians in C 4, 31, 14, 2 im 17. Jahrhundert fast durchweg auf das Spolium bezogen.[13]

Gleiches gilt schließlich auch für das im 18. Jahrhundert erschienene Schrifttum.

So führt etwa Stryk aus[14]:

compensatio locum non habet 1. In deposito ... 2. In spolio; spoliatus enim ante omnia est restituendus.

(Die Aufrechnung findet nicht statt 1. bei der Verwahrung ... 2. beim Spolium; der Beraubte ist nämlich vor allem in den alten Zustand zu versetzen.)

und bei Hommel heißt es[15]:

Compensatio locum non habet in spolio.

(Die Aufrechnung findet beim Spolium nicht statt.)[16]

Soweit die justinianische Verordnung in C 4, 31, 14, 2 vom 15. Jahrhundert bis zum 18. Jahrhundert mit dem Spolium assoziiert wurde,[17] bedarf es keiner Betonung, daß der spezifische Bezug zwischen C 4, 31, 14, 2 und C 8, 4, 7 (389) verloren ging.

Gleichwohl muß die Ratio der Vorbeugung unzulässiger Selbsthilfe nicht denknotwendig verlorengegangen sein, soweit hinsichtlich des Aufrechnungsverbotes das interdictum unde vi durch das Spolium substituiert wurde.[18] Auch

---

[12] Lib. XVI, Tit. II. XXI., S. 890.

[13] Brunnemann, in Commentarius in quinquaginta libros pandectarum, zu D 16, 2, 10, 2, S. 493, unklar dagegen in Commentarius in codicem Justinianeum, zu C 4, 31, 14, 2, S. 355; Hahn, Ad digestorum Lib. XVI. Tit. II., S. 994; Lam, Thesis 37, S. 14 f.; Protte, Thesis XXIII.; Schmidelius, Thesis XXII., II.; Schröder, Cap. IV., Thesis 83; Uffenbach, Thesis 15, S. 10; Ungepaur, Thesis XII.; ebenso Kornmann, Thesis XXXV., S. 23; Prueschenkh, Thesis VII., b); Riemer, Thesis LXVI., die allerdings auch die actio momenti erwähnen.

[14] Disputat. XVII., Caput III, § 3, Sp. 487 (Rn. 6).

[15] „Compensatio" Nr. 20, S. 321.

[16] Ebenso: Böhmer, Introductio in ius digestorum, Lib. XVI, Tit. II, S. 338; Eyssonius, Caput IV., S. 20; Karsseboom, Caput Quintum, S. 23; Ludovici, Doctrina Pandectarum, Lib. XVI. Tit. II. § V, S. 301; J.E.J. Müller, „Compensatio" Nr. 35, S. 78; ebenso Rivinus, § XXIII., S. 27 f., der allerdings auch die actio momenti erwähnt.

[17] Immerhin findet hierdurch die bisweilen geäußerte These (vgl. etwa Coing, § 53 II., S. 284) Bestätigung, das interdictum unde vi habe seine praktische Relevanz für den in Rede stehenden Zeitraum verloren.

[18] Vgl. schon oben 1. Teil, 2. Kap., II.

wenn man das Spolium als durch C 4, 31, 14, 2 privilegiert ansah, könnte man — natürlich unabhängig von C 8, 4, 7 (389) — vornehmlich an Fälle eigenmächtiger Forderungsbeitreibung gedacht haben. In diesem Sinne ließe sich eine gerichtliche Entscheidung aus dem 18. Jahrhundert verstehen, der folgender Sachverhalt zugrunde lag[19]:

> Ein gewisser Jude bringt in der Herbstzeit von dem Markte vier Stücke Friesländische Ochsen zurück, und auf sein Gesuch werden sie von einem andern in dessen Stall aufgenommen. Wie jener nachher die Ochsen zurückfordert, werden ihm nur noch drey davon abgeliefert, und erkläret der Aufnehmer der Ochsen, daß er den vierten auf Abschlag gewisser Forderungen zurück behalten wolle. Der Jude läßt hierauf diesem den Ochsen für 12 Pistolen zum Kauf anbieten; dieser hingegen, ohne darauf Rücksicht zu nehmen, wie er vorgiebt, den Ochsen durch einige Sachverständige auf 40 Rthlr. taxieren, und schlachten. Nun klagt der Jude gegen den Aufbewahrer der Ochsen, schildert jenen Vorgang als ein Spolium, erbietet sich per juramentum in litem den Werth des ihm geraubten Ochsen auf 12 Pistolen festzusetzen, und bittet den Gegner, der sich eines Spoliums schuldig gemacht, zur Bezahlung dieses Werths unter Erstattung der Kosten schuldig zu erkennen.
>
> Beklagter stellet dagegen vor: der Kläger sey ihm aus einer ihm von dem Colonus ... im Monat November desselben Jahres abgetretenen Schuldverschreibung 150 Rthlr. schuldig, und ferner noch mit einer eigenen Forderung von 40 Rthlr. verhaftet. Gütliche Erinnerungen zum Abtrag dieser sämmtlichen Forderungen wären ohne Wirkung geblieben, und von einer gerichtlichen Klage habe er sich bey den Vermögensumständen des Klägers eben wenig guten Erfolg versprechen können. Rechte zu besitzen, ohne mit Vortheil sie geltend zu machen, löse sich in ein Nichts auf, und dieses Verhältniß würde fortgewähret haben, wenn nicht der Umstand mit dem Ochsen eingetreten wäre ...

Das Gericht hat aufgrund dieses nur verkürzt wiedergegebenen Sachverhalts folgendermaßen entschieden[20]:

> Daß Beklagter den von Kläger bereits auf 12 Pistolen bestimmten, und durch die anerbotene Ausschwörung des juramenti in litemo wozu ein Termin auf den - - - angesetzt wird, in Gewißheit zu bringenden Werth des demselben vorenthaltenen und consumierten Ochsen, nicht nur zu vergüten, und alle hierdurch verursachten Kosten praevia earum specificatione et judiciali moderatione zu erstatten schuldig, sondern auch wegen seines eigenmächtigen Betragens in 5 Goldgulden Strafe zu condemnieren sey.
>
> ...
>
> 2) Derselbe durch die so eigenmächtig geschehene Zueignung des geständig blos zur Stallung ihm anvertraueten Ochsen, eine gesetzwidrige, die Rechte des eigenthümlichen Besitzers kränkende Handlung unternommen, mithin eines Spolium sich schuldig gemacht, und fällt daher das Erbieten zur Compensation, und die daher

---

[19] Zitiert nach Gebr. Overbeck, Ein Rechtsfall, in welchem der Spoliant das unternommene Spolium durch die Einrede der Compensation rechtfertigen will, § 2, S. 119—126, wo die Entscheidung ohne Angaben über das erkennende Gericht und das Datum der Entscheidung referiert wird.

[20] Zitiert nach Gebr. Overbeck, Ein Rechtsfall, in welchem der Spoliant das unternommene Spolium durch die Einrede der Compensation rechtfertigen will, § 2, S. 123 ff.

genommene Einrede, um so gewisser hinweg, weil eines Theils contra actionem spolii überall keine andere Einrede als super quaestione spoliationis statt finden;

...

anderen Theils aber auch erwähntermaßen Beklagten vermeintliche Ansprüche illiquid. und also deswegen schon, auch in andern Verhältnissen, zur Compensation nicht geeigenschaftet sind.

...

In dem vorstehend geschilderten Fall hat das Gericht der Klage also in vollem Umfang stattgegeben, wobei auf die Rechtsgrundlage für die hinsichtlich der unerlaubten Selbsthilfe ausgesprochene Strafe in Höhe von 5 Goldgulden leider nicht eingegangen wird. Im übrigen bleibt festzuhalten, daß die vom Beklagten mit der Zurückbehaltung und Schlachtung des Ochsen begangene Selbsthilfe als Spolium qualifiziert wurde. Gegenüber den aus jener Selbsthilfe resultierenden Ansprüchen des Klägers hat das Gericht dem Beklagten die compensatio versagt. Neben der hier als Begründung nicht interessierenden Illiquidität der vom Beklagten eingewandten Gegenansprüche hat das Gericht insbesondere auf den Satz abgehoben: „spoliatus ante omnia est restituendus."

Folglich könnte man meinen, trotz der Assoziierung des in C 4, 31, 14, 2 statuierten Aufrechnungsverbotes mit der Spolienklage habe man bei dem Aufrechnungsverbot vornehmlich an Fälle unzulässiger Selbsthilfe gedacht.

Eine Bestrafung des Spolianten wird man mit dem Aufrechnungsverbot jedenfalls nicht bezweckt haben. Denn hiermit wäre es unvereinbar gewesen, die compensatio bei Delikten in Anlehnung an D 16, 2, 10, 2[21] ganz allgemein als zulässig zu erachten.[22] Auch war das Erfordernis der Gleichartigkeit der beiderseitigen Ansprüche bei der compensatio längst selbstverständlich geworden, wenn es auch nicht wie im modernen Recht formuliert wurde.[23]

Schließlich ist vor allem die Bedeutung des Satzes: spoliatus ante omnia est restituendus, zu bedenken. Nimmt man das „ante omnia" ernst, so bringt es den

---

[21] Vgl. oben 1. Teil, 1. Kap., II. 2. d).

[22] So: Brunnemann, Commentarius in quinquaginta libros pandectarum, zu D 16, 2, 10, 2, S. 493; Cocceji, Lib. XVI. Tit. II. Qu. XIII., S. 763; Hirschbach, Thesis XXVI.; Hommel, „Compensatio",. S. 317 Nr. 2; Kornmann, Thesis X., S. 8; Lauterbach, Lib. XVI. Tit. II., S. 889 f.; Leyser, Sp. CLXXIII., S. 273; Ludovici, Doctrina Pandectarum, Lib. XVI. Tit. II. § V, S. 300; Maestertius, Quaestio decima septima, S. 110—115; Moeller, Thesis III. (c), S. 923 f.; Protte, Thesis VI.; Prueschenckh, Thesis V. (c); Riemer, Thesis LXIII.; Schmidelius, Thesis XXI.; Schröder, Cap. IV., Nr. 32—34, Struve, Exerc. XXI. Lib. 16 tit. 2, S. 764; Uffenbach, Thesis 15, S. 10.

[23] Vgl. etwa: Cocceji, Lib. XVI. Tit. II. Qu. VIII., S. 761; Donellus, Ad Tit. XXXI. Lib. IV. Cod., 1. si constat 4, Rn. 3, S. 342 f. und öfter; Eyssonius, Caput II., S. 8 ff.; Lam, S. 9 f.; Lauterbach, Lib. XVI. Tit. II., S. 885—887; Ludovici, Doctrina Pandectarum, Lib. XVI. Tit. II. § II, S. 299 f.; Maestertius, Quaestio decima octava, S. 115—119; Moeller, Thesis IV., S. 925—928; J.E.J. Müller, „Compensatio", Nr. 4—8, S. 75; Protte, Thesis XIV. ff.; Prueschenkh, Thesis IV.; Pufendorf, Lib. V, Cap. XI, § 6, S. 780 f.; Riemer, Thesis XLII f. und öfter; Schröder, Cap. IV., Nr. 26—30; Struve, Exerc. XXI. Lib. 16 tit. 2, S. 765 f.; Uffenbach, Thesis 27—32, S. 20—22; Wolff, Pars V, Cap. IV, §§ 780—783, S. 550—552.

Ausschluß sämtlicher petitorischer Einwendungen zum Ausdruck,[24] weshalb ihm ein gewisser Bezug zur Selbsthilfe immanent ist.[25] Daher wäre es denkbar, daß die Literatur des Usus modernus die Ratio des Aufrechnungsverbotes in der Vorbeugung unzulässiger Selbsthilfe erblickte.

Hiergegen wird man jedenfalls nicht einwenden können, die Spolienklage stelle einen possessorischen Rechtsbehelf dar, der primär dem Besitzschutz diente und nicht auf Fälle unzulässiger Selbsthilfe zugeschnitten war. Denn das Aufrechnungsverbot wurde eben nicht nur einfach mit der Spolienklage in Verbindung gebracht, sondern i.a.R. mit dem Satz „spoliatus ante omnia est restituendus" erläutert, der nicht bei allen Besitzschutzansprüchen, sondern typischerweise in Selbsthilfefällen Bedeutung erlangt. Deshalb dürfte es auch kein reiner Zufall sein, daß die oben wiedergegebene Gerichtsentscheidung einen Selbsthilfefall betrifft. Möglicherweise hätte das Gericht zwar nicht anders entschieden, wenn der Beklagte den Ochsen „nur" aus Habgier einbehalten und sodann mit einer erst *später* gegen den Kläger erlangten und liquiden Forderung aufgerechnet hätte. Denn auch dieser Fall wird vom Wortlaut der Verordnung in C 4, 31, 14, 2 erfaßt. Aber besonders lebensnah ist er nicht. Denn es dürfte nur höchst selten vorkommen, daß jemand aus Habgier Delikte begeht und erst hernach eine Forderung gegen den Geschädigten erlangt.

Entscheidend gegen die These, das Schrifttum des Usus modernus habe das justinianische Aufrechnungsverbot mit der unzulässigen Selbsthilfe in Verbindung gebracht, könnte jedoch die fortdauernde Geltung des decretum divi Marci sprechen, von dem bereits oben[26] die Rede war.

So heißt es etwa bei den Gebrüdern Overbeck[27]:

Das Edikt des Kaisers Marcus enthält die Verordnung, daß niemand, bey Verlust seines Rechts, sich selbst Recht verschaffen solle. Es ist dieses aber nicht die einzige Verordnung, die wir in diesem Stücke im römischen Rechte antreffen; nein, wir treffen dergleichen Verordnungen, wodurch alle eigene Hülfe verboten wird, in vielen Stellen an, und alle stimmen darin überein, daß derjenige, der sich eigenmächtiger Weise Recht zu verschaffen gesucht hat, seines Rechts verlustig seyn solle.

...

Wie nützlich und heilsam eine solche Verordnung für den Staat sey, wird dem nicht unbekannt seyn können, der nur erwägen will, daß Ruhe und Sicherheit die größte Wohlfahrt des Staats ist, und daß Bürger eines Staats um desto glücklicher sind, je mehr sie gegen die Gewalthätigkeiten und Angriffe anderer gesichert sind. Alle Gesetze also, die darauf abzwecken, verdienen unsern ganzen Beyfall, und die genaue Befolgung derselben ist für jeden nützlich und heilsam. Unter solchen Gesetzen

---

[24] So ausdrücklich Bähr, VII., S. 46 in Übereinstimmung mit RGZ 5, 164 (165); ebenso Gaertner, S. 113—117, insbes. S. 115; vgl. zu dieser wohl schon immer kontroversen Frage aber auch Bruns, Die Besitzschutzklagen des römischen und heutigen Rechts, § 25, S. 259 f.

[25] Vgl. oben 1. Teil, 2. Kap., II.

[26] 1. Teil, 1. Kap., IV. 4.

[27] Das Edictum divi Marci findet heut zu Tage noch statt, S. 352 ff.

verdienet auch gewiß jenes Edict des Kaisers Markus mit Recht gezählt zu werden, und eben deswegen muß es uns unbegreiflich seyn, warum verschidene Rechtsgelehrte so sehr wider den Gebrauch desselben gestritten, und demselben alle Anwendung in unsern Gerichtshöfen abgesprochen haben. Allein ihre Behauptung darf uns nicht irre machen; nein, wir können derselben eine eben so große Anzahl der angesehensten Rechtsgelehrten entgegenstellen, die den Gebrauch jenes Edicts nicht nur gezeigt, sondern auch durch ihre Aussprüche bewiesen haben, daß in Praxi nach jener Verordnung noch immer gesprochen worden sey. Doch wir werden dies nicht besser zeigen können, als wenn wir hier die in Note d) angeführte vortreffliche Dissertation des sel. Hrn. Kanzler Böhmers zum Grunde legen, und daraus die Beweisgründe für unsere Meinung hernehmen. ...

Mit einer großen Anzahl „angesehenster Rechtsgelehrter", zu denen insbesondere Justus Henning Böhmer zählte,[28] waren also die Gebrüder Overbeck der Ansicht, das decretum Divi Marci habe für den in Rede stehenden Zeitraum einen verbindlichen Bestandteil der Rechtsordnung dargestellt.

Der Zusammenhang zwischen dem Dekret des Mark Aurel und der Deutung des in C 4, 31, 14, 2 statuierten Aufrechnungsverbotes liegt auf der Hand. Denn wenn der zu Unrecht Selbsthilfe übende Gläubiger gemäß jenem kaiserlichen Edikt zur Strafe die Forderung einbüßte, die er gewaltsam durchzusetzen versucht hatte, so wäre es überflüssig gewesen, ihm zusätzlich noch die Aufrechnung zu verbieten.[29]

Wenn deshalb das Schrifttum des Usus modernus die Ratio von C 4, 31, 14, 2 nicht in der Vorbeugung unzulässiger Selbsthilfe erblickt haben sollte, so könnte dies im Hinblick auf das decretum Divi Marci nicht verwundern.

Allerdings ist zu bedenken, daß jedenfalls in der oben referierten Gerichtsentscheidung[30] trotz der vom Beklagten verübten Selbsthilfe nicht auf das decretum Divi Marci, sondern auf den Satz: spoliatus ante omnia est restituendus, abgehoben wurde. Diesem Urteil haben die Gebrüder Overbeck offensichtlich beigepflichtet,[31] obwohl sie die fortdauernde Geltung des decretum Divi Marci propagierten.

Möglicherweise hat man daher im Usus modernus sowohl das Dekret des Mark Aurel als auch das justinianische Aufrechnungsverbot als Rechtsinstitute angesehen, die der Einschränkung unzulässiger Selbsthilfe dienten. Wahlweise könnte man dann entweder das eine oder das andere angewendet haben.[32]

---

[28] De poena ius sibi dicentis sine iudice, Caput. II., S. 35—71 mit zahlreichen Argumenten und Literaturnachweisen.

[29] Vgl. schon oben 1. Teil, 1. Kap., IV. 4.

[30] S. 56.

[31] Ein Rechtsfall, in welchem der Spoliant das unternommene Spolium durch die Einrede der Compensation rechtfertigen will, S. 119.

[32] Vgl. etwa Böhmer, De poena ius sibi dicentis sine iudice, der u.a. die Spolienklage, die Besitzschutzinterdikte und das decretum Divi Marci als Rechtsbehelfe bei eigenmächtiger Selbsthilfe erörtert.

Damit ist die Literatur des 16. bis 18. Jahrhunderts zum Aufrechnungsverbot in C 4, 31, 14, 2 erschöpft. Die Naturrechtslehre des 17. und 18. Jahrhunderts kennt ein entsprechendes Aufrechnungsverbot offenbar nicht.[33]

II. Die Aufklärungskodifikationen

Das in C 4, 31, 14, 2 statuierte Aufrechnungsverbot ist in die meisten Aufklärungskodifikationen aufgenommen worden.

1. Bayern

So heißt es in § 1 des „Fünfzehenden Capituls" des „Vierten Theils" des Codex Maximilianeus Bavaricus civilis von 1756:

> Insbesondere aber leidet 10mo weder Causa Spolii aut Attentati noch Depositi, soweit es auf die Restitution in Naturâ ankommt, eine Compensation und ...

In Bayern wurde also das Aufrechnungsverbot für Fälle widerrechtlicher Besitzentziehung noch auf das Spolium bezogen. Die Erläuterung der Vorschrift durch Kreittmayr entspricht ganz den Formulierungen des Usus modernus[34]:

> Verschiedene delicta seynd von der Beschaffenheit, daß sie keine Compensation zulassen, nicht zwar Jure naturali, wohl aber civili & positivo. Insbesonderheit gehört das Debitum ex Spolio vel Attentato anher, welches darum keine Compensation leidet, quia spoliatus ante omnia restituendus.

Im Entwurf eines Bürgerlichen Gesetzbuchs für das Königreich Bayern von 1811 heißt es im vierten Theil, sechszehntes Kapitel, § 18 ziemlich unbestimmt[35]:

> 6.) Eigenmächtig oder gewaltsam genommene, oder vermöge des Leih- oder Aufbewahrungsvertrags zurückzugebende Sachen, sind kein Gegenstand der Compensation, ...[36]

2. Frankreich

Eine ähnlich vage Formulierung, die die Art der privilegierten Ansprüche nicht erkennen läßt, findet sich auch in Art. 1293 des Code civil von 1804:

---

[33] Keine Aussage zu C 4, 31, 14, 2 findet sich bei Pufendorf, Lib. V, Cap. XI, §§ 5—6, S. 779—781; Thomasius, Fundamenta juris naturae et gentium; ders., Institutiones jurisprudentiae divinae libri tres; Wolff, Pars V, Cap. IV, §§ 765—802, S. 540—561 zur compensatio und §§ 794 f., S. 557 zum Ausschluß der Aufrechnung beim depositum und beim commodatum.

[34] Vierter Theil, fünfzehntes Capitul, 3., S. 690.

[35] Demel/Schubert, S. 565.

[36] Die Motive sind unergiebig; vgl. Demel/Schubert, S. 652.

La compensation a lieu, quelles que soient les causes de l'une ou l'autre des dettes, excepté dans le cas,

1. De la demande en restitution d'une chose dont le propriétaire a été injustement dépouillé.
2. ...

(Die Compensation findet statt, auf welchem Grunde auch die eine oder die andere von beiden Schulden beruhen mag, jedoch mit Ausnahme folgender Fälle:

1. Wenn auf Zurückgabe einer Sache geklagt wird, aus deren Besitze der Eigentümer unrechtmäßigerweise verdrängt worden ist;
2. ...

Bei dieser gesetzlichen Normierung des justinianischen Aufrechnungsverbotes fällt die Beschränkung auf solche Klagen auf, mit denen wegen der Entziehung des vom Eigentümer innegehaltenen Besitzes vorgegangen wird. In Frankreich gelangte der Aufrechnungsausschluß folglich nur noch zu Gunsten des Eigentümers der entzogenen Sache zur Anwendung.

Aber auch Art. 1293 des Code Civil resultiert aus der seit den Kommentatoren auf das Spolium bezogenen Verordnung Justinians in C 4, 31, 14, 2. So führt etwa Ruppenthal aus[37]:

> La seconde exception où la compensation n'a pas lieu, est, si le propriétaire est *injustement* dépouillé de la chose qu'il veut révendiquer, et que le possesseur lui oppose la compensation; la loi dit que dans ce cas la compensation ne pourrait point avoir lieu. Cette disposition résulte de la maxime: *spoliatus ante omnia restituendus.* Cependant l'art. 1293 dit: *injustement depouillé,* il faut donc nécessairement excepter une mise en possession forcée et juste, et dans ce cas il faut naturellement admettre la compensation.[38]

Ob man wegen des Satzes: spoliatus ante omnia est restituendus, den Zweck von Art. 1293 in der Vorbeugung unzulässiger Selbsthilfe erblickte, ist jedoch zweifelhaft. Insoweit sind die weiteren Erläuterungen von Ruppenthal aufschlußreich[39]:

> Par ex. Pierre se trouve débiteur envers Paul. Paul ne pouvant obtenir son payement aborde Pierre et le contraint de force ouverte à le payer. Pierre revendique cette somme; Paul pourra-t-il opposer la compensation? Je soutiens l'affirmative, car ce cas n'est pas excepté de la régle générale établie par l'art. 1293, qui parle seulement d'une spoliation injuste, mais dans le cas dont il est question la spoliation, quoique illégale, n'est pas injuste. Si on ne voulait pas admettre cette compensation, il aurait fallu nécessairement qualifier cet acte de vol, parcequ'il s'agit en matière de compensation seulement des choses mobilières, mais les loix Romaines déclarent en termes exprès que ce n'est pas un vol, et le même principe est adopté par la cour de cassation.

In dem von Ruppenthal gebildeten Beispiel schuldet Pierre dem Paul einen bestimmten Geldbetrag. Paul zwingt Pierre gewaltsam, zu zahlen. Fordert nun Pierre die Rückgabe des abgenötigten Geldes, so gewährt Ruppenthal dem Paul

---

[37] § 14, S. 20 f.

[38] Hervorhebungen von Ruppenthal.

[39] aaO, S. 21.

die compensatio, da es sich nicht um den von Art. 1293 sanktionierten Fall einer injuste spoliation handele. Zwar sei das Verhalten des Paul nicht gesetzmäßig, aber von Art. 1293 werde der Fall nicht erfaßt, weil es sich nicht um die widerrechtliche Wegnahme einer beweglichen Sache handele. Das Verhalten des Paul stelle eben keinen durch Art. 1293 privilegierten Raub dar.

Obwohl Ruppenthal also einen Selbsthilfefall behandelt, will er das Aufrechnungsverbot nicht anwenden, sondern orientiert sich ausschließlich am Wortlaut der Vorschrift. Den Zweck des Aufrechnungsverbotes wird er deshalb wohl kaum in der Vorbeugung eigenmächtiger Forderungsbeitreibung erblickt haben.

3. Baden

In Art. 1293 des Badischen Landrechts von 1809 heißt es ganz ähnlich wie im Code civil:

> Die Wettschlagung hat statt bey Privatschulden aller Art, ausgenommen:
> 1.) bey der Erstattung einer Sache, welche dem Eigenthümer auf ungerechte Weise entzogen worden
> 2.) ...

Der Unterschied zum Code civil erschöpft sich in der Terminologie: statt von Aufrechnung oder Kompensation ist von „Wettschlagung" die Rede. Die Erläuterungen des Aufrechnungsverbotes durch Zachariä und Brauer geben wenig Aufschluß. Zachariä bezieht die Vorschrift auf Besitzschutzansprüche.[40] Brauer stellt lediglich klar, daß das Aufrechnungsverbot gerade für jene Fälle gedacht ist, in denen die Wettschlagung nicht schon an der fehlenden Gleichartigkeit der beiderseitigen Ansprüche scheitert.[41]

4. Österreich

In besonderem Maße bemerkenswert ist die Entwicklung in Österreich. Im Allgemeinen Bürgerlichen Gesetzbuch von 1811 lautet § 1440:

> Eben so lassen sich Forderungen, welche ungleichartige, oder bestimmte und unbestimmte Sachen zum Gegenstande haben, gegen einander nicht aufheben. Eigenmächtig entzogene, entlehnte oder in Verwahrung genommene Stücke sind überhaupt kein Gegenstand der Compensation.

Zur Begründung dieses Aufrechnungsverbotes führt v. Zeiller aus[42]:

> Die Zurückhaltung eigenmächtig entzogener, oder entlehnter, oder in Verwahrung gegebener Sachen, oder auch des dafür zu ersetzenden Werthes kann man unter dem Vorwande, oder aus dem Grunde einer Forderung von Sachen gleicher Art um so

---

[40] § 329, S. 248 f.

[41] Über Saz 1293. 194.), S. 207 f.

[42] § 1440 Anm. 2).

minder gestatten, als hierdurch theils eine offenbare oder listige Selbsthülfe begünstiget, theils das wechselseitige Zutrauen der Mitbürger geschwächt würde (§§ 345 u. 346).

In Österreich hat also Franz von Zeiller den wohl schon im justinianischen Recht maßgeblichen Gedanken der unzulässigen Selbsthilfe wieder aufgegriffen. Hierbei hat er sich nicht darauf beschränkt, das Aufrechnungsverbot auf die Besitzschutzinterdikte oder auf die Spolienklage zu beziehen. Vielmehr hat er anscheinend als erster ausdrücklich festgestellt, der Zweck des Aufrechnungsverbotes bestehe in der Vorbeugung unzulässiger Selbsthilfe. Man wird daher annehmen dürfen, daß v. Zeiller die Vorschrift auf alle Ansprüche ausdehnen wollte, die ihren Grund in einer unzulässigen Selbsthilfe haben. Erwähnenswert ist im übrigen noch, daß in Österreich seit Franz v. Zeiller die Ratio des in § 1440 ABGB niedergelegten Aufrechnungsverbotes stets in der Vorbeugung unzulässiger Selbsthilfe erblickt wurde.[43]

5. Preußen

In das preußische Allgemeine Landrecht von 1794 wurde die justinianische Verordnung in C 4, 31, 14, 2 nicht aufgenommen. Allerdings wird dieses Aufrechnungsverbot gleichwohl auch in Preußen beachtet worden sein. So führt jedenfalls Koch aus[44]:

> Die Compensation ist ausgeschlossen:
>
> ...
>
> 4) Gegen die Spolienklage, oder vielmehr nach Röm. Rechte, possessionem alienam perperam occupantibus compensatio non datur, welches nach der Regel: spoliatus ante omnia est restituendus, auf die Spolienklage übertragen worden ist. Die Französische und Oesterreichische Gesetzgebung hat diesen Satz anerkannt, aber das Landrecht übergeht ihn, obgleich dessen Abschaffung nicht in der Absicht der Redactoren gelegen zu haben scheint, indem sie den damit verwandten Satz, daß der Jemandem gesetzwidrig entzogene Gewahrsam oder der Besitz ohne Rücksicht auf ein besseres Recht dessen, der die unerlaubte Handlung verübt hat, wiedergegeben werden soll, ausdrücklich ausgesprochen haben.

Soweit demnach das justinianische Aufrechnungsverbot für Fälle widerrechtlicher Besitzentziehung auch in Preußen Geltung beanspruchte, dürfte es auf die Spolienklage bezogen worden sein. Was die Ratio der unzulässigen Selbsthilfe anbelangt, erscheint es noch erwähnenswert, daß Koch weiter ausführt[45]:

> Die Ausschließung der Compensation in Fällen, wo die geraubte Sache selbst nicht wieder zu erlangen, ist nur eine Anwendung dieses Grundsatzes, z.B. in dem Falle, wo Jemand in der Absicht, sich Bezahlung zu verschaffen, einem Andern eine Summe Geldes mit Gewalt abnimmt, und darauf mit der Spolienklage belangt wird. Hier wird,

---

[43] Klang, § 1440 ABGB Anm. II. 1.; Rummel, § 1440 ABGB Rn. 7; Stubenrauch, §§ 1438, 1439, 1440 ABGB Anm. III.

[44] § 166, S. 667 ff.

[45] aaO, S. 669.

auch nach den Grundsätzen des Landrechts, der Beklagte mit der Compensation nicht gehört werden dürfen. Man muß hiernach auch nach dem Landrechte diese Ausnahme gelten lassen.

Hieraus wird deutlich, daß zumindest Koch die Verordnung in C 4, 31, 14, 2 auch in Preußen in Geltung und auf die Spolienklage bezogen wissen wollte, daß er aber insoweit vornehmlich an die unerlaubte Selbsthilfe gedacht hat.

Soweit also die Verordnung in C 4, 31, 14, 2 auf das Spolium bezogen wurde, ging zwar der spezifische Bezug zu den Besitzschutzinterdikten und damit auch zu C 8, 4, 7 (389) verloren. Aber mit der unzulässigen Selbsthilfe wurde das Aufrechnungsverbot zumindest teilweise gleichwohl in Verbindung gebracht.

Denn zum einen ist dem Satz „spoliatus ante omnia est restituendus", mit dem das Aufrechnungsverbot immer wieder begründet worden ist, ein gewisser Bezug zur Selbsthilfe immanent.[46]

Zum anderen haben v. Zeiller und — allerdings nicht mit der gleichen Klarheit — auch Koch ausgeführt, das Aufrechnungsverbot bezwecke die Vorbeugung unerlaubter Selbsthilfe.

---

[46] Vgl. Liebs, Lateinische Rechtsregeln und Rechtssprichwörter, S. 200, Nr. 58, der in diesem Zusammenhang auf §§ 861, 863 BGB hinweist.

4. Kapitel

Von der Pandektistik bis zur Entstehung des Bürgerlichen Gesetzbuches

I. Schrifttum

Auch bei den Ausführungen zur compensatio im 19. Jahrhundert stand das justinianische Aufrechnungsverbot in C 4, 31, 14, 2 nicht gerade im Mittelpunkt des Interesses.[1]

Nur noch vereinzelt wurde es mit der Spolienklage in Verbindung gebracht.

So liest man z.B. bei Glück[2]:

> Justinian sagt: Possessionem autem alienam perperam occupantibus compensatio non datur. Es tritt hier die bekannte Regel ein: Spoliatus ante omnia est restituendus. Haben beyde Theile einander gegenseitig spoliirt, so kann zwar die exceptio spolii dem opponirt werden, welcher selbst gegen den Andern actione spolii klagt; allein eine Compensation findet deswegen nicht Statt, sondern die Wirkung der vorgeschützten Einrede besteht blos darin, daß der Beklagte sich auf die Klage nicht eher einzulassen schuldig ist, als wenn er zuvörderst von dem Kläger ist restituiert worden.

Eine entsprechende Erläuterung des justinianischen Aufrechnungsverbotes findet sich außerdem noch bei Hartter[3]:

> Die Kompensation ist auch in Spolienklagen ausgeschlossen sogar dann, wenn der Spoliant Impensen deduzieren wollte. Der Grund liegt darin, weil den Spolianten keine Einrede, also auch nicht die hier gedachte, von der Pflicht zur Restitution der gewaltsam entwendeten Sache befreit; spoliatus enim ante omnia restituendus.

---

[1] Keine Aussage zu C 4, 31, 14, 2 findet sich bei: Brinz, Die Lehre von der Compensation; ders., Jahrbuch des gemeinen deutschen Rechts, Bd. 1 (1857), S. 24—40; Böcking, § 147, S. 122; Esmarch, § 317, S. 91; Gensler, AcP 3 (1820), S. 199—210; Gesterding; Hartter, Zeitschrift für Civilrecht und Prozeß, Bd. 19 (1844), S. 143—197; Hasse, AcP 7 (1824), S. 145—207; Hölder, § 62 II., S. 170 f.; Holzschuher, Theorie und Casuistik des gemeinen Civilrechts, Zweiter Band, Kap. IV. § 2, S. 344—358; Keller, § 272, S. 518—524; Krug, AcP 25 (1842), S. 211—226; Liebknecht; Meissner; Reh, AcP 2 (1821), S. 210—215; Savigny, der die compensatio im Obligationenrecht nicht behandelt und im System des heutigen römischen Rechts in Band 5, S. 138, 403 f., 467 f., 557 f. und in Band 6, S. 335 f. nur kurz auf sie eingeht; Schuster; Schwanert; Seuffert, AcP 3 (1820), S. 195—198; ders., AcP 11 (1828), S. 379—385; Siber, Compensation und Aufrechnung, der auf S. 111 lediglich die Vorschrift des § 393 BGB referiert; Sintenis, Zeitschrift für Civilrecht und Prozeß, Bd. 18 (1843), S. 1—37; Tellkampf, AcP 23 (1840), S. 301—342; Vangerow, § 618, S. 345—355; Vering, § 219 V., S. 547 stellt lediglich fest, die Compensation sei dem malae fidei possessor versagt; v. Wächter, Pandekten II, § 195 B., S. 418—421; Weismann, ZZP 26 (1899), S. 1—42.

[2] § 930, S. 76 f.

[3] Das römisch-deutsche Recht der Kompensation, § 38, S. 123 f.

Aber auch mit dem interdictum unde vi bzw. mit der actio momenti wurde die Verordnung in C 4, 31, 14, 2 explizit nur selten in Verbindung gebracht.

In diesem Sinne führt etwa Brinz aus[4]:

Ausnahmsweise ausgeschlossen ist die gerichtliche Geltendmachung oder Postulierung der Kompensation wider die actio depositi directa — wider die rekuperatorischen, gegen Eigenmacht gerichteten Besitzklagen[21] —

21) l. ult. §. 2 C. h. t. Klagen gegen die „possessionem alienam perperam occupantes" (l. cit.) sind jedenfalls das Interdictum de vi u. die später entwickelten Klagen gegen Invasion in den Besitz durch Mittelspersonen Bd. 1 S. 746—749. Dagegen dürfte der Prekarist unter den „occupantes" alienam p. nicht begriffen sein, nicht jeder malae f. possessor unter den „perperam occupantes", geschweige denn unter den „occupantes". Nur wo das int. de vi oder jene „momenti actiones" zutreffen, ist die Ausnahme sicher.

Ganz überwiegend wurde dagegen im 19. Jahrhundert unter Berufung auf C 4, 31, 14, 2 ganz neutral ausgeführt, die Compensation sei auch bei den Klagen bzw. Forderungen wegen einer widerrechtlichen Besitzentziehung ausgeschlossen.[5]

Diese im 19. Jahrhundert bezüglich des justinianischen Aufrechnungsverbotes in C 4, 31, 14, 2 zu beobachtende Abkehr von der Spolienklage dürfte nicht zuletzt auf Savignys energisches Auftreten gegen das Institut des Spoliums zurückzuführen sein.[6]

Anders als insbesondere in Österreich wurde die Ratio der Vorbeugung unzulässiger Selbsthilfe nicht wieder aufgegriffen.

Lediglich bei Dernburg klingt dieser Gedanke an, wenn er ausführt[7]:

Die Tragweite der Neuerung Justinians ist freilich zweifelhaft. Die Compensation ist nach ihr ausgeschlossen in Fällen *ungerechtfertigter Eigenmacht,*[8] diesen Begriff in weitem Sinne genommen. Man ist versucht vorzüglich an Fälle zu denken, in welchem man sich gerade zu dem Zwecke, *um sich ein Compensationsrecht zu schaffen,*[9] fremder Objecte bemächtigte.

---

[4] Lehrbuch der Pandekten, § 288, S. 434.

[5] Arndts, § 266, S. 396; Baron, § 265 I., S. 437; Göschen, § 466 4., S. 271; Krug, Die Lehre von der Compensation, § 76, S. 200, der allerdings das Aufrechnungsverbot auf jeden malae fidei possessor ausdehnt; Mackeldey, § 492, S. 257; Mühlenbruch, Lehrbuch des Pandekten-Rechts, Zweiter Theil, § 471, S. 497; Puchta, § 289, S. 446; Schweppe, § 628, S. 586; Seuffert, Praktisches Pandektenrecht, § 289, S. 136 Fn. 1), der das Aufrechnungsverbot in C 4, 31, 14, 2 allerdings vornehmlich der Sphäre des Retentionsrechtes zuweist; Sintenis, Das practische gemeine Civilrecht, § 104 5), S. 434; Thibaut, § 1000, S. 387; Wening-Ingenheim, § 246, S. 497; Wendt, § 241 3., S. 583; Windscheid, Lehrbuch des Pandektenrechts, Zweiter Band, § 350 7., S. 303.

[6] Das Recht des Besitzes, § 50, S. 568—579; vgl. hierzu Wolter, Ius canonicum in iure civili, S. 185—187.

[7] Geschichte und Theorie der Compensation nach römischem und neuerem Rechte, § 59 2), S. 511; sachlich übereinstimmend ders. in Pandekten, Zweiter Band, § 63, S. 174 insbesondere Fn. 12).

[8] Hervorhebung von Dernburg.

[9] Hervorhebung von Dernburg.

Ebenso wie Franz von Zeiller in Österreich brachte also auch Dernburg die justinianische Verordnung in C 4, 31, 14, 2 unmittelbar mit den Fällen der unerlaubten Selbsthilfe in Zusammenhang, ohne daß er sich auf die im römischen Recht als Bindeglied maßgebliche Verordnung in C 8, 4, 7 (389) gestützt hätte.

Allerdings war Dernburgs Auffassung, das Aufrechnungsverbot gelte für Fälle verbotener Eigenmacht, durchaus umstritten.[10] Außerdem relativiert Dernburg den von ihm als Ratio ins Auge gefaßten Gedanken der Vorbeugung unzulässiger Selbsthilfe selbst wieder, indem er nach den oben wiedergegebenen Ausführungen feststellt[11]:

> Indessen ist die Absicht der Verordnung hiermit nicht beschlossen. Diese geht vielmehr dahin, daß unrechtmäßig Angeeignetes schlechthin restituiert werde, ohne daß Einwendungen, die nicht die Sache selbst betreffen, gehört werden, daß also das formelle Unrecht schleunigst seine Ausgleichung finde.

Dernburg zufolge erschöpft sich die Ratio von C 4, 31, 14, 2 demnach nicht in der Vorbeugung unstatthafter Selbsthilfe. Vielmehr soll der Zweck jener Verordnung weitergehend darin bestehen, daß das zu Unrecht Angeeignete schlechthin zurückzugewähren ist. Hiermit nähert sich Dernburg wieder stark der im 19. Jahrhundert vorherrschenden Auffassung, nach der gem. C 4, 31, 14, 2 die Aufrechnung bei allen Klagen wegen der widerrechtlichen Entziehung fremder Sachen ausgeschlossen ist.

Einer der Gründe, die der Assoziierung des Aufrechnungsverbotes mit der unzulässigen Selbsthilfe entgegengestanden haben mögen, könnte wiederum in dem decretum Divi Marci liegen, von dem in D 48, 7, 7 und D 4, 2, 13 berichtet wird.[12]

Denn auch im 19. Jahrhundert wurde teilweise die Auffassung vertreten, jenes Dekret des Mark Aurel habe seine Gültigkeit nicht verloren.

So heißt es etwa bei Savigny[13]:

> Die Selbsthülfe gehört in die Reihe der hier[14] zusammengestellten Rechtsinstitute, insofern durch sie das vielleicht wirklich vorhandene Recht zur Strafe verloren, dann also zugleich jeder mögliche Rechtsstreit darüber auf unfreiwillige Weise vernichtet werden kann. Sie gehört in die Reihe der Obligationen welche aus Delicten entstehen.

Nach Savigny verlor also der Gläubiger seine Forderung, wenn er sie gewaltsam durchzusetzen versucht hatte, wobei allerdings unklar ist, ob Savigny das decretum Divi Marci oder die in C 8, 4, 7 (389) über die unzulässige Selbsthilfe

---

[10] Gegen Dernburg vor allem: RGZ 22, 227 (228); Eisele, Die Compensation nach römischem und gemeinem Recht, § 30 4., S. 356.

[11] Geschichte und Theorie der Compensation nach römischem und neuerem Rechte, § 59 2), S. 511 f.

[12] Siehe oben 1. Teil, 1. Kap., IV. 4.

[13] System des heutigen römischen Rechts, Bd. 7, § 302 5., S. 5.

[14] Savigny behandelt „Surrogate des Urtheils“ wie Vergleich, Erlaß, Verzicht und Compromiß.

verhängten Sanktionen im Auge hatte. Jedenfalls war Savigny wohl der Ansicht, einige oder vielleicht auch alle der Vorbeugung unzulässiger Selbsthilfe dienenden Privatstrafen seien Bestandteil des geltenden Rechts, mag dies auch zu seinen sonstigen Ausführungen zur Privatstrafe in Widerspruch stehen.[15] Aber auch sonst wurde die fortdauernde Geltung des decretum Divi Marci vielfach behauptet. So liest man etwa bei Holzschuher[16]:

> Selbsthülfe ist durch das kanonische Recht und in den Reichsgesetzen noch beibehaltenem Ed. Divi Marci und durch die Constitutionen späterer Kaiser bei Verlust des Rechts, und wenn dieses unbegründet war, sub poena dupli verboten.... Daß diese Strafen noch h. z.T. gelten, ist, wenn auch nicht ohne allen Dissens, ..., doch nach der Autorität der meisten Rechtslehrer als gemeines Recht zu behaupten.

Und bei Binding heißt es[17]:

> Somit sind mit dem Reichsrechte verträglich
> a. ...
> b. alle sog. Privatstrafen ... Ganz besonders gilt dies von der viel umstrittenen Verwirkung im Falle der Selbsthilfe.

Ganz ähnlich führt Thon aus[18]:

> Die Privatstrafen der Selbsthülfe sind, wo sie gemeinrechtlich oder landesgesetzlich noch bestanden, durch das Strafgesetzbuch nicht berührt.

Übereinstimmend äußern sich etwa nach Arndts,[19] Baron,[20] Esmarch,[21] Hölder[22] und Mühlenbruch.[23] Die Frage der unveränderten Geltung der römischen Verwirkungsmaßnahmen, die über die unzulässige Selbsthilfe verhängt worden waren, wurde im 19. Jahrhundert jedoch durchaus kontrovers diskutiert. So gab es denn auch zahlreiche Stimmen, die die römischen Verfallsmaßnahmen und insbesondere jenes Dekret des Mark Aurel außer Kraft gesetzt wissen wollten.

In diesem Sinne liest man etwa bei Regelsberger[24]:

> Die Rechtsmittel, welche die unerlaubte Selbstbefriedigung hervorruft, sind nach deren Art verschieden, namentlich dienen dazu die Besitzklagen einschließlich der actio spolii. Einige Fälle der Selbstbefriedigung hat das römische Recht unter Privatstrafe

---

15 Vgl. Obligationenrecht, Bd. 2, § 84, S. 329, wo Savigny die Auffassung vertritt, die Privatstrafen des römischen Rechts seien im geltenden Recht mit Ausnahme der Injurienklagen nicht mehr anwendbar.

16 Theorie und Casuistik des gemeinen Civilrechts, Erster Band, Kap. III. § 2, zu 4), S. 82 f.

17 § 70, S. 330.

18 § 8, S. 38 f.

19 § 94, S. 110.

20 § 77 II., S. 139.

21 § 164, S. 41.

22 § 36 VI., S. 99.

23 Lehrbuch des Pandekten-Rechts, Erster Teil, § 134, S. 242 f.

24 § 190, S. 677.

gestellt. Diese Privatstrafen waren schon vor dem Erscheinen des RStrafgesetzbuchs in mehreren gemeinrechtlichen Gebieten durch die partikuläre Strafgesetzgebung außer Kraft gesetzt und haben jetzt durch die Art, wie der Thatbestand der unerlaubten Selbsthilfe im RStrafgesetzbuch geordnet ist, für ganz Deutschland die Geltung verloren, was beim Mangel jedes Verhältnisses der Strafe zum Vergehn nicht bedauert werden kann.

Und bei Windscheid heißt es[25]:

Der Gläubiger, welcher zum Zwecke seiner Befriedigung Sachen seines Schuldners wider dessen Willen und ohne richterliche Erlaubnis wegnimmt oder den Schuldner zur Hingabe von solchen Sachen nöthigt, verliert sein Forderungsrecht zu Gunsten des Schuldners; ebenso verliert der Eigenthümer, welcher seine in fremdem Besitz befindliche Sache dem Besitzer mit Gewalt wegnimmt, sein Eigenthumsrecht zu Gunsten des Besitzers. Diese Strafen sind aber heutzutage nicht mehr praktisch; sie sind durch das Reichsstrafgesetzbuch beseitigt.

In ähnlichem Sinne äußern sich etwa noch Dernburg[26] und v. Wächter.[27]

Außerdem hat sich auch das Reichsgericht gegen die fortdauernde Geltung des decretum Divi Marci ausgesprochen[28]:

... ist die erwähnte Privatstrafe (scil.: über die Selbsthilfe) selbst in denjenigen Ländern des gemeinen Rechts, in welchen sie nicht schon früher gewohnheitsrechtlich oder durch die Landesgesetzgebung beseitigt war, durch das Reichsstrafgesetzbuch vom 31. Mai 1870 aufgehoben worden.

Soweit nun im 19. Jahrhundert noch die Auffassung vertreten wurde, das decretum Divi Marci gelte neben den anderen über die unerlaubte Selbsthilfe verhängten Sanktionen unverändert fort, versteht es sich nahezu von selbst, daß das justinianische Aufrechnungsverbot in C 4, 31, 14, 2 nicht mit der Selbsthilfe in Verbindung gebracht wurde. Denn verlor der Gläubiger seine Forderung zur Strafe, wenn er sie gewaltsam durchzusetzen versucht hatte, so wäre ein zusätzliches Aufrechnungsverbot regelmäßig ins Leere gelaufen, da der Gläubiger dann in aller Regel ohnehin kein Recht gehabt hätte, mit dessen Hilfe ihm der Einwand der Kompensation möglich gewesen wäre.

Aber auch, soweit man sich im 19. Jahrhundert gegen die fortdauernde Geltung des decretum Divi Marci aussprach, wurde bei C 4, 31, 14, 2 die Ratio der Vorbeugung unzulässiger Selbsthilfe nicht wieder aufgegriffen, sieht man einmal von den erwähnten Ansätzen bei Dernburg ab.

Insoweit ist in Rechnung zu stellen, daß der Streit um die fortdauernde Geltung des decretum Divi Marci mit dem Reichsstrafgesetzbuch von 1870 in vollem Umfang ausbrach, wie sich ohne weiteres aus den oben referierten Quellen ergibt. Über die heftige Auseinandersetzung um die Geltung der römischen Ver-

---

25 Lehrbuch des Pandektenrechts, Erster Band, § 123, S. 399 f.; vgl. gegen Windscheid vor allem Thon, § 8, S. 33—39.

26 Pandekten, Erster Band, § 125, S. 292.

27 Pandekten I, § 98, S. 502 Fn. 1.

28 RGZ 11, 239 (244); ebenso RGZ 18, 218 (219).

fallsregelungen für Fälle unzulässiger Selbsthilfe mag das justinianische Aufrechnungsverbot in C 4, 31, 14, 2 ganz aus dem Blickfeld geraten sein, so daß es ebenso knapp und stiefmütterlich kommentiert wurde, wie dies auch in den Jahrhunderten zuvor der Fall gewesen war.

II. Das sächsische BGB und der Dresdener Entwurf

Das justinianische Aufrechnungsverbot wurde auch in das Bürgerliche Gesetzbuch für das Königreich Sachsen von 1863/1865 und in den Dresdener Entwurf eines allgemeinen deutschen Gesetzes über Schuldverhältnisse von 1866 aufgenommen.

So heißt es in § 994 des sächsischen BGB:

> Gegen Forderungen aus einem Hinterlegungsvertrage, mit Ausnahme der im § 1271 angegebenen Fälle, ingleichen aus einer widerrechtlichen Besitznahme fremder Sachen ist, es mag der ursprüngliche Gegenstand der Leistung oder der Werth dafür gefordert werden, die Aufrechnung ausgeschlossen. ...

und Art. 365 des Dresdener Entwurfs lautet:

> Die Aufrechnung findet nicht statt gegen Forderungen auf Erstattung des Werthes einer widerrechtlich entzogenen Sache, ferner gegen Forderungen ...

Diese Formulierungen lassen nicht erkennen, aus welchem Grunde man die Aufrechnung in Fällen widerrechtlicher Besitzentziehung versagte. Die beiden Vorschriften sind ebenso unergiebig wie die Erläuterungen, die sich im überwiegenden Schrifttum des 19. Jahrhunderts finden. Erwähnenswert sind noch die Ausführungen von Siebenhaar zu § 994 des sächsischen BGB[29]:

> Die Aufrechnung ist ausgeschlossen
> a) ...
> b) gegen die Klage auf Rückgabe einer von dem Schuldner widerrechtlicher Weise, z.B. durch Diebstahl, in Besitz genommenen Sache, ohne Unterschied, ob der ursprüngliche Gegenstand der Leistung oder der Werth dafür gefordert wird;

Der von Siebenhaar als Beispiel angeführte Diebstahl macht deutlich, wie weit man sich schon vom römischen Recht entfernt hatte. Denn dort war gerade dem Dieb die Aufrechnung in D 16, 2, 10, 2[30] erlaubt.

III. Rechtsprechung

Auch in der Rechtsprechung des 19. Jahrhunderts vermochte sich nicht der Gedanke durchzusetzen, der Verordnung in C 4, 31, 14, 2 liege die Ratio der Vor-

---

[29] Lehrbuch des Sächsischen Privatrecht, § 335, S. 560; unergiebig ist die Erläuterung zu § 994 in ders., Commentar zu dem bürgerlichen Gesetzbuche für das Königreich Sachsen.

[30] Vgl. oben 1. Teil, 1. Kap., II. 2. d).

beugung unzulässiger Selbsthilfe zugrunde. Lediglich vereinzelt kam dieser Gedanke zum Ausdruck. So etwa in einer Entscheidung des Obertribunals in Stuttgart vom 16. November 1852, der folgender Sachverhalt zugrunde lag[31]:

> Dem Ortsvorsteher zu A. wurde von der Theilungsbehörde in St. der einer armen Weibsperson C. B. angefallene Erbtheil mit dem Auftrage übersendet, solchen der M. H., einer Schwester derselben, welcher diese gegen die Verbindlichkeit ihrer Verpflegung ihre Habe abgetreten hatte, zuzustellen. Dieser Auftrag wurde aber nicht vollzogen, vielmehr beschloß der Gemeinderath, das übersandte Geld zur Gemeindecasse zu ziehen, aus welcher der H. zur Verpflegung ihrer Schwester bisher Unterstützungsbeiträge gereicht worden waren.
> Die H. klagte deshalb gegen die Gemeinde auf Herausgabe der ihr eigenmächtig vorenthaltenen Geldsumme. Die Beklagte machte im Wege der Kompensation jene Beträge geltend, und die beiden vorigen Gerichte wiesen aus dem Grunde dieser Einrede die Klage ab.

In dritter Instanz wurde aber die Beklagte schließlich vom Obertribunal in Stuttgart zur Herausgabe jener Geldsumme an die Klägerin verurteilt, weil es[32]:

> 1) eine Eigenmächtigkeit des Gemeinderaths gewesen, den Erbtheil der C. B. zu Ausgleichung der angeblichen Ansprüche der Gemeinde an die Klägerin, oder ihre nun verstorbene Schwester zur Gemeindecasse zu ziehen, statt diese bestrittenen Ansprüche im Rechtswege gegen die Klägerin geltend zu machen, weshalb die Beklagte gesetzlich (const. 7, 10 unde vi 8, 4) zur Herausgabe des der Klägerin eigenmächtig vorenthaltenen Geldes verbunden sey; und
> 2) demjenigen, der sich eine eigenmächtige Selbsthülfe erlaubt habe, nach const. 14 § 2 de compens 4. 31, die Einrede der Kompensation nicht zu statten komme; eine Bestimmung, welche, da sie nicht unter den Begriff der römisch-rechtlichen Privatstrafen falle, sondern im Interesse der Rechtsordnung und Sicherheit getroffen sey, welche vor allem, und ehe über die bestrittenen Ansprüche im Rechtswege verhandelt werde, die Wiederaufhebung der Selbsthülfe erfordere, auch nicht durch den Art. 12 des württembergischen Gesetzes über die privatrechtlichen Folgen der Verbrechen vom 5. September 1839 aufgehoben erscheine.

Das Obertribunal in Stuttgart ging also — zumindest in der wiedergegebenen Entscheidung — davon aus, die Verordnung in C 4, 31, 14, 2 diene der Vorbeugung unzulässiger Selbsthilfe. Denn weder der Ortsvorsteher zu A. noch der Gemeinderat hatte sich den Besitz an der in Rede stehenden Geldsumme eigenmächtig verschafft. Vielmehr war das Geld dem Ortsvorsteher von der Teilungsbehörde in St. freiwillig und nur mit der Maßgabe ausgehändigt worden, den Betrag der M. H. zu übergeben. Mit der Einbehaltung des Geldes wurde also nicht der Besitz, sondern allenfalls der hinsichtlich der Weiterleitung erteilte Auftrag verletzt. Folglich läßt sich der Fall nicht unter die Regel von C 4, 31, 14, 2 subsumieren, soweit man sich bei deren Auslegung ausschließlich am Wortlaut orientiert. Die Grenzen des Wortlauts hat das Obertribunal in Stuttgart aber überschritten, indem es feststellte, gem. C 4, 31, 14, 2 komme dem die Einrede der

---

[31] SeuffArch. Bd. 6 (1853), Nr. 174, (S. 91 des unveränderten Nachdrucks, Zweiter Band, München 1867).

[32] aaO.

Kompensation nicht zu statten, der sich eine eigenmächtige Selbsthilfe erlaubt habe, weshalb auch in der zur Entscheidung anstehenden Sache die Aufrechnung zu versagen sei.

Mit dieser Ansicht des Stuttgarter Obertribunals mag anfänglich auch das Reichsgericht sympathisiert haben. In einer Entscheidung vom 19. Januar 1881 heißt es jedenfalls, wenn auch nur beiläufig[33]:

> Sie (scil.: die Beklagte) war nicht befugt, sich ein Kompensationsobjekt dadurch zu verschaffen, daß sie eine rechtswidrige Handlung in der Absicht beging, den dadurch zu erlangenden Geldwert gegen ihre Forderung an die Auftraggeberin aufzurechnen.[1]
> [1] Vgl. ... l. 14. §. 2 Cod. de comp. 4, 31. ...

Jene rechtswidrige Handlung bestand in dem zugrundeliegenden Sachverhalt in einer Verletzung eines zwischen den Parteien bestehenden Auftragsverhältnisses durch die Beklagte. Ebenso wie das Obertribunal in Stuttgart war demzufolge auch das Reichsgericht anfänglich der Auffassung, nicht nur widerrechtliche Besitzentziehungen, sondern auch Vertragsverletzungen unterfielen dem justinianischen Aufrechnungsverbot in C 4, 31, 14, 2. Eine solche Überschreitung des Wortlautes, d.h. im Grunde analoge Anwendung von C 4, 31, 14, 2, konnte nur dann als sinnvoll bzw. gerechtfertigt erscheinen, wenn das Reichsgericht wie das Stuttgarter Obertribunal die Ratio von C 4, 31, 14, 2 in der Vorbeugung unzulässiger Selbsthilfe erblickte. Soweit dies der Fall war, stand jedenfalls einer analogen Anwendung nichts im Wege. Denn einerseits können Vertragsverletzungen ebenso wie Besitzentziehungen Akte unzulässiger Selbsthilfe darstellen. Andererseits besteht aber zwischen Vertrags- und Besitzverletzungen kein Unterschied, der einer analogen Anwendung entgegenstehen könnte. Man wird sogar eher umgekehrt argumentieren können, und das Aufrechnungsverbot bei Vertragsverletzungen im Hinblick auf das dort gegebene Vertrauensverhältnis erst recht anzuwenden geneigt sein, wenn es schon für Besitzverletzungen Geltung beansprucht.

Ob diese Auffassung aufrecht zu erhalten sei, hat das Reichsgericht hingegen in einer späteren Entscheidung vom 15. November 1887 zunächst offen gelassen[34]:

> Während die Einen,
> vgl. Krug, Kompensation § 76, S. 200; Brinz, Pandekten Bd. 2 § 288 Nr. 21,
> ein wissentlich rechtswidriges, unredliches Handeln voraussetzen, lassen
> Andere
> vgl. Dernburg, Kompensation S. 511; Stuttgarter Obertribunal bei Seuffert, Bd. 6 Nr. 174,
> jede objektiv widerrechtliche Selbsthilfe, und zwar selbst in dem Falle genügen, wo eine Besitzentziehung oder Besitzstörung nicht stattgefunden hat. Ob in diesem letzteren Punkte dem Wortlaute:

[33] RGZ 3, 113 (116).

[34] RGZ 19, 237 (238).

„Possessionem alienam perperam occupantibus - -"
gegenüber soweit gegangen werden darf und anscheinend auch in einer Entscheidung des Reichsgerichts gegangen worden ist,
vgl. Entsch. des RG's in Civils. Bd. 3, S. 116 (Bd. 7, S. 332 spricht sich nicht aus),
kann auf sich beruhen, weil die Eigenmacht des Klägers hier zweifellos mit einer Besitzentziehung verbunden war.

In einem Urteil vom 21. Januar 1889 hat das Reichsgericht dann aber die zitierte Entscheidung des Stuttgarter Obertribunals sowie die auch in RGZ 3, 113 (116) zum Ausdruck kommende Auffassung dezidiert abgelehnt.[35] Das Oberlandesgericht Stuttgart hatte als Vorinstanz noch zur Ratio von C 4, 31, 14, 2 ausgeführt[36]:

es beruhe nicht auf einer unstatthaften Ausdehnung einer Ausnahmebestimmung, vielmehr auf richtiger Ergründung und erschöpfender Anwendung des in jenem Ausspruche gelegenen Willens des Gesetzgebers, wenn das Kompensationsrecht demjenigen versagt werde, welcher in der Absicht, auf dem Wege eigenmächtiger Selbsthilfe sich die Möglichkeit einer Aufrechnung erst zu verschaffen, sich durch eine unerlaubte, rechtswidrige Handlung in den Besitz einer für einen Anderen bestimmten Sache gesetzt habe und auf deren Herausgabe belangt werde.

Dem hielt das Reichsgericht entgegen[37]:

Dieser Ansicht kann nicht beigetreten werden. Die 1. 14 §. 2 a.a.O. würde damit in der That auf Fälle ausgedehnt, welche sie ihrem Wortlaute nach nicht trifft, und der Rechtssatz, welchen der Berufungsrichter seiner Entscheidung zu Grunde legt, ließe sich aus 1. 14 §. 2 nur herleiten, wenn diese ausdehnend interpretiert werden könnte. Dem steht jedoch entgegen, daß es sich um eine Ausnahmebestimmung handelt, und daß die Annahme, es entspreche der fragliche Rechtssatz dem Willen des Gesetzgebers, umsoweniger gerechtfertigt erscheint, als die 1. 10 §. 2 Dig. de compens. 10, 2 die Kompensation allen Deliktsklagen (utputa ex causa furtiva) gegenüber für zulässig erklärt. In Theorie und Praxis ist denn auch der fragliche Rechtssatz keineswegs allgemein anerkannt. Dernburg, auf welchen sich der Berufungsrichter allerdings berufen kann, sind andere Schriftsteller entgegengetreten.

Zwar stellt das Reichsgericht nicht ausdrücklich fest, der Zweck des justinianischen Aufrechnungsverbotes bestehe nicht in der Vorbeugung unzulässiger Selbsthilfe. Aber immerhin wendet es sich gegen eine analoge Anwendung von C 4, 31, 14, 2 auf Fälle, in denen von einer Besitzentziehung bzw. -störung keine Rede sein kann. Hätte hingegen das Reichsgericht den Willen des Gesetzgebers ebenso wie das Oberlandesgericht Stuttgart darin erblickt, daß dem die Aufrechnung zu versagen sei, der gerade in der Absicht gehandelt habe, sich auf dem Wege eigenmächtiger Selbsthilfe die Möglichkeit einer Aufrechnung erst zu verschaffen, so dürfte es wohl kaum einer extensiven Handhabung von C 4, 31, 14, 2 entgegengetreten sein. Die enge Auslegung des justinianischen Aufrechnungsverbotes unter Berufung auf den Wortlaut und D 16, 2, 10, 2 läßt daher die

[35] RGZ 22, 227—229.
[36] Zitiert nach RGZ 22, 227 (228).
[37] RGZ 22, 227 (228).

Vermutung zu, das Reichsgericht habe zuletzt den Zweck von C 4, 31, 14, 2 entweder gar nicht erst festzustellen versucht oder aber in einer Bestrafung dessen erblickt, der sich fremden Besitzes widerrechtlich bemächtigt hat.

IV. Die Entstehung des Bürgerlichen Gesetzbuches

Die Vorlage des Redaktors für die erste Kommission zur Ausarbeitung eines Bürgerlichen Gesetzbuches knüpfte noch ganz an gemeinrechtliche Traditionen an. Im Abschnitt I. Tit. 5 II. § 5 hat von Kübel das justinianische Aufrechnungsverbot in C 4, 31, 14, 2 nahezu unverändert übernommen[38]:

> Die Aufrechnung findet nicht statt gegen Forderungen aus widerrechtlicher Aneignung des Besitzes einer fremden Sache, sowie gegen die im §. 749 der Reichs-Civilprozeßordnung genannten Ansprüche, insoweit als dieselben der Pfändung nicht unterworfen sind.

Der Unterschied zu C 4, 31, 14, 2 und den überwiegenden Formulierungen im Schrifttum des 19. Jahrhunderts[39] erschöpfte sich darin, daß mit dem Aufrechnungsverbot nicht mehr die Ansprüche wegen der Aneignung fremden Besitzes, sondern die Ansprüche wegen der Aneignung des Besitzes an fremden Sachen privilegiert sein sollten. Hiernach hätte das Aufrechnungsverbot nicht gegenüber dem Eigentümer gegolten, der sich seiner eigenen Sache widerrechtlich bemächtigt hatte.

Zur Begründung des Aufrechnungsverbotes führt von Kübel aus[40]:

> Der Ausschluß der Aufrechnung gegen die Forderung aus widerrechtlicher Aneignung des Besitzes einer fremden Sache entspricht dem gemeinen Recht (1. 14 §. 2 C. h.t. 4, 31; Windscheid a.a.O.
> § 350 Note 25; Dernburg a.a.O., S. 511 f.; Eisele, a.a.O., S. 355 f.), wie den Bestimmungen im österr. G.B. §. 1440, code civil art. 1293, sächs. G.B. § 994, in den Entwürfen von Hessen Art. 316, Bayern Art. 188, Dresden Art. 365, sowie im schweizer. Gesetz Art. 132. In dem schweizer. Gesetz ist die Aufrechnung auch ausgeschlossen gegen die Klage wegen böswillig vorenthaltener Sachen. Hierunter fällt z.B. die Klage auf Herausgabe bezw. Erstattung einer Geldsumme, in deren Besitz der Beklagte aus Anlaß eines vom Kläger erhaltenen Auftrages gekommen ist und welche er dem Auftragsverhältnis zuwider dem Kläger vorenthält. Dernburg a.a.O. will in der That die gemeinrechtliche Bestimmung in der weitesten Ausdehnung angewendet wissen auf alle Fälle, in welchen es sich um rechtswidrige Zurückhaltung oder Verwendung einer zu einem bestimmten Zwecke gegebenen Sache handelt. Aehnlich hat das Reichsgericht (Entsch. III Nr. 35, S. 116) die Aufrechnung für unzulässig erklärt, wenn Derjenige, welcher aufrechnen will, sich das hierzu verwendete Objekt erst durch eine rechtswidrige Handlung verschafft hat zu dem Zwecke, sich desselben als Kompensationsobjekts zu bedienen (Handelsgesetzbuch §. 313 Abs. 2; vergl. preuß. Land-

---

[38] Bei Schubert, Die Vorlagen der Redaktoren für die erste Kommission zur Ausarbeitung des Entwurfs eines Bürgerlichen Gesetzbuches, S. 1073.

[39] Vgl. oben 1. Teil, 4. Kap., I.

[40] Schubert, aaO, S. 1094 f.

recht I. 3. §. 35). Allein eine solch' allgemeine Bestimmung möchte doch gefährlich sein; es wird vielmehr bei den einzelnen Vertrags- und Schuldverhältnissen zu prüfen sein, ob in Bezug auf die hieraus entspringenden Ansprüche Kompensation zulässig oder auszuschließen ist.

Die Ratio des Aufrechnungsverbots mit der Selbsthilfe in Verbindung zu bringen und es entsprechend zu formulieren, wird von Kübel wohl noch in Erwägung gezogen haben. Aber der u.a. auch in RGZ 3, 113 (116) vertretenen Auffassung glaubte er nicht folgen zu können, da eine derartige Ausdehnung des Aufrechnungsverbotes zu „gefährlich" sei. Hierbei dürfte von Kübel zum einen übersehen haben, daß es insoweit gar nicht um eine Ausdehnung des Aufrechnungsverbotes, sondern um eine Rückführung auf seinen ursprünglichen Zweck ging. Zum anderen hätte einer „Ausdehnung" des Aufrechnungsverbotes im Hinblick auf den diesem zugrunde liegenden Zweck naturgemäß eine entsprechende Restriktion korrespondieren müssen.

Ausschlaggebend für die heutige Fassung von § 393 BGB waren die Beratungen der 1. Kommission, in deren Protokollen es u.a. heißt[41]:

Zu § 5 des Entwurfs, ... war beantragt 1. den § 5 zu fassen:
„Die Aufrechnung findet nicht statt gegen Forderungen aus einer von dem Schuldner vorsätzlich begangenen unerlaubten Handlung, durch welche sich derselbe einen zu dem Vermögen des Gläubigers gehörigen Gegenstand verschafft hat, sowie gegen" ... usw. wie im Entwurfe bezw. in dem folgenden Antrage.
2. ...
Beschlossen wurde, den § 5 zunächst insoweit zu erledigen, als er die Aufrechnung gegen Forderungen aus widerrechtlicher Aneignung des Besitzes einer fremden Sache für unstatthaft erklärt. Auf diese Bestimmung bezieht sich der Antrag 1. Bei der Diskussion wurden zu demselben noch folgende Anträge gestellt:
a) die Bestimmung durch die Vorschrift zu ersetzen: „Die Aufrechnung findet nicht statt gegen Forderungen aus vorsätzlich begangenen unerlaubten Handlungen."
b) in der Bestimmung des Entwurfs die Worte „des Besitzes" zu streichen;
c) den Antrag 1 mit der Aenderung anzunehmen, daß am Schlusse vor „verschafft" die Worte einzuschalten sind: „zum Zwecke der Deckung". Die Mehrheit entschied für die Annahme des unter a) mitgeteilten Antrags, womit die Bestimmung des Entwurfs und die übrigen Anträge für erledigt galten.

Die Gründe der Entscheidung waren:
Der Entwurf enthalte eine, schon im römischen Rechte sich findende und aus diesem in die Mehrzahl der modernen Kodifikationen übergegangene, Vorschrift. Die Berechtigung der letzteren sei anfechtbar. Liege derselben die Erwägung zugrunde, daß ein Gläubiger sich nicht durch widerrechtliche Aneignung einer fremden Sache ein Deckungsobjekt verschaffen dürfe, so erscheine sie zu eng; einmal würde bei dieser Voraussetzung ein, die Absicht der Verschaffung eines Deckungsobjekts ergebender Zusatz nöthig sein, sodann aber die Vorschrift über die Aneignung fremder Sachen hinaus auf alle Fälle ausgedehnt werden müssen, in welchen durch eine widerrechtliche Handlung die Erlangung eines Deckungsobjekts bezweckt worden. Auf einen hierher gehörigen, von der Vorschrift des Entwurfs nicht betroffenen Fall beziehe sich das Erkenntniß des Reichsgerichts, Entsch. Bd. 3 S. 116. Allein jene ratio liege der

[41] Jakobs/Schubert, Die Beratung des Bürgerlichen Gesetzbuchs, S. 711 ff.

Bestimmung des römischen Rechts ohne Zweifel nicht zum Grunde. Eine, desfallsige Vorschrift würde auch kaum nöthig sein, da sie für selbstverständlich sich erachten lasse. Der Grund der Vorschrift des römischen Rechts sei unverkennbar der, daß dem Diebe und dem einem Diebe gleichzustellenden Übelthäter ausnahmsweise das Recht der Aufrechnung allgemein und schlechthin habe entzogen werden sollen. Auch die Vorschrift des Entwurfs könne in der vorliegenden Fassung nur in dieser Weise aufgefaßt werden. Eine solche Vorschrift erscheine aber auch bei der positiven Natur des Rechts der Aufrechnung um so gerechtfertigter, je weiter das Aufrechnungsrecht in dem Entwurfe ausgedehnt sei. Die Vorschrift des Entwurfs gehe sogar nicht weit genug. Der Grund, auf welchem sie beruhe, rechtfertige sie auf alle Fälle auszudehnen, in denen ein Anspruch aus einer vorsätzlich begangenen unerlaubten Handlung erhoben worden, da nicht abzusehen sei, weshalb nur die Ansprüche aus widerrechtlicher Aneignung fremden Guts die fragliche Begünstigung verdienen. Für die Ausdehnung lasse sich auch der Beschluß vom 27. September 1882 Prot. S. 1097—1099 (Zusammenstellung der beschlossenen Bestimmungen des Obligationenrechts § 180) anführen. Daß die Versagung des Kompensationsrechts in Rücksicht auf den Konkursfall von sehr eingreifender Wirkung werden könne, erscheine unerheblich.

In den Beratungen der ersten Kommission wurde also durchaus erwogen, den Sinn des justinianischen Aufrechnungsverbotes in der Vorbeugung unzulässiger Selbsthilfe zu erblicken und der Vorschrift des Bürgerlichen Gesetzbuches eine entsprechende Fassung zu geben. Nur in diesem Sinne kann der Antrag c) zum Antrag 1 verstanden werden, demzufolge das Aufrechnungsverbot gelautet hätte:

Die Aufrechnung findet nicht statt gegen Forderungen aus einer von dem Schuldner vorsätzlich begangenen unerlaubten Handlung, durch welche sich derselbe einen zu dem Vermögen des Gläubigers gehörigen Gegenstand zum Zwecke der Deckung verschafft hat.

Hiernach hätte das Aufrechnungsverbot ausschließlich für Fälle Geltung beansprucht, in denen ein Gläubiger gerade in der Absicht gehandelt hätte, sich ein Aufrechnungsobjekt von seinem Schuldner zu verschaffen. Der Antrag c) wurde jedoch abgelehnt, weil dem justinianischen Aufrechnungsverbot in C 4, 31, 14, 2 die Ratio der Vorbeugung unzulässiger Selbsthilfe „ohne Zweifel" nicht zugrunde gelegen habe. Denn zum einen sei das Aufrechnungsverbot unter dem Blickwinkel der unerlaubten Selbsthilfe überflüssig, da es als selbstverständlich zu erachten sei. Zum anderen erscheine die Verordnung in C 4, 31, 14, 2 für die Abwehr verbotener Selbsthilfe insbesondere deshalb zu eng, weil sie nur bei Besitzentziehungen eingreife. Hierbei dürfte in den Beratungen der ersten Kommission die als Bindeglied zur Selbsthilfe für das römische Recht maßgebliche Verordnung in C 8, 4, 7 (389) übersehen worden sein, die — eingefügt in das Recht des interdictum unde vi — eine Anknüpfung an Besitzentziehungen zwingend erfordert.

Stattdessen waren die Verfasser des Bürgerlichen Gesetzbuches der Ansicht, der Grund des Aufrechnungsverbotes bestehe „unverkennbar" darin, „daß dem Diebe und dem einem Diebe gleichzustellenden Übelthäter ausnahmsweise das Recht der Aufrechnung allgemein und schlechthin habe entzogen werden sollen". Hierbei wurde schlicht übersehen, daß dem Dieb und den sonstigen Deliktstätern die Aufrechnung gem. D 16, 2, 10, 2 gerade ausdrücklich erlaubt war. Über die Gründe, aus denen die Aufrechnung in den in Rede stehenden Fällen schlechthin zu versagen sei, hüllen sich die Protokolle der Beratungen der ersten Kommission in Schweigen. Manches spricht jedoch dafür, daß man mit dem Aufrechnungsverbot dessen Adressaten strafen wollte. Hieraus würde es sich jedenfalls erklären, daß ausdrücklich auf den Dieb und den einem Dieb gleichzustellenden Übeltäter abgehoben wurde, denen die Aufrechnung ganz allgemein zu entziehen sei. Der Strafzweck des Aufrechnungsverbotes würde außerdem die Beschränkung auf Vorsatztäter und die Ausdehnung auf alle unerlaubten Handlungen zwanglos erklären. Denn unter dem Gesichtspunkt der Strafe ist es in der Tat nicht einsichtig, warum nur bei Besitzentziehungen die Aufrechnung verboten sein soll und die gegenüber dem fahrlässig Handelnden gesteigerte Schuld des Vorsatztäters läßt die Beschränkung auf letzteren ohne weiteres als sinnvoll erscheinen.

Zusammenfassung

Die Vorschrift des § 393 BGB ist aus der justinianischen Verordnung in C 4, 31, 14, 2 hervorgegangen. Mit diesem Aufrechnungsverbot sollten im justinianischen Recht vermutlich Besitzschutzinterdikte privilegiert werden. Im Rahmen der Besitzschutzinterdikte war es insbesondere in solchen Fällen von konstitutiver Bedeutung, in denen ein Gläubiger seine Forderung eigenmächtig beigetrieben hatte. Die Ratio von C 4, 31, 14, 2 könnte demzufolge in der Vorbeugung unzulässiger Selbsthilfe bestanden haben.

Dieser Zweck des Aufrechnungsverbotes ist von den Glossatoren wohl nicht mehr erfaßt worden. Der Grund hierfür dürfte vor allem darin liegen, daß die Glossatoren bei ihren Bemühungen um eine homogene Auslegung des Rechts der Besitzschutzinterdikte sowie der über die Selbsthilfe verhängten Sanktionen unüberwindlichen Schwierigkeiten ausgesetzt waren.

Die Kommentatoren haben sodann die Verordnung in C 4, 31, 14, 2 mit der aus dem kanonischen Recht herrührenden actio spolii in Verbindung gebracht und das Aufrechnungsverbot mit dem Satz „spoliatus ante omnia est restituendus" erläutert. Nimmt man das „ante omnia" ernst, so bringt dieser Satz den Ausschluß sämtlicher petitorischer Einwendungen bei der possessorischen Spolienklage zum Ausdruck. Insoweit ist ihm ein gewisser Bezug zur Selbsthilfe immanent, weshalb die Kommentatoren den Sinn des Aufrechnungsverbotes darin erblickt haben könnten, der unzulässigen Selbsthilfe entgegenzuwirken.

Entsprechendes gilt auch für die Zeit des Usus modernus. Denn auch die Literatur des Usus modernus hat das justinianische Aufrechnungsverbot ganz überwiegend mit dem Satz „spoliatus ante omnia est restituendus" erläutert.

Mit Ausnahme des preußischen Allgemeinen Landrechts haben alle Aufklärungskodifikationen die Verordnung in C 4, 31, 14, 2 übernommen. Überwiegend assoziierte man die so entstandenen gesetzlichen Aufrechnungsverbote nach wie vor mit der Spolienklage.

Zumindest teilweise wurde die Ratio des Aufrechnungsverbotes in der Vorbeugung unzulässiger Selbsthilfe erblickt. Ausdrücklich ist dieser Gedanke wohl zum ersten Mal in Österreich von Franz v. Zeiller formuliert worden.

Die Pandektenliteratur des 19. Jahrhunderts ist sodann durch eine gewisse Abkehr von der Spolienklage gekennzeichnet. Dies dürfte nicht zuletzt auf Savignys entschiedenes Eintreten gegen jenes Rechtsinstitut zurückzuführen sein. Fast ausnahmslos wurde im 19. Jahrhundert schlicht formuliert, das in C 4, 31, 14, 2 statuierte Aufrechnungsverbot untersage die Kompensation gegenüber

Klagen bzw. Forderungen aus der widerrechtlichen Entziehung fremden Besitzes. Ganz ähnlich lauten die einschlägigen Vorschriften des Dresdener Entwurfs und des sächsischen BGB's.

Die Ratio der Vorbeugung unzulässiger Selbsthilfe wurde nicht aufgegriffen, wenn man von sporadischen Ausnahmen in Rechtsprechung und Literatur einmal absieht.

Einer der Gründe, die der Assoziierung des Aufrechnungsverbotes mit der unzulässigen Selbsthilfe entgegengestanden haben mögen, könnte in einem Dekret des Mark Aurel liegen, demzufolge der Gläubiger seine Forderung zur Strafe verlor, der sie gewaltsam durchzusetzen versucht hatte. Dieses Dekret stellte nämlich nach weit verbreiteter, wenn auch nicht unbestrittener Auffassung, vom Usus modernus bis weit in das 19. Jahrhundert hinein einen verbindlichen Bestandteil der Rechtsordnung dar. Büßte der Selbsthilfe übende Gläubiger seinen Anspruch aber ohnehin zur Strafe ein, so bestand für ein zusätzliches Aufrechnungsverbot kaum Raum.

Bei der Entstehung des Bürgerlichen Gesetzbuches wurde das Aufrechnungsverbot schließlich auf alle unerlaubten Handlungen ausgedehnt, aber auf vorsätzlich begangene beschränkt. Der Zweck des Aufrechnungsverbotes dürfte sich nach der Ansicht der Verfasser des Bürgerlichen Gesetzbuches in einer Bestrafung des Adressaten jenes Aufrechnungsverbotes erschöpft haben.

Daß die Ratio des Aufrechnungsverbotes in der Vorbeugung verbotener Selbsthilfe besteht, wurde in den Beratungen der ersten Kommission jedenfalls ausdrücklich bedacht und verneint.

Zweiter Teil

Die Bedeutung des § 393 BGB im geltenden Recht

Einleitung

§ 393 BGB ist im geltenden Recht nicht ohne praktische Bedeutung. Dies wird durch eine Reihe von gerichtlichen Entscheidungen bezeugt, die sich seit dem Inkrafttreten des Bürgerlichen Gesetzbuches mit § 393 BGB auseinandergesetzt haben.[1]

Im Schrifttum fand § 393 BGB bisher jedoch nur wenig Interesse. So gibt es keine Monographie und kaum Aufsätze, die das Aufrechnungsverbot gegenüber Ansprüchen aus vorsätzlich begangenen unerlaubten Handlungen zum Gegenstand haben.[2] In der Kommentar- und Lehrbuchliteratur wird der Anwendungsbereich von § 393 BGB außerdem weitgehend übereinstimmend geschildert, was für sich allein freilich keineswegs den Schluß auf die Richtigkeit des Gegenstandes jener Übereinstimmung rechtfertigt.

Kontrovers beantwortet wird im wesentlichen nur die Frage, ob § 393 BGB auch dann Anwendung findet, wenn nicht nur gegenüber, sondern auch mit einer Forderung aus vorsätzlich begangener unerlaubter Handlung aufgerechnet wird.[3]

---

[1] Zu diesen Entscheidungen zählen insbes.: RGZ 154, 334—339; RGZ 123, 6—8; RG DR 1941, S. 2401 f. m. Anm. v. Herschel; BGH, MDR 1980, S. 395; BGH, NJW 1977, S. 529 f.; BGH, LM Nr. 4 zu § 393; BGH, NJW 1967, S. 2012—2014; BGH, WM 1965, S. 346—348; BFH, JZ 1966, S. 186; BAG, NJW 1968, S. 565 f.; VGH Bad.-Württ., DÖD 1980, S. 62—66; BayObLG, MDR 1985, S. 231; OLG Celle, NJW 1981, S. 766 f.; OLG Celle, OLGZ 1969, S. 319—322; OLG Karlsruhe, MDR 1969, S. 483; OLG Neustadt, JR 1961, S. 25; OLG Dresden, Sächs. Arch. 1911, S. 105 f.; LG Stade, MDR 1958, S. 99.

[2] Vgl. vor allem: Deutsch, NJW 1981, S. 735 f.; Glötzner, MDR 1975, S. 718—721; Haase, JR 1972, S. 137—139; Herschel, aaO.

[3] *Bejahend:* RGZ 123, 6 (7); OLG Celle, NJW 1981, S. 766; Enneccerus/Lehmann, § 73 II. 2., S. 279; v. Feldmann, JuS 1983, S. 357 (361 Fn. 58); Gerhardt, in: Grundlagen des Vertrags- und Schuldrechts, 8. Kap. § 3 II. 5. a), S. 731 f.; Haase, JR 1972, S. 137 (139); Medicus, Schuldrecht I, § 26 II. 5. c), S. 125; MünchKomm/v. Feldmann, § 393 Rn. 1 b; Palandt/Heinrichs, § 393 Anm. 2) b); Soergel/R. Schmidt, § 393 Rn. 5; Staudinger/Kaduk, § 393 Rn. 35.

Verneinend: Blomeyer, Allgemeines Schuldrecht, § 40 VI. 2. a), S. 250; Erman/H. P. Westermann, § 393 Rn. 2; Fikentscher, § 39 III. 7. c), S. 206; Jauernig/Stürner, § 393 Anm. 1.; Larenz, Schuldrecht I, § 18 VI. b), S. 239; Lüke/Huppert, JuS 1971, S. 165 (167); StudK/Lüderitz, § 393 Anm. 3.; E. Wolf, § 8 F. II. d) 2. cc), S. 410.

Differenzierend: LG Stade, MDR 1958, S. 99; Brox, Allgemeines Schuldrecht, § 15 V. 2. a),

Will man diese und andere bei der Untersuchung der Bedeutung von § 393 BGB im geltenden Recht zu erörternde Fragen zufriedenstellend beantworten, so erscheint es naheliegend, zunächst den Zweck von § 393 BGB zu ermitteln. Der Zweck einer Vorschrift stellt nämlich nach einhelliger oder jedenfalls weit verbreiteter Ansicht in der modernen Literatur zur Gesetzesauslegung eines der wichtigsten, wenn nicht sogar überhaupt das maßgebliche Kriterium der Auslegung dar.[4]

Daher soll zunächst in einem eigenen Kapitel lediglich der Frage nachgegangen werden, worin der Zweck des § 393 BGB zu erblicken ist. Unter Zugrundelegung des hierbei gewonnenen Ergebnisses sollen anschließend in einem zweiten Kapitel der Anwendungsbereich von § 393 BGB und sodann in einem dritten Kapitel eine Reihe von Einzelfragen zur Bedeutung von § 393 BGB im geltenden Recht untersucht werden.

Rn. 189; Deutsch, NJW 1981, S. 735; RGRK/Weber, § 393 Rn. 7 vgl. zu diesem Streit im übrigen unten 2. Teil, 3. Kap., I.

[4] In diesem Sinne etwa: Brox, Allgemeiner Teil, § 3 II. 1. b), Rn. 62; Hübner, § 6 III. 3., Rn. 63; Medicus, Allgemeiner Teil, § 24 I. 1. b), Rn. 308; MünchKomm/Säcker, Einl. Rn. 128 f.; Sattelmacher/Sirp, S. 34; Staudinger/Coing, Einl. Rn. 150.

1. Kapitel

Der Zweck des § 393 BGB

I. Einleitung

Fragt man nach dem Zweck von § 393 BGB im geltenden Recht, so stößt man in Rechtsprechung und Literatur ganz überwiegend auf große Unsicherheit und Widersprüche. Dem soll anhand einer Reihe von exemplarischen Zitaten aus Rechtsprechung und Literatur kurz nachgegangen werden, bevor die diskussionswürdigen Vorschläge für eine Zweckbestimmung bei § 393 BGB zu erörtern sind.

II. Die Rechtsprechung

Bezeichnend für die unklare Haltung der Rechtsprechung ist etwa folgende Formulierung in einem Urteil des LG Stade vom 25.2.1951[1]:

> Der Gesetzgeber wollte mit der Ausnahmevorschrift des § 393 BGB bewirken, daß der durch vorsätzliche unerlaubte Handlung Geschädigte bevorzugt Befriedigung erhält.

Zwar ist es nicht zu leugnen, daß das in § 393 BGB statuierte Aufrechnungsverbot eine Privilegierung der Ansprüche aus vorsätzlich begangener unerlaubter Handlung bedeutet, aber auf die entscheidende Frage nach dem Grund dieser Privilegierung ist das LG mit keinem Wort eingegangen.

Nur scheinbar deutlicher hat das OLG Karlsruhe in einem Urteil vom 13.11.1968[2] ausgeführt:

> Die Bevorzugung der Ansprüche aus unerlaubter Handlung hat ihren Grund darin, daß der gestörte Rechtsfriede durch Wiedergutmachung wiederhergestellt werden soll, ohne daß es dem Verletzten zugemutet wird, sich vor Erfüllung des Wiedergutmachungsanspruchs wegen Forderungen anderer Art mit dem Schuldner auseinanderzusetzen (RGZ 154, 339).

Ganz abgesehen von dem diffusen Hinweis auf die „Forderungen anderer Art“ erschöpft sich auch diese Formulierung im Grunde in einer umständlichen Paraphrase der Rechtsfolge des § 393 BGB. Die entscheidende Frage, warum denn dem Verletzten nicht zugemutet werden kann, sich vor Erfüllung des Wiedergutmachungsanspruchs wegen Forderungen anderer Art mit dem

---

[1] MDR 1958, S. 99.

[2] MDR 1969, S. 483.

Schuldner auseinanderzusetzen, hat das OLG sich nicht einmal gestellt. Diese Unsicherheit der Rechtsprechung wird noch augenfälliger, wenn man in Rechnung stellt, daß das OLG Karlsruhe bei seiner „Zweckbestimmung“ ausdrücklich auf eine Entscheidung des Reichsgerichts vom 20.4.1937 Bezug genommen hat. Dort hieß es aber noch[3]:

> Der Anspruch aus einer unerlaubten Handlung sollte dadurch bevorzugt werden, daß zunächst der gestörte Rechtsfriede durch Wiedergutmachung wiederhergestellt wird, ohne daß dem Verletzten zugemutet werden soll, sich vor Erfüllung des Wiedergutmachungsanspruchs wegen einer Forderung anderer Art mit dem Schuldner auseinanderzusetzen.

Während das Reichsgericht mit der Formulierung: „Der Anspruch sollte *dadurch* bevorzugt werden, ...“ sich auf eine Schilderung der mit § 393 BGB bewirkten Privilegierung beschränkte, glaubte das OLG Karlsruhe offenbar, diese Folgen des Aufrechnungsverbotes auch schon als dessen Zweck deklarieren zu können.

Auch neuere Gerichtsentscheidungen sind für den der Vorschrift des § 393 BGB im geltenden Recht beizumessenden Zweck nicht aufschlußreicher. So heißt es in einem jüngst veröffentlichten Beschluß des Bayerischen Obersten Landesgerichts[4]:

> Das Aufrechnungsverbot soll dazu beitragen, daß der durch eine vorsätzliche unerlaubte Handlung Geschädigte in angemessener Frist — ohne Erörterung von Gegenansprüchen des Schädigers — zu seinem Recht kommt.

Zwar stellt das Gericht beim Zweck des § 393 BGB ausdrücklich auf eine „angemessene Frist“ und damit wohl auf eine Verhinderung von Prozeßverlängerungen ab, aber ob im konkreten Fall eine solche Verzögerung infolge der erklärten Aufrechnung überhaupt drohte, wird nicht gesagt. Daß das Bayerische Oberste Landesgericht in seinem Beschluß anders entschieden hätte, wenn der Gegenanspruch der beklagten juristischen Person in der justinianischen Terminologie liquide, eine Prozeßverlängerung also gar nicht zu besorgen gewesen wäre, ist kaum anzunehmen. Gilt das Aufrechnungsverbot des § 393 BGB aber für alle Forderungen aus vorsätzlich begangener unerlaubter Handlung ohne Rücksicht auf deren Liquidität, so wird durch § 393 BGB nicht einmal eine Verhinderung von Prozeßverlängerungen bewirkt. Aber selbst wenn diese Verhinderung von Prozeßverzögerungen tatsächlich die Folge von § 393 BGB wäre, so würde sich doch immer noch die Frage stellen, aus welchem Grunde gerade die Prozesse wegen Ansprüchen aus vorsätzlich begangener unerlaubter Handlung beschleunigt abzuwickeln sind. Dieser Frage ist aber das Bayerische Oberste Landesgericht anscheinend ausgewichen.

---

3 RGZ 154, 334 (339).

4 MDR 1985, S. 231.

Sehr unklar heißt es schließlich auch in einem Urteil des OLG Celle vom 9.6.1980[5]:

> Der Sinn der Vorschrift, die erreichen will, daß der aus einer unerlaubten Handlung Geschädigte auch tatsächlich entschädigt wird, gebietet ...

Bei dieser Formulierung fragt es sich zunächst, was mit der angeblich bezweckten „tatsächlichen Entschädigung" gemeint ist. An die Naturalrestitution gem. § 249 S. 1 BGB wird das Gericht wohl kaum gedacht haben, da andernfalls alle Fälle ausgeklammert würden, in denen Schadensersatz in Geld gem. §§ 249 S. 2, 250 S. 2 BGB oder gem. § 251 Abs. 1 und 2 BGB geleistet wird. Daher wollte das OLG mit dem Abheben auf die tatsächliche Entschädigung vermutlich lediglich zum Ausdruck bringen, daß der Gläubiger einer Forderung aus vorsätzlich unerlaubter Handlung sich nicht mit dem Erfüllungssurrogat der Aufrechnung begnügen muß. Daß aber das Aufrechnungsverbot des § 393 BGB erreichen will, daß keine Aufrechnung stattfindet, ist ebenso richtig wie selbstverständlich. Außerdem ist zu bedenken, daß sich ansonsten insbesondere in der Rechtsprechung die Auffassung findet, die Erfüllung gem. § 362 Abs. 1 BGB und die Aufrechnung gem. §§ 387 ff. BGB seien durchaus äquivalent.[6] Aus der Sicht des OLG Celle hätte deshalb die Frage besonders nahe gelegen, warum es an diesem Äquivalenzverhältnis bei Ansprüchen aus vorsätzlich begangener unerlaubter Handlung fehlt, so daß in diesen Fällen eine „tatsächliche Entschädigung" des Gläubigers geboten ist.

Zusammenfassend ist festzuhalten, daß die Rechtsprechung die Frage nach dem Sinn des § 393 BGB entweder gar nicht stellt oder jedenfalls nicht beantwortet, sondern sich regelmäßig mit einer mehr oder weniger gelungenen Paraphrase der Rechtsfolge des § 393 BGB begnügt. Erwähnenswert ist nur noch, daß der BGH sich soweit ersichtlich bisher noch nicht um eine Formulierung des nach seiner Ansicht der Vorschrift des § 393 BGB zugrunde liegenden Zwecks bemüht hat.

III. Das Schrifttum

Auch im Schrifttum sind befriedigende Antworten auf die Frage nach dem Zweck des § 393 BGB kaum zu finden. Dies ist wenig verwunderlich, da die einschlägigen Formulierungen oftmals mit denen der Rechtsprechung zumindest sinngemäß übereinstimmen. So heißt es etwa bei Jauernig/Stürner § 393 Anm. 1. a):

> *Zweck.* Deliktsgläubiger sollen Ersatz verlangen, ohne Prozeßverlängerung (vgl. § 387 Anm. 5) oder Erfüllungssurrogat hinnehmen zu müssen.

---

[5] NJW 1981, S. 766.

[6] So etwa: BGH, NJW 1975, S. 1119 (1120).

Dies ist schon deshalb unzutreffend, weil nicht alle Deliktsgläubiger, sondern nur solche, denen Forderungen aus vorsätzlich begangenen unerlaubten Handlungen zustehen, durch § 393 BGB begünstigt sind. Hinsichtlich der Verhinderung angeblicher Prozeßverlängerungen kann im übrigen auf das oben[7] zum Beschluß des Bayerischen Obersten Landesgerichts Gesagte verwiesen werden.

Dies gilt auch für Palandt/Heinrichs § 393 Anm. 1) a):

> § 393 soll dazu beitragen, daß der durch eine vorsätzliche unerlaubte Handlung Geschädigte in angemessener Frist — ohne Erörterung von Gegenansprüchen des Schädigers — zu seinem Recht kommt.

und StudK/Lüderitz § 393 Anm. 1:

> *Zweck.* Deliktsgläubiger sollen Ersatz erhalten, ohne Prozeßverlängerung (§ 387 Anm. I 1) befürchten und Erfüllungssurrogat entgegennehmen zu müssen.

An die vom OLG Celle beschworene „tatsächliche Entschädigung" des Gläubigers erinnern die Formulierungen bei RGRK/Weber § 393 Rn. 1:

> Der Schuldner einer solchen Forderung soll den angerichteten Schaden durch wirkliche Ersatzleistung wiedergutmachen (RGZ 167, 257, 259) ...

und Soergel/R. Schmidt § 393 Rn. 1:

> Gegen eine Forderung aus einer vorsätzlich begangenen unerlaubten Handlung ist keine Aufrechnung zulässig, weil der Schuldner in diesem Falle den Schadensersatz tatsächlich leisten soll.

Auch im Schrifttum wird also oftmals gar nicht die Frage nach dem Zweck des § 393 BGB beantwortet, sondern stattdessen die Rechtsfolge dieser Vorschrift geschildert. Dies ist besonders deutlich bei Staudinger/Kaduk § 393 Rn. 1:

> Die Aufgabe dieser gesetzlichen Regelung besteht vor allen Dingen darin, dem aus einer vorsätzlich begangenen unerlaubten Handlung Ersatzberechtigten die Möglichkeit zu erhalten, seine Ansprüche durchzusetzen, ohne sich einen Erfüllungsersatz durch Aufrechnung aufnötigen lassen zu müssen.

sowie Erman/H. P. Westermann § 393 Rn. 1:

> Zweck des § 393 ist es, dem aus vorsätzlich unerlaubter Handlung Ersatzberechtigten die Möglichkeit zu geben, seine Ansprüche durchzusetzen, ohne daß ihm der Erfüllungsersatz der Aufrechnung aufgezwungen werden kann.

Die Verwechslung von Zweck und Rechtsfolge des § 393 BGB ist unverkennbar. So unzweifelhaft nämlich § 393 BGB ein Aufrechnungsverbot statuiert, so wenig kann sich der Zweck dieses Aufrechnungsverbotes eben in der Verhinderung der Aufrechnung erschöpfen.

Etwas aus dem Rahmen fällt in der Kommentarliteratur lediglich Münch Komm/v. Feldmann § 393 Rn. 1:

---

[7] 2. Teil, 1. Kap., II.

Sie (scil.: die Vorschrift) versagt dem aus einer vorsätzlich unerlaubten Handlung Verpflichteten die Aufrechnung gegenüber dem Geschädigten aus sittlichen und sozialen Gründen ...[8]

Worin aber diese nur floskelhaft bemühten sittlichen und sozialen Gründe konkret bestehen sollen, wird nicht mitgeteilt. So fragt es sich denn auch nach dieser „Zweckbestimmung", warum zwar die Aufrechnung gegenüber Ansprüchen aus vorsätzlich, nicht aber aus fahrlässig begangenen unerlaubten Handlungen unsittlich oder unsozial sein soll.

Überwiegend wird also im Schrifttum die Frage nach der Ratio von § 393 BGB ebensowenig beantwortet wie in der Rechtsprechung. Stattdessen finden sich nur unterschiedliche Beschreibungen der Rechtsfolgen des Aufrechnungsverbotes.

IV. Denkbare Lösungen

Wenn auch die bisherigen Ausführungen den Anschein erwecken mögen, als sei die Frage nach dem Zweck des § 393 BGB noch gar nicht beantwortet, so darf dies doch nicht darüber hinwegtäuschen, daß durchaus schon einige konkrete Vorschläge für die Bestimmung der Ratio des § 393 BGB gemacht wurden.

1. Straffunktion

Eine Straffunktion wird der Vorschrift des § 393 BGB ausdrücklich — soweit ersichtlich — lediglich von Gernhuber beigemessen, der ausführt[9]:

Die Norm will dem Gläubiger einer sonst uneinbringlichen Forderung die Möglichkeit einer „Befriedigung" durch Aufrechnung mit einer planmäßig geschaffenen Schuld nehmen. Sie will aber auch durch Zwang zur Effektiverfüllung strafen.

Während Gernhuber also im ersten Satz anscheinend die Auffassung vertritt, § 393 BGB solle der unzulässigen Selbsthilfe vorbeugen,[10] läßt er anschließend keinen Zweifel daran aufkommen, daß § 393 BGB zumindest auch eine Straffunktion zukommt. Eine Begründung für diese Ansicht bleibt Gernhuber jedoch schuldig. Lediglich erläuternd führt er nach der oben zitierten Passage aus[11]:

Deshalb hindert sie (scil. die Vorschrift) nur denjenigen, der vorsätzlich handelte, und beschränkt sich auf die Haftung aus Delikt.

---

[8] Ähnlich schon RG, LZ 1912, Sp. 71 Nr. 23.

[9] Gernhuber, Die Erfüllung und ihre Surrogate, § 12 IV. 3., S. 237 f.; Ähnliches klingt etwa auch in der Entscheidung des OLG Celle, in OLGZ 1969, S. 319 (321) an, wo das Gericht auf die besondere „Verwerflichkeit" der vorsätzlichen unerlaubten Handlung abhebt.

[10] Vgl. dazu unten 2. Teil, 1. Kap., IV. 2.

[11] Gernhuber, aaO., S. 238.

Die betonte Beschränkung auf Ansprüche aus vorsätzlich begangenen Handlungen erscheint wegen der grundsätzlich größeren Schuld des Vorsatztäters vom Boden der Straffunktion aus auf den ersten Blick noch plausibel. Bei näherem Zusehen resultieren jedoch aus der im Zivilrecht weitgehend vertretenen Vorsatztheorie[12] Bedenken. Zumindest für die Fälle des vermeidbaren Erlaubnistatbestandsirrtums ist nämlich eine gegenüber den „normalen" Fahrlässigkeitsdelikten gesteigerte Schuld nicht auszumachen.

Weitaus weniger leuchtet zudem der Hinweis von Gernhuber ein, gerade wegen der Straffunktion sei das Aufrechnungsverbot auf deliktische Ansprüche begrenzt. Daß insbesondere vorsätzliche Vertragsverletzungen weniger „strafwürdig" sind als vorsätzlich begangene unerlaubte Handlungen i.S.d. §§ 823 ff. BGB bedürfte erst der Begründung. Man wird sogar eher umgekehrt argumentieren können und im Hinblick auf die mit dem Vertragsverhältnis vorhandene Vertrauensbasis einen gegenüber der deliktischen Handlung gesteigerten Unrechtsgehalt und damit eine erhöhte „Strafwürdigkeit" der vorsätzlichen Vertragsverletzung behaupten dürfen. Ganz abgesehen von derartigen Ungereimtheiten fragt es sich, ob es im Grundsatz zu rechtfertigen ist, der zivilrechtlichen Vorschrift des § 393 BGB einen Strafcharakter zuzusprechen.

Zur Begründung könnte man sich allenfalls auf die Materialien zum Bürgerlichen Gesetzbuch berufen. Wie oben ausgeführt,[13] gingen möglicherweise auch die Verfasser des Bürgerlichen Gesetzbuches davon aus, der Täter einer vorsätzlichen unerlaubten Handlung müsse durch ein Aufrechnungsverbot bestraft werden. Allerdings beruhten die Erwägungen der Väter des Bürgerlichen Gesetzbuches auf einer fragwürdigen Deutung der Quellen.[14]

Davon abgesehen erscheint es jedoch von vornherein als äußerst zweifelhaft, ob im Bereich des Zivilrechts die Postulierung eines Strafzwecks überhaupt statthaft ist. Gegenüber „Strafvorschriften" im Zivilrecht bestehen nämlich erhebliche rechtsstaatliche Bedenken.

Dies wird in besonderem Maße deutlich, wenn man sich den Streit um die Genugtuungsfunktion des Schmerzensgeldes vor Augen führt.

Während die Rechtsprechung mit Teilen der Literatur nach wie vor an der Genugtuungsfunktion des Schmerzensgeldes festhält,[15] lehnt das inzwischen

---

[12] RGZ 72, 4 (6); BGH, NJW 1951, S. 546 (547); BGH, NJW 1965, S. 962 (963); BGH, NJW 1985, S. 134 (135); Brox, Allgemeines Schuldrecht, § 19 I. 2. b), Rn. 218; Buchner/Roth, S. 48; Erman/Battes, § 276 Rn. 18; Fikentscher, § 53 IV. 1. b), S. 323; Jauernig/Vollkommer, § 276 Anm. II. 1. a); Larenz, Schuldrecht I, § 20 II., S. 259 f.; Medicus, Schuldrecht I, § 29 III. 1. b), S. 141; RGRK/Alff, § 276 Rn. 12; Weitnauer, VersR 1970, S. 585 (591); a.A. und für die Schuldtheorie: BAG, NJW 1954, S. 1702 (1704); Enneccerus/Nipperdey, § 210 I. 2., S. 1302; MünchKomm/Hanau, § 276 Rn. 58.

[13] 1. Teil, 4. Kap., IV.

[14] Vgl. oben 1. Teil, 4. Kap., IV.

[15] BGH, NJW 1976, S. 1147 (1148); BGHZ 35, 363 (369); BGHZ 18, 149 (154); OLG Düsseldorf, VersR 1975, S. 1152 (1153); OLG Düsseldorf, NJW 1974, S. 1289; Deutsch, JuS

wohl überwiegende Schrifttum eine Genugtuungsfunktion des Schmerzensgeldes ab.[16] Die Kritik an der Genugtuungsfunktion resultiert dabei insbesondere aus der Überlegung, ein geldwerter Anspruch auf Genugtuung komme einer unzulässigen Privatstrafe gleich.[17] So ist im Zusammenhang mit der Genugtuungsfunktion von einem „Rückfall in die Rechtsauffassungen einer archaischen Entwicklungsstufe",[18] von einem „Import strafrechtlicher Wertungen in das Zivilrecht"[19] und dgl. die Rede.

Die verfassungsrechtlichen Bedenken gegen die Zubilligung eines Schmerzensgeldes liegen, soweit es im Hinblick auf die Genugtuungsfunktion als Privatstrafe charakterisiert wird, auf der Hand.

So wäre etwa der durch Art. 103 Abs. 3 GG verbürgte Grundsatz „ne bis in idem" verletzt, wollte man ein als Privatstrafe zu qualifizierendes Schmerzensgeld akzeptieren.[20] Bei einer Körperverletzung z.B. könnte der Täter sowohl vom Strafrichter gem. § 223 StGB, als auch vom Zivilrichter gem. § 847 BGB zu einer Strafe verurteilt werden. Außerdem ließe sich das Schmerzensgeld im Sinne einer Privatstrafe schwerlich mit dem durch Art. 103 Abs. 2 GG garantierten Satz „nulla poena sine lege" vereinbaren.[21] Denn zum einen ist in den §§ 823 ff. BGB von Strafmaßnahmen jedenfalls ausdrücklich nicht die Rede. Zum anderen wäre der Tatbestand des § 847 BGB zumindest seit der Einbeziehung des allgemeinen Persönlichkeitsrechts für eine Strafvorschrift zu unbestimmt. Ferner sind „Strafvorschriften" im Zivilrecht auch insbesondere deshalb fragwürdig, weil die Ausgestaltung des Zivilprozesses nach geltendem Recht zahlreichen besonderen strafprozessualen Rechtsgarantien nicht gerecht zu werden vermag.[22] Dies erhellt ohne weiteres, wenn man nur an das Säumnisverfahren, das Anerkennt-

---

1969, S. 197 (201 ff.); Meyer, JuS 1975, S. 87 (89); Palandt/Thomas, § 847 Anm. 1) b); Soergel/Zeuner, § 847 Rn. 12; Staudinger/Schäfer, § 847 Rn. 9.

[16] Baumann/Weber, § 4 I. 3., S. 44; Bötticher, MDR 1963, S. 353 (359 f.); Ebel, VersR 1978, S. 204 (205); Esser/Weyers, § 61 II. 1. b), S. 522 f.; Hirsch, FS Engisch, S. 304 (306 ff.); H. Honsell, VersR 1974, S. 205 f.; Hupfer, NJW 1976, S. 1792 f.; MünchKomm/Mertens, § 847 Rn. 3; MünchKomm/Schwerdtner, § 12 Rn. 295 f.; Niemeyer, NJW 1976, S. 1792; Pecher, AcP 171 (1971), S. 44 (70 f.), der jedoch aaO., S. 76 f. die Genugtuungsfunktion bei der Verletzung des allgemeinen Persönlichkeitsrechts zum Zuge kommen lassen will, wo er eine gesetzliche Regelung fordert, die den angestrebten Rechtsschutz als Privatstrafe ausweist; i.E. ähnlich Köndgen, § 7, S. 82—121; vgl. zur Genugtuungsfunktion in rechtsvergleichender Hinsicht Stoll, FS Rheinstein, Bd. II, S. 569—590.

[17] Baumann/Weber, § 4 I. 3., S. 44; Bötticher, MDR 1963, S. 353 (359 f.); Ebel, VersR 1978, S. 204 (205); Hirsch, FS Engisch, S. 304 (306 ff.); H. Honsell, VersR 1974, S. 205 f.; Hupfer, NJW 1976, S. 1792 (1793); Köndgen, § 7, S. 82—121; MünchKomm/Mertens, § 847 Rn. 2; MünchKomm/Schwerdtner, § 12 Rn. 295 f.; Niemeyer, NJW 1976, S. 1792; Bedenken auch bei Lange, Schadensersatz, § 7 IV. 2., S. 266 und hier auch bei Gernhuber, Bürgerliches Recht, § 43 II. 2. b), S. 365.

[18] H. Honsell, VersR 1974, S. 205.

[19] Ebel, VersR 1978, S. 204 (205).

[20] Hirsch, FS Engisch, S. 304 (325).

[21] Hirsch, aaO., S. 326; Bötticher, MDR 1963, S. 353 (359).

[22] Baumann/Weber, § 4 I. 3., S. 44; Hirsch, FS Engisch, S. 304 (327).

nisurteil und die Dispositionsmaxime des Zivilprozesses denkt oder wenn man etwa den zivilrechtlichen Beweislastregeln den strafrechtlichen Grundsatz „in dubio pro reo“ gegenüberstellt. Beispiele dieser Art ließen sich nahezu beliebig vermehren und so verwundert es denn auch nicht, wenn heutzutage wohl von niemandem ernstlich behauptet wird, zivilrechtlichen Vorschriften könnte der Zweck beigemessen werden, im Sinne des Art. 103 Abs. 2 und 3 GG zu strafen. Dies zeigt sich gerade auch bei dem Streit um die Genugtuungsfunktion des Schmerzensgeldes. Denn auch deren Befürworter stellen — ob zu Recht oder nicht, kann hier offenbleiben — ausdrücklich klar, bei der Genugtuungsfunktion möge zwar etwas von dem Charakter der Buße mitschwingen, aber eine Privatstrafe stelle das Schmerzensgeld deshalb keineswegs dar.[23] Dementsprechend hat auch das BVerfG die Anwendung von § 847 BGB auf das allgemeine Persönlichkeitsrecht als mit Art. 103 Abs. 2 GG vereinbar angesehen, weil dem Schmerzensgeld insoweit zwar pönale Elemente nicht ganz fremd seien, es aber noch keine Strafe im Sinne jener Verfassungsbestimmung darstelle.[24]

Aber selbst wenn man trotz alledem entgegen der hier vertretenen Ansicht der Auffassung wäre, auch zivilrechtlichen Vorschriften könne mitunter ein Strafzweck zukommen, so kann dies doch gerade im Falle des § 393 BGB keine Geltung beanspruchen. Denn bei der Vorschrift des § 393 BGB lassen sich kaum befriedigende Antworten auf die Fragen finden, worin das angebliche Strafübel besteht und aus welchem Grunde die „Strafe des Aufrechnungsverbotes“ verhängt werden soll.

Zur Verdeutlichung möge folgender Fall dienen:

Beispiel 1
A hat B ein Darlehen gewährt. Eines Nachts beschädigt A mutwillig ein Fahrrad ohne zu wissen, daß es sich um das des B handelt.

Einer Aufrechnung des A gegenüber dem Schadensersatzanspruch des B aus § 823 Abs. 1 BGB mit der Darlehensforderung steht die Vorschrift des § 393 BGB ihrem Wortlaut zufolge entgegen, da A das Fahrrad vorsätzlich beschädigte. Das Aufrechnungsverbot, so könnte man meinen, treffe A auch ganz zu Recht, weil die vorsätzliche Beschädigung des Fahrrades ein Unrecht darstelle, das gesühnt werden müsse. Dem ist jedoch entgegenzuhalten, daß die Sühne für das von A begangene Unrecht bereits durch eine Verurteilung wegen Sachbeschädigung gem. § 303 StGB erfolgt, wenn gem. § 303 c StGB ein Strafantrag gestellt oder das öffentliche Interesse an der Strafverfolgung bejaht wird.

Wird nun A etwa zu einer Geldstrafe verurteilt, so fragt es sich, aus welchen Gründen es einer zusätzlichen zivilrechtlichen Ahndung bedarf. Dies wird noch deutlicher, wenn man annimmt, A habe B im Beispielsfall das Darlehen erst nach der Beschädigung des Fahrrades gewährt. Wegen Sachbeschädigung wäre A

[23] BGH, NJW 1976, S. 1147 (1148); BGHZ 18, 149 (151); Soergel/Zeuner, § 847 Rn. 12.
[24] BVerfGE 34, 269 (293).

natürlich nach wie vor gem. § 303 StGB zu bestrafen. Aber stellt man auf den Zeitpunkt der Beschädigung des Fahrrades ab, so ist für das Aufrechnungsverbot kein Raum, weil die Darlehensforderung noch gar nicht existierte, mithin keine Aufrechnungslage bestand. Die Sanktion des Aufrechnungsverbotes würde sich für A also nicht schon wegen der von ihm begangenen Untat, sondern nur deshalb auswirken, weil er dem B obendrein später ein Darlehen gewährt hat. Warum ein zivilrechtliches Sühnebedürfnis aber nicht schon mit der Sachbeschädigung, sondern erst mit der späteren Darlehensgewährung entstehen soll, ist nicht nachvollziehbar.

Aber selbst wenn es einer zusätzlichen zivilrechtlichen Ahndung des von A im Beispielsfall begangenen Unrechts bedürfte, so könnte dem mit der Vorschrift des § 393 BGB gar nicht Rechnung getragen werden. Denn allein aufgrund des Aufrechnungsverbotes büßt die Darlehensforderung für A ihren Wert nicht ein. Nur in dem Ausnahmefall der Insolvenz des B bedeutet das Aufrechnungsverbot für A einen wirtschaftlichen Verlust in der Höhe, in der sich seine Darlehensforderung mit dem Schadensersatzanspruch des B deckt. Ist B hingegen zahlungsfähig, so muß A zwar auf der Rückzahlung des Darlehens bestehen, anstatt sich der einfacheren Tilgungsmodalität der Aufrechnung bedienen zu können, aber wirtschaftlich entsteht ihm bei Anwendung des § 393 BGB kein Nachteil. Regelmäßig, d.h. für den Fall der Solvenz seines Schuldners, wird dem Adressaten von § 393 BGB durch das Verbot der Aufrechnung gar kein „Strafübel“ auferlegt. Bewirkt aber § 393 BGB in aller Regel nicht einmal eine Bestrafung des Täters einer vorsätzlich begangenen unerlaubten Handlung, so läßt sich der Vorschrift schwerlich eine Straffunktion beimessen.

Gernhubers Ansicht, § 393 BGB wolle durch den Zwang zur Effektiverfüllung strafen, stößt jedoch noch auf weitere Bedenken. Wie bereits angedeutet, ist es nämlich unter dem Gesichtspunkt der Straffunktion wenig einleuchtend, daß zwar vorsätzlich begangene unerlaubte Handlungen, nicht aber vorsätzlich begangene Vertragsverletzungen der Sanktion des § 393 BGB unterworfen sind. Hierzu folgendes

Beispiel 2
A hat seinem langjährigen Geschäftspartner B ein Darlehen gewährt, das dieser bei Fälligkeit nicht zurückzahlt. Darüber verärgert, liefert A dem B aufgrund eines entsprechendere Kaufvertrages 10 Tonnen Stahlblech, allerdings nicht solches von mittlerer Art und Güte, sondern besonders minderwertiges. B verweigert die Abnahme sowie die Zahlung des Kaufpreises, aber er erleidet einen Schaden, da er das Stahlblech bereits weiterverkauft hat und zur Erfüllung dieses Kaufvertrages nunmehr außerstande ist.

Macht B nun Schadensersatzansprüche geltend, so steht einer Aufrechnung des A mit der Darlehensforderung nichts im Wege. Denn eine unerlaubte Handlung im Sinne der §§ 823 ff. BGB hat A nicht begangen, so daß § 393 BGB seinem Wortlaut nach keine Anwendung findet. Warum nun aber soll A im ersten, nicht aber im zweiten Beispiel der „Strafe“ des § 393 BGB unterworfen werden? Wenn

A überhaupt in einem der beiden Fälle strafwürdiger erscheint, dann doch eher im zweiten Beispiel. Zwar ist hier im Unterschied zum ersten Beispiel kein Strafgesetz verletzt, aber dies ist für die unerlaubte Handlung im Sinne des § 393 BGB auch nicht erforderlich[25] und als Unrecht ist die Vertragsverletzung allemal zu qualifizieren.[26] Was das Verhalten des A im zweiten Beispiel in einem erhöhten Maße „strafwürdig" erscheinen läßt, ist der in der Vertragsverletzung liegende Vertrauensbruch. Gleichwohl soll einer Aufrechnung des A im zweiten Beispiel nicht die Vorschrift des § 393 BGB entgegenstehen, ein unter dem Gesichtspunkt der angeblichen Straffunktion ungereimtes Ergebnis.

Bei näherem Zusehen vermag aber nicht einmal die Beschränkung des Aufrechnungsverbotes auf Vorsatztäter zu überzeugen, soweit man § 393 BGB eine Straffunktion beimißt. Nicht außer acht gelassen werden darf nämlich die im Zivilrecht weitgehend vertretene Vorsatztheorie,[27] derzufolge jeder Verbotsirrtum ungeachtet seiner Vermeidbarkeit zum Vorsatzausschluß führt.[28]

Vertritt man die Auffassung, § 393 BGB habe den Zweck zu strafen, so leuchtet die Beschränkung der Vorschrift auf Vorsatztäter nicht recht ein. Hierzu folgendes

Beispiel 3
A hat B ein Darlehen gewährt, dessen Rückzahlung dieser bei Fälligkeit verweigert. Daraufhin entwendet A bei B eine Vase und veräußert sie. Später läßt A sich unwiderleglich dahin ein, er habe angesichts der hartnäckigen Zahlungsverweigerung des B geglaubt, zur eigenmächtigen Forderungsbeitreibung befugt zu sein.

Der von A gegenüber dem auf einen Fahrlässigkeitsvorwurf gestützten Schadensersatzanspruch des B erklärten Aufrechnung steht § 393 BGB seinem Wortlaut nach und unter Zugrundelegung der Vorsatztheorie nicht entgegen. Denn der Verbotsirrtum, dem A erlegen war, schließt trotz seiner Vermeidbarkeit den Vorsatz aus. A fällt demnach keine vorsätzlich begangene unerlaubte Handlung im Sinne des § 393 BGB zur Last. Sein Verhalten ist aber gleichwohl strafwürdig, was sich schon daran zeigt, daß der Irrtum im Strafrecht seinen Vorsatz unberührt läßt, da sich dort die Geltung der Schuldtheorie aus § 17 StGB

---

25 RG, WarnRspr. 1911 Nr. 69; Erman/H. P. Westermann, § 393 Rn. 2; Gernhuber, Die Erfüllung und ihre Surrogate, § 12 VI. 3., S. 238 Fn. 75; Oertmann, § 393 Anm. 2.; Palandt/Heinrichs, § 393 Anm. 2) a); RGRK/Weber, § 393 Rn. 2; Staudinger/Kaduk, § 393 Rn. 10.

26 Vgl. etwa Blomeyer, Allgemeines Schuldrecht, § 24 II. 1. b), S. 120; Fikentscher, § 52 I. 2., S. 316; MünchKomm/Hanau, § 276 Rn. 29; Staudinger/Löwisch, § 276 Rn. 8.

27 RGZ 72, 4 (6); BGH, NJW 1985, S. 134 (135); BGH, NJW 1965, S. 962 (963); BGH, NJW 1951, S. 546 (547); Erman/Battes, § 276 Rn. 18; Fikentscher, § 53 IV. 1. b), S. 323; Brox, Allgemeines Schuldrecht, § 19 I. 2. b), Rn. 218; Buchner/Roth, S. 48; Jauernig/Vollkommer, § 276 Anm. II. 1. a); Larenz, Schuldrecht I, § 20 II., S. 259 f.; Medicus, Schuldrecht I, § 29 III. 1. b), S. 141; RGRK/Alff, § 276 Rn. 12; Weitnauer, VersR 1970, S. 585 (591); a.A. und für die Schuldtheorie: BAG, NJW 1954, S. 1702 (1704); Enneccerus/Nipperdey, § 210 I. 2., S. 1302; MünchKomm/Hanau, § 276 Rn. 58.

28 Buchner/Roth, S. 47 f.; Jauernig/Vollkommer,` 276 Anm. II. 2. a); Larenz, Schuldrecht I, § 20 II., S. 259.

ergibt.[29] Da der Verbotsirrtum im übrigen auch vermeidbar war, ist A gem. § 242 StGB wegen Diebstahls zu bestrafen. Warum das Verhalten des A im dritten Beispiel aus zivilrechtlicher Sicht weniger „strafwürdig" sein soll als im ersten Beispiel, ist nicht einsichtig. Auch die Beschränkung des Aufrechnungsverbotes auf Vorsatztäter ist also mit der These, § 393 BGB habe den Zweck zu strafen, weit weniger vereinbar, als es zunächst den Anschein hat.

Nach alledem kann der Vorschrift des § 393 BGB im geltenden Recht keine Straffunktion zugesprochen werden.

2. Die Vorbeugung unzulässiger Selbsthilfe und verbotener Privatrache

Vereinzelt findet sich im Schrifttum auch die Ansicht, § 393 BGB solle der unzulässigen Selbsthilfe vorbeugen oder habe den Zweck, der verbotenen Privatrache entgegenzuwirken. Letzteres ist bereits von Titze vertreten worden, bei dem es heißt[30]:

> Ausgeschlossen ist jede Aufrechnung ... nach § 393 gegen solche Forderungen, die der Gläubiger aus vorsätzlichen Delikten des Schuldners erworben hat, da sonst jeder, der eine uneinbringliche Forderung hätte, sich dieses für ihn an und für sich wertlosen Vermögensobjektes bedienen könnte, um ohne eigenen Nachteil schädigend in die Rechtsgüterwelt desjenigen einzugreifen, gegen den sich jene Forderung richtete;

Sachlich übereinstimmend liest man bei Medicus[31]:

> Nach § 393 kann gegen eine Forderung aus einer vorsätzlich begangenen unerlaubten Handlung nicht aufgerechnet werden. Das soll eine Art Privatrache an einem zahlungsunfähigen Schuldner verhindern: Der Gläubiger der uneinbringlichen Forderung soll nicht gegen seinen Schuldner Delikte begehen (z.B. diesen verprügeln) und dann gegen den hieraus entstandenen Ersatzanspruch des Schuldners mit der uneinbringlichen Forderung aufrechnen dürfen.

Im gleichen Sinne führt Deutsch aus[32]:

> Der Zweck des Aufrechnungsverbots des § 393 BGB kann nicht darin gesehen werden, daß der Vorsatztäter stets Schadensersatz, gewissermaßen in bar, zu leisten habe. Das wäre eine besondere Verschärfung der Rechtsfolge für Vorsatztäter, die der grundsätzlichen Gleichbehandlung von Vorsatz und Fahrlässigkeit im Haftungsrecht zuwider laufen würde. Das Aufrechnungsverbot soll vielmehr die sanktionslose Privatrache verhindern; es soll den Schuldner einer Forderung nicht dadurch rechtlos stellen, daß er vorsätzlichen Schadenszufügungen seines Gläubigers bis zur Höhe der Schuld ausgesetzt ist. Der Gläubiger eines „langsamen Zahlers" könnte sonst diesen körperlich

---

[29] Geilen, § 17 I., S. 126; Jescheck, § 41 I. 2., S. 366; Lackner, § 15 Anm. II. 5. c); Preisendanz, Vor § 16 Anm. 2. d); Schönke/Schröder/Cramer, § 17 Rn. 3; SK/Rudolphi, § 17 Rn. 1.

[30] § 26 2., S. 91; zustimmend Oertmann, § 393 Anm. 1 und Haase, JR 1972, S. 137 (138); ebenso wohl schon F. Leonhard, Allgemeines Schuldrecht des BGB, S. 617.

[31] Schuldrecht I, § 26 II. 5. c), S. 125.

[32] NJW 1981, S. 735; zustimmend Palandt/Heinrichs, § 393 Anm. 1) a).

verletzen oder ihm alle Fensterscheiben einwerfen und danach aufrechnen, ohne zivilrechtlich Schadensersatz leisten zu müssen.

Neben der Verhütung verbotener Privatrache wird die Vorbeugung unzulässiger Selbsthilfe von Gerhardt und Fikentscher als Zweck des § 393 BGB angesehen. So heißt es bei Gerhardt[33]:

> Gesetzlich ausgeschlossen ist die Aufrechnung gegen eine Forderung aus einer vorsätzlich begangenen unerlaubten Handlung, § 393. Hinter dieser Regelung verbirgt sich neben dem Anliegen, der vorsätzliche Schädiger solle den Schaden durch reale Leistung wiedergutmachen, das Verbot der Privatvollstreckung oder gar Privatrache. Wer eine Forderung gegen einen insolventen oder böswilligen Schuldner hat, soll nicht aus der Überlegung heraus, wenn er selbst schon nichts bekomme, solle der andere auch einen Schaden haben, dessen Rechtsgüter verletzen können, um dann schließlich gegen den Schadensersatzanspruch (etwa aus § 823 Abs. 1) die Aufrechnung zu erklären.

Bei Fikentscher liest man noch klarer[34]:

> Gegen eine Forderung aus einer vorsätzlich begangenen unerlaubten Handlung kann nicht aufgerechnet werden, § 393. Sonst würde bald Faustrecht gelten: Wer eine nicht beitreibbare Forderung hat, soll nicht dazu verleitet werden, sich durch eine an seinem Schuldner begangene unerlaubte Handlung im Wege der Aufrechnung Befriedigung zu verschaffen.

An anderer Stelle klingt jedoch der Aspekt der Privatrache an[35]:

> Gegen eine Forderung aus einer vorsätzlich begangenen unerlaubten Handlung ist eine Aufrechnung nicht zulässig. A schuldet dem B 2000,- DM, zahlt aber nicht. B beschädigt, um „aufzurechnen" mutwillig mit einem Beil das dem A gehörige Auto. Eine Aufrechnung ist unzulässig, B haftet auf Schadensersatz, § 823 I. § 393 will derartige „Privatvollstreckungen" verhindern.

Die vorstehend zitierten Autoren scheiden allerdings nicht immer mit der gebotenen Klarheit den Gesichtspunkt der Selbsthilfe von dem der Privatrache. Dies zeigt sich insbesondere bei dem von Fikentscher gebrauchten etwas diffusen Begriff der Privatvollstreckung im Zusammenhang mit dem Beispiel der Sachbeschädigung. Denn von der Vollstreckung einer Forderung wird herkömmlicherweise nur gesprochen, wenn es um deren Beitreibung geht, d.h. wenn der Vollstreckungsgläubiger ein Äquivalent für seine Forderung erhält oder zumindest zu erhalten sucht. Bei der Frage nach der Ratio des § 393 BGB darf aber der Gedanke der Vorbeugung unzulässiger Selbsthilfe nicht mit dem Gesichtspunkt der Verhütung verbotener Privatrache vermengt werden.

Was zunächst die Vorbeugung unzulässiger Selbsthilfe anbelangt, so streitet für eine entsprechende Ratio des § 393 BGB schon dessen Entstehungsgeschichte. Denn auch im römischen Recht resultierte die Verordnung in C 4, 31, 14, 2 vermutlich aus dem Bemühen um eine Einschränkung der eigenmächtigen

---

[33] in: Grundlagen des Vertrags- und Schuldrechts, 8. Kap. § 3 4. a), S. 731.

[34] § 113 VII., S. 801.

[35] § 39 IV. e), S. 206.

Forderungsbeitreibung. Soweit diese Ratio in den folgenden Jahrhunderten verloren ging, geschah dies nur aufgrund einer fragwürdigen Deutung des justinianischen Aufrechnungsverbotes.[36] Außerdem waren die Verfasser des Bürgerlichen Gesetzbuches zwar der Ansicht, die Verordnung in C 4, 31, 14, 2 habe nicht der Vorbeugung unzulässiger Selbsthilfe gedient,[37] weshalb sie das Aufrechnungsverbot ausgedehnt haben. Der von den Gesetzesverfassern möglicherweise gewollte Strafzweck des § 393 BGB[38] kann der Vorschrift im geltenden Recht jedoch nicht beigemessen werden.[39] Deshalb ist die Ratio der Vorbeugung unzulässiger Selbsthilfe mit den Gesetzesmaterialien immerhin insofern vereinbar, als die Gesetzesverfasser ein entsprechendes Aufrechnungsverbot als selbstverständlich erachtet haben.[40] Ein Aufrechnungsverbot zum Zwecke der Vorbeugung verbotener Selbsthilfe haben folglich auch die Verfasser des Bürgerlichen Gesetzbuches gewollt, so daß man ihrem Willen noch am ehesten gerecht wird, indem man der Vorschrift des § 393 BGB die Ratio der Vorbeugung unzulässiger Selbsthilfe beilegt, wenn schon eine Straffunktion des Aufrechnungsverbotes nicht in Betracht kommt.

Daß jener im römischen Recht maßgebende Gedanke auch heute noch die Vorschrift des § 393 BGB zu tragen vermag, verdeutlicht folgendes

Beispiel 4

A hat B ein Darlehen gewährt. Da für A erkennbar wird, daß B in Vermögensschwierigkeiten gerät, entwendet er eine Vase des B und veräußert sie. Als B Jahre später insolvent und der Diebstahl der Vase durch A entdeckt wird, erklärt A gegenüber Schadensersatzansprüchen des B die Aufrechnung mit der inzwischen fällig gewordenen Darlehensforderung.

Die von A erklärte Aufrechnung scheitert natürlich an § 393 BGB. Aber gäbe es das Aufrechnungsverbot des § 393 BGB nicht, so hätte sich A für seine sonst uneinbringliche Darlehensforderung durch den Diebstahl der Vase Befriedigung verschafft. § 393 BGB bringt also den Gläubiger um die Früchte der eigenmächtigen Forderungsbeitreibung. Jeder möglicherweise bestehende Anreiz zur verbotenen Privatvollstreckung wird somit durch das Aufrechnungsverbot im Keim erstickt. Schon durch das einfach strukturierte vierte Beispiel gewinnt also die These, § 393 BGB bezwecke die Vorbeugung unzulässiger Selbsthilfe, eine gewisse Plausibilität.

Für eine entsprechende Ratio des Aufrechnungsverbotes sprechen in rechtssystematischer Hinsicht außerdem die §§ 229 — 231 BGB. Nach diesen Vorschriften ist nämlich die Selbsthilfe, also der Versuch der eigenmächtigen Beitreibung bzw. Sicherung einer Forderung, nur in engen Grenzen erlaubt. Dies ist für

---

[36] Vgl. oben 1. Teil, 2. bis 4. Kap.

[37] Vgl. oben 1. Teil, 4. Kap. IV.

[38] Vgl. oben 1. Teil, 4. Kap., IV.

[39] Siehe 2. Teil, 1. Kap., IV. 1.

[40] Vgl. oben 1. Teil, 4. Kap., IV.

einen modernen Rechtsstaat geradezu selbstverständlich. Denn in einem rechtsstaatlichen Gemeinwesen hat sich der einzelne zur Durchsetzung seiner Ansprüche der Hilfe des Gerichts und der Vollstreckungsorgane zu bedienen.[41] Wollte man die Selbsthilfe allgemein zulassen, so hätte dies unweigerlich die Aufhebung aller Rechtssicherheit und eine tiefgreifende Beeinträchtigung des Rechtsfriedens sowie der öffentlichen Ordnung zur Folge.[42] In letzter Konsequenz würde das Recht gegenüber dem Einsatz von Macht und Gewalt hintanstehen müssen.[43] Deshalb muß die Selbsthilfe in einem rechtlich geordneten Staatswesen jedenfalls grundsätzlich untersagt werden.[44] Dementsprechend ist die Selbsthilfe nach geltendem bürgerlichen Recht in aller Regel verboten und nur unter den engen Voraussetzungen der §§ 229, 230 BGB ausnahmsweise erlaubt.

Dem grundsätzlichen Verbot der Selbsthilfe korrespondiert das Aufrechnungsverbot des § 393 BGB. Denn ohne diese Vorschrift würde das Verbot der Selbsthilfe insoweit relativiert werden, als sich der unerlaubt Selbsthilfe übende Gläubiger zwar ersatzpflichtig machen würde, es ihm aber unbenommen bliebe, gegenüber den Schadensersatzansprüchen aufzurechnen. Die Ächtung der Selbsthilfe bedarf insoweit um ihrer Effektivität willen der Ergänzung um ein Aufrechnungsverbot, das dem Gläubiger die Früchte seiner unerlaubten Selbsthilfe nimmt. Besondere Beachtung verdienen in diesem Zusammenhang außerdem vor allem die Vorschriften der §§ 230 Abs. 2 und 4 BGB. Gem. § 230 Abs. 2 BGB ist im Falle der Wegnahme von Sachen der dingliche Arrest zu beantragen. Unterbleibt der Arrestantrag oder wird er abgelehnt, so muß die weggenommene Sache unverzüglich zurückgegeben werden. Der dingliche Arrest gem. §§ 916 ff. ZPO dient als Institution des vorläufigen Rechtsschutzes jedoch nur der Sicherung der Zwangsvollstreckung, darf aber niemals zur Befriedigung des Gläubigers führen.[45] Folglich ist auch die Selbsthilfe gem. §§ 229, 230 BGB auf die bloße Sicherung der Anspruchsverwirklichung beschränkt, ohne diese vorwegnehmen zu dürfen.[46] Die endgültige Befriedigung seiner Forderung kann der Gläubiger also ohnehin nicht im Wege der Selbsthilfe, sondern nur unter Inanspruchnahme der Gerichte und der staatlichen Vollstreckungsorgane erreichen. Das strikte Verbot der vorzeitigen Anspruchsrealisierung im Wege der Selbsthilfe droht allerdings ohne ein entsprechendes Aufrechnungsverbot ins

---

41 Larenz, Allgemeiner Teil, § 15 III. a), S. 265.

42 Larenz, aaO.

43 Larenz, aaO.

44 Larenz, aaO.; MünchKomm/v. Feldmann, § 229 Rn. 1; Soergel/Fahse, § 229 Rn. 1; Staudinger/Dilcher, § 229 Rn. 1; StudK/Hadding, §§ 229 — 231 Anm. 1.

45 BGHZ 68, 289 (292); OLG Hamburg, MDR 1977, S. 688; Baumann/Brehm, § 15, S. 242; Baur/Stürner, § 49 III. 1. a), Rn. 876; Hartmann, in Baumbach/Lauterbach/Albers/Hartmann, Grundz. § 916 Anm. 2) C. a); Jauernig, Zwangsvollstreckungs- und Konkursrecht, § 36 I., S. 150; Schlosser, § 9 I. 4., Rn. 240.

46 Hübner, § 27 III., Rn. 322; Köhler, § 7 II. 4. d), S. 61; Larenz, Allgemeiner Teil, § 15 III. a), S. 265; Medicus, Allgemeiner Teil, § 16 IV., Rn. 108; Soergel/Fahse, § 229 Rn. 3.

Leere zu laufen. Dürfte nämlich ein Gläubiger, der rechtswidrig Selbsthilfe geübt hat, sich seiner aus § 230 Abs. 4 BGB resultierenden Verpflichtung durch Aufrechnung entziehen, so hätte er sich durch die Selbsthilfe entgegen der Konzeption der §§ 229, 230 BGB, 916 ff. ZPO Befriedigung verschafft.

Die eigenmächtige Forderungsbeitreibung durch A im vierten Beispiel stellt schon deshalb keine gem. § 229 BGB zulässige Selbsthilfe dar, weil davon auszugehen ist, daß für A obrigkeitliche Hilfe rechtzeitig zu erlangen war. Zudem hat A mit dem „Selbsthilfeverkauf" der Vase und der anschließend erklärten Aufrechnung nicht nur eine Sicherung für seine Darlehensforderung, sondern bereits deren Erfüllung zu erlangen gesucht. A hat also eine gem. §§ 229, 230 BGB verbotene und rechtswidrige Selbsthilfe begangen. Allein, mit der Deklarierung von A's Verhalten als unzulässige Selbsthilfe wäre wenig gewonnen, wenn A die Möglichkeit der Aufrechnung gegenüber den aus jener Selbsthilfe resultierenden Ersatzansprüchen verbliebe. Die angestrebte Befriedigung der Darlehensforderung hätte er trotz des Verbots der Selbsthilfe erreicht.

Ist also nach alledem die Selbsthilfe in aller Regel aus guten Gründen untersagt, so darf auch nicht die Aufrechnung gegenüber dem Ersatzanspruch erlaubt sein, den die verbotene Selbsthilfe nach sich zieht. § 393 BGB läßt sich insoweit als Annexvorschrift zu den §§ 229 — 231 BGB auffassen. Die systematische Stellung des § 393 BGB im Recht der Aufrechnung erscheint aber gleichwohl als sinnvoll, wenn man sich nur vergegenwärtigt, daß dem Institut der Aufrechnung nach heute ganz h.M. zwei Funktionen zukommen, nämlich die Befreiungs- und die Befriedigungsfunktion.[47] Hierbei bedeutet die Befreiungsfunktion nichts weiter, als daß sich der Schuldner im Wege der Aufrechnung unkompliziert von der ihm obliegenden Verbindlichkeit befreien kann.[48] Insoweit stellt die Aufrechnung eine den umständlichen Austausch der beiderseitigen Leistungen ersparende Tilgungserleichterung dar.[49]

Eine Befriedigungsfunktion hat die Aufrechnung außerdem insofern, als der Gläubiger im Hinblick auf die ihm zugleich obliegende Verbindlichkeit wegen

[47] BGH, NJW 1955, S. 339; Blomeyer, Allgemeines Schuldrecht, § 40 I. 2., S. 240; Bötticher, FS Schima, S. 95 f.; Brox, Allgemeines Schuldrecht, § 15 I. 2., Rn. 178; Enneccerus/Lehmann, § 69, S. 276; Erman/H. P. Westermann, Vor § 387 Rn. 1; Esser/Schmidt, § 18 III., S. 265; Fikentscher, § 39 III. 1., S. 202; Gerhardt, in: Grundlagen des Vertrags- und Schuldrechts, 8. Kap. § 3 I., S. 727; Gernhuber, Die Erfüllung und ihre Surrogate, § 12 I. 3. a), S. 209; Heck, § 60 3., S. 181; Henckel, ZZP 74 (1961), S. 165 (184 f. zu Fn. 58); Jauernig/Stürner, § 387 Anm. 2.; Larenz, Schuldrecht I, § 18 VI., S. 235; Lüke/Huppert, JuS 1971, S. 165; Medicus, Schuldrecht I, § 26 I., S. 122; MünchKomm/v. Feldmann, § 387 Rn. 1; Palandt/Heinrichs § 387 Anm. 1) a); Pikart, WM 1963, S. 358; Reichel, AcP 125 (1926), S. 178 (179); D. Reinicke, NJW 1972, S. 793; RGRK/Weber, Vor § 387 Rn. 1; Soergel/R. Schmidt, Vor § 387 Rn. 1; Staudinger/Kaduk, Vorbem. v. § 387 Rn. 12 f.; StudK/Lüderitz, § 387 Anm. I. 1.

[48] Larenz, Schuldrecht I, § 18 VI., S. 235; Lüke/Huppert, JuS 1971, S. 165; Medicus, Schuldrecht I, § 26 I., S. 122; D. Reinicke, NJW 1972, S. 793; RGRK/Weber, Vor § 387 Rn. 1.

[49] Brox, Allgemeines Schuldrecht, § 15 I. 2. a), Rn. 178; Larenz, Schuldrecht I, § 18 VI., S. 235; Medicus, Schuldrecht I, § 26 I., S. 122; Staudinger/Kaduk, Vorbem. v. § 387 Rn. 12.

der ihm zustehenden Forderung besonders gesichert ist.[50] Denn im Wege der Aufrechnung kann der Gläubiger sich Befriedigung verschaffen, ohne staatliche Hilfe in Anspruch nehmen zu müssen,[51] und zwar sogar dann noch, wenn der Schuldner in Konkurs geraten ist.

Diese Befriedigungsmöglichkeit des Gläubigers und seine durch die Aufrechnungsbefugnis gesicherte Position erscheint aber in bestimmten Ausnahmefällen eben als unangemessen.

Für das Aufrechnungsverbot des § 394 S. 1 BGB ist dies offensichtlich. Da nämlich bestimmte Forderungen dem Zugriff des Gläubigers selbst dann entzogen sind, wenn er sich der Hilfe der staatlichen Vollstreckungsorgane bedient, muß ihm erst recht die „private Vollstreckung" in jene Forderungen durch Aufrechnung verboten sein.

Ganz ähnlich liegt es nun bei § 393 BGB. Zwar besteht grundsätzlich die Möglichkeit, sich im Wege der Aufrechnung selbst Befriedigung zu verschaffen, ohne staatliche Hilfe in Anspruch zu nehmen. Diese Privatvollstreckung kann jedoch dann nicht zulässig sein, wenn der Gläubiger die Aufrechnungslage erst gezielt geschaffen hat, indem er durch eine gem. §§ 229 ff. BGB nicht gedeckte Selbsthilfe etwas schuldig geworden ist. Denn andernfalls könnte man über den Umweg der Aufrechnung jedwede Art von Selbsthilfe ungehindert ausüben. Der Befriedigungsfunktion der Aufrechnung korrespondiert also die Vorschrift des § 393 BGB insoweit, als nach ihr die Privatvollstreckung im Wege der Aufrechnung dann nicht zulässig ist, wenn die Aufrechnungslage erst im Wege verbotener Selbsthilfe bewußt herbeigeführt wurde. § 393 BGB läßt sich deshalb nicht nur als Annexvorschrift zu den §§ 229 — 231 BGB, sondern auch als Korrektiv zur Befriedigungsfunktion der Aufrechnung begreifen. Mit jener Befriedigungsfunktion der Aufrechnung steht es folglich in besonderem Maße in Einklang, wenn man die Ratio von § 393 BGB in der Vorbeugung unzulässiger Selbsthilfe erblickt.

Schließlich ist noch in Rechnung zu stellen, daß sich das Aufrechnungsverbot, wie die obigen Ausführungen gezeigt haben,[52] vor allem in Fällen der Insolvenz dessen auswirkt, gegenüber dem die unerlaubte Handlung begangen wurde. Denn liegt kein Fall der Zahlungsunfähigkeit vor, so muß zwar von der unkomplizierten Tilgungsform der Aufrechnung Abstand genommen werden, aber ein wirtschaftlicher Nachteil ist von dem Adressaten des Aufrechnungsverbotes nicht zu besorgen.

---

[50] Gerhardt, in: Grundlagen des Vertrags- und Schuldrechts, 8. Kap. § 3 I., S. 727; Larenz, Schuldrecht I, § 18 VI., S. 235; MünchKomm/v. Feldmann, § 387 Rn. 1; RGRK/Weber, Vor § 387 Rn. 1.

[51] RGZ 171, 215 (223 f.); BGH, NJW 1955, S. 339; Gerhardt, in: Grundlagen des Vertrags- und Schuldrechts, 8. Kap. § 3 I., S. 727 f.; Fikentscher, § 39 III. 1., S. 202; Lüke/Huppert, JuS 1971, S. 165; Medicus, Schuldrecht I, § 26 I., S. 122; Palandt/Heinrichs, § 387 Anm. 1) a); Soergel/R. Schmidt, Vor § 387 Rn. 1; Titze, § 26 I., S. 89.

[52] Vgl. 2. Teil, 1. Kap., IV. 1.

Gerade die rechtliche Behandlung von Insolvenzfällen ist nun durch das Bestreben nach der grundsätzlichen Gleichbehandlung aller Gläubiger geprägt.[53] § 393 BGB rückt von diesem Grundsatz der Gleichbehandlung scheinbar insofern ab, als bestimmten Gläubigern die Möglichkeit der Aufrechnung versagt wird. Fragt man nach dem inneren Grund dieser Ausnahme, so wird man ihn nicht abseits von jenem Grundsatz der Gleichbehandlung aller Gläubiger des insolventen Schuldners finden können, da das Aufrechnungsverbot ansonsten keine nennenswerten Wirkungen zeitigt. Vielmehr muß die Ratio von § 393 BGB im Zusammenhang mit der grundsätzlich gebotenen Gleichbehandlung der Gläubiger gesucht werden, die einem zahlungsunfähigen Schuldner gegenüberstehen. Unter diesem Blickwinkel drängt sich die Ratio der Vorbeugung unzulässiger Selbsthilfe geradezu auf. Denn der Gläubiger, der seinem Schuldner zum Zwecke eigenmächtiger Forderungsbeitreibung einen Gegenstand wegnimmt, versucht sich hierdurch einen Vorteil vor den anderen Gläubigern des Schuldners zu verschaffen. Der unzulässigerweise Selbsthilfe übende Gläubiger verletzt also gerade jenen Grundsatz der Gleichbehandlung aller Gläubiger eines zahlungsunfähigen Schuldners. Diese Verletzung wird durch § § 393 BGB insoweit sanktioniert, als dem Selbsthilfe übenden Gläubiger die Früchte seines verbotenen Tuns wieder genommen werden. Das Aufrechnungsverbot des § 393 BGB bildet somit das Instrument, um den Grundsatz der Gleichbehandlung aller Gläubiger eines insolventen Schuldners zu wahren, wenn einer von ihnen sich über ihn eigenmächtig hinwegsetzen zu können glaubte.

Für Fälle der unzulässigen Selbsthilfe kann der Vorschrift des § 393 BGB nach alledem eine sinnvolle Bedeutung abgewonnen werden.

Ob gleiches für die verbotene Privatrache gilt, erscheint jedoch zweifelhaft. Erblickt man den Sinn des § 393 BGB in der Vorbeugung rechtswidriger Privatrache, so wird man sich jedenfalls nicht auf die Entstehungsgeschichte des Aufrechnungsverbotes berufen können. Denn im römischen Recht sowie in den späteren Jahrhunderten war eben nur das Bemühen um eine effektive Einschränkung der unzulässigen Selbsthilfe maßgebend.[54]

Sodann fehlt es in systematischer Hinsicht an einer den §§ 229 — 231 BGB vergleichbaren Regelung der Privatrache, die für einen entsprechenden Zweck des § 393 BGB ins Feld geführt werden könnte. Dies erscheint aber auch nicht verwunderlich, da die Materie der Privatrache ihrer Natur nach eher dem öffentlichen, denn dem bürgerlichen Recht zugehörig ist. Im übrigen ist die Materie der Privatrache nicht in gleichem Maße regelungsbedürftig wie die der Selbsthilfe,

[53] BGHZ 41, 98 (101); Alisch, Jura 1981, S. 460; Baur/Stürner, § 57 II., Rn. 1040; Häsemeyer, KTS 1982, S. 507 (509 ff.); Jauernig, Zwangsvollstreckungs- und Konkursrecht, § 38 I. 1., S. 159; Kropshofer, in Hess/Kropshofer, Einleitung Rn. 3; Kuhn/Uhlenbruck, Vorbem. Rn. 5 b; Schlosser, § 10, Rn. 267.

[54] Vgl. 1. Teil, 1. Kap., IV. 3., 3. Kap. I. und II. 4. sowie 4. Kap. III.

weil die Privatrache — anders als die Selbsthilfe — nicht gewinnbringend ausgeübt werden kann.

Davon abgesehen erscheint das Aufrechnungsverbot des § 393 BGB im geltenden Recht als unzweckmäßig und wenig sinnvoll, soweit man es zur Verhütung verbotener Privatrache statuiert wissen will.

Beispiel 5
A hat B ein Darlehen gewährt, das dieser bei Fälligkeit nicht zurückzahlen kann. Aus Rache und aus Verärgerung über die Insolvenz des B beschädigt A mutwillig den PKW des B. Sodann erklärt er gegenüber den Schadensersatzansprüchen des B die Aufrechnung.

Seinem Wortlaut nach steht § 393 BGB der von A erklärten Aufrechnung zweifelsfrei entgegen. Darüber hinaus, so könnte man meinen, sei der Aufrechnungsausschluß hier ebenso sinnvoll und notwendig wie in Fällen unzulässiger Selbsthilfe.

Hierfür ließe sich zur Begründung anführen, auch für die Art von Privatrache, wie sie von A im fünften Beispiel begangen worden sei, müsse jeder Anreiz genommen werden. Ohne das Aufrechnungsverbot des § 393 BGB sei es dem Gläubiger einer uneinbringlichen Forderung möglich, ungestraft im Wege der Privatrache in die Rechtsgüterwelt seines Schuldners schädigend einzugreifen, um hernach die wertlose Forderung als Kompensationsobjekt einzusetzen.[55] Erst aus dem Aufrechnungsverbot resultiere die Verpflichtung des Gläubigers, den durch seine Privatrache angerichteten Schaden effektiv wiedergutzumachen, ohne insoweit auf seine uneinbringliche Forderung zurückgreifen zu können. Der Vorschrift des § 393 BGB liege daher zumindest auch die Ratio der Vorbeugung unzulässiger Privatrache zugrunde.[56]

Die vorstehenden Überlegungen lassen jedoch zum einen außer acht, daß für den Gläubiger ohnehin nie ein Anreiz zur Privatrache besteht, der erst mit Hilfe des Aufrechnungsverbotes zu beseitigen ist. Während nämlich der Selbsthilfe übende Gläubiger im Wege der Aufrechnung tatsächlich einen Vermögensvorteil erzielen kann, und zwar die Befriedigung seiner sonst uneinbringlichen Forderung, erschöpft sich der durch die Privatrache zu erzielende Vorteil in einer seelischen, d.h. immateriellen Befriedigung. Bereichern kann der Gläubiger sich aber durch die bloße Schädigung seines Schuldners nicht.

Zum anderen darf nicht übersehen werden, daß sich der Privatrache übende Gläubiger ohnedies stets strafbar macht, wenn er Delikte gegen seinen zahlungsunfähigen Schuldner begeht. So kommen je nach Lage des Falles §§ 223, 239, 240

[55] So: Deutsch, NJW 1981, S. 735; Fikentscher, § 39 IV. e), S. 206; Gerhardt, in: Grundlagen des Vertrags- und Schuldrechts, 8. Kap. § 3 4. a), S. 731; Haase, JR 1972, S. 137 (138); Medicus, Schuldrecht I, § 26 II. 5. c), S. 125; Oertmann, § 393 Anm. 1; Titze, § 26 2., S. 91.

[56] Deutsch, NJW 1981, S. 735; Fikentscher, § 39 IV. e), S. 206; Gerhardt, in: Grundlagen des Vertrags- und Schuldrechts, 8. Kap. § 3 4. a), S. 731; Haase, JR 1972, S. 137 (138); Medicus, Schuldrecht I, § 26 II. 5. c), S. 125; Oertmann, § 393 Anm. 1; Titze, § 26 2., S. 91.

oder § 306 ff. StGB in Betracht. Im fünften Beispiel etwa erleidet A wegen der von ihm begangenen Sachbeschädigung Strafe aus § 303 StGB. Es ist eben schlicht unzutreffend, wenn behauptet wird, der Gläubiger könne — unterstellt, es gäbe die Vorschrift des § 393 BGB nicht — dazu verleitet werden, seine uneinbringliche Forderung zu benutzen, um seinen Schuldner risikolos schädigen zu können.[57] Richtig ist nur, daß der Gläubiger ohne die Vorschrift des § 393 BGB aufgrund seiner wertlosen Forderung imstande wäre, Rechtsgüter seines zahlungsunfähigen Schuldners zu beeinträchtigen, ohne letztendlich dafür zivilrechtlich einstehen zu müssen. Aber die Möglichkeit des Gläubigers, sich seiner zivilrechtlichen Haftung durch die Aufrechnung mit der uneinbringlichen Forderung entledigen zu können, berührt seine strafrechtliche Verantwortlichkeit nicht. Im fünften Beispiel mag A sich mit Hilfe der Darlehensforderung von der Verpflichtung zum Schadensersatz für den beschädigten PKW befreien können. Sollte er jedoch vom Strafrichter gem. § 303 StGB wegen Sachbeschädigung zu einer Geldstrafe verurteilt werden, so hilft ihm insoweit seine Darlehensforderung nicht. Auch wegen der folglich regelmäßig gegebenen strafrechtlichen Verantwortlichkeit des Privatrache übenden Gläubigers kann von einem Anreiz zur Privatrache, der erst durch § 393 BGB beseitigt werden müßte, keine Rede sein. Schon die in aller Regel drohende öffentliche Bestrafung, der sich der Gläubiger aussetzt, wenn er vorsätzlich Rechtsgüter seines Schuldners verletzt, wirkt in hinreichendem Maße abschreckend. Wollte man den Privatrache übenden Gläubiger zusätzlich mit dem Aufrechnungsverbot des § 393 BGB belegen, so würde dies letztlich auf eine zusätzliche zivilrechtliche Ahndung neben der ohnedies bestehenden strafrechtlichen Sanktion hinauslaufen. Wie oben dargelegt,[58] verbietet es sich jedoch, der Vorschrift des § 393 BGB eine Straffunktion beizulegen. Die Ratio der Vorbeugung eigenmächtiger Privatrache liegt der Vorschrift des § 393 BGB deshalb nicht zugrunde.

Man könnte nun allerdings den Einwand erheben, wenn § 393 BGB im Hinblick auf die ohnehin gegebene öffentliche Strafbarkeit nicht die Verhütung verbotener Privatrache bezwecke, so müsse entsprechendes auch für die Vorbeugung unzulässiger Selbsthilfe gelten. Denn auch der zu Unrecht Selbsthilfe übende Gläubiger mache sich in aller Regel strafbar.

Letzteres ist jedoch schon zweifelhaft. Denn zwar ist der Gläubiger, der eine Gattungsschuld durch Wegnahme einzelner Stücke beim Schuldner eigenmächtig durchzusetzen versucht, gem. § 242 StGB zu bestrafen, weil sein Glaube an ein entsprechendes Selbsthilferecht regelmäßig ein vermeidbarer Verbotsirrtum ist.[59] Gleiches gilt natürlich auch für den Täter, der wie A im vierten Beispiel

---

[57] So aber ausdrücklich Deutsch, NJW 1981, S. 735; Titze, § 26 2., S. 91.

[58] 2. Teil, 1. Kap., IV. 1.

[59] BGHSt 17, 87 (90 f.); BGH, GA 1966, S. 211 (212); Lackner, § 242 Anm. 5. d) aa); Preisendanz, § 242 Anm. VI. 2. h) bb); Schönke/Schröder/Eser, § 242 Rn. 65; SK/Samson, § 242 Rn. 86.

seinem Schuldner eine Sache wegnimmt, um sie zu veräußern und sich am Erlös zu befriedigen.

Aber hat der Täter einen fälligen und einredefreien Anspruch auf Übereignung gerade der weggenommenen Sache, so handelt er nicht in der Absicht rechtswidriger Zueignung und macht sich jedenfalls nicht gem. §§ 242, 249 StGB strafbar.[60] Darüber hinaus soll sogar der Gläubiger einer Geldschuld, der glaubt, sich durch Wegnahme einzelner Geldscheine beim Schuldner selbst befriedigen zu dürfen, nach der im Strafrecht vorherrschenden Ansicht bezüglich der Rechtswidrigkeit der Zueignung einem Tatbestandsirrtum gem. § 16 Abs. 1, S. 1 StGB erlegen sein und deshalb keine Strafe aus §§ 242, 249 StGB erleiden.[61]

Der strafrechtliche Schutz vor unzulässiger Selbsthilfe ist also schon in bedenklichem Maße eingeschränkt worden.[62]

Anders als der Privatrache übende Gläubiger macht sich demnach der Selbsthilfe Übende nicht stets strafbar. Aber auch für die verbleibenden Fälle, in denen sich ein zu Unrecht Selbsthilfe übender Gläubiger einem Strafbarkeitsrisiko aussetzt, ist es fraglich, ob sich durch die öffentliche Strafbarkeit gem. § 242 StGB das Aufrechnungsverbot des § 393 BGB ebenso erübrigt wie für Fälle der verbotenen Privatrache. Hiergegen spricht entscheidend der bereits erwähnte Umstand, daß sich der Gläubiger zwar durch die unzulässige Selbsthilfe, nicht aber im Wege der Privatrache einen Vermögensvorteil verschaffen könnte, wäre ihm nicht gem. § 393 BGB die Aufrechnung gegenüber den aus seinem verbotenen Tun resultierenden Ersatzansprüchen untersagt. Dies wird besonders deutlich, wenn der gestohlene Gegenstand besonders wertvoll ist und die uneinbringliche Forderung eine entsprechende Höhe aufweist.

Beispiel 6
A hat dem B ein Darlehen in Höhe von 100.000,- DM gewährt. Da für A erkennbar wird, daß B in Vermögensschwierigkeiten gerät, entwendet er eine Briefmarke des B im Wert von ebenfalls 100.000,- DM, die B beiseite schaffen wollte. A veräußert die Briefmarke für 100.000,- DM an einen Unbekannten. Als B Jahre später insolvent und die Täterschaft des A in Bezug auf den Diebstahl der Marke aufgedeckt wird, erklärt A gegenüber den Schadensersatzansprüchen des B die Aufrechnung mit der zwischenzeitlich fällig gewordenen Darlehensforderung.

---

60 BGHSt 17, 87 (89); BGH, GA 1966, S. 211 (212); Dreher/Tröndle, § 242 Rn. 21; Lackner, § 242 Anm. 5. d) aa); Preisendanz, § 242 Anm. VI. 2. h); SK/Samson, § 242 Rn. 86; a.A. aber im Hinblick auf das grundsätzliche Verbot der Selbsthilfe Hirsch, JZ 1963, S. 149 (152).

61 BGH, NStZ 1982, S. 380; BGHSt 17, 87 (91); BGH, GA 1966, S. 211 (212); BGH, GA 1968, S. 121; BGH, GA 1962, S. 144; Lackner, § 242 Anm. 5. d) aa); SK/Samson, § 242 Rn. 86 und 89; a.A. aber Hirsch, JZ 1963, S. 149 (156).

62 Man vergleicht etwa die wohl zu weit gefaßte Formulierung bei SK/Samson, § 242 Rn. 89 a.E.: „Wer Geldschulden eigenmächtig eintreibt, begeht kein Zueignungsdelikt, sondern zivilrechtlich zu ahndende Eigenmacht und ggf. Nötigung“.

Selbstverständlich ist A auch hier gem. § 242 StGB zu bestrafen. Allein, diese Strafbarkeit läßt die von A begangene Selbsthilfe noch nicht „unwirtschaftlich" erscheinen. Dies hängt vielmehr ganz von der Höhe der Geldstrafe ab, die A zu erwarten hat. Angenommen, A würde seinen Einkommensverhältnissen entsprechend zu einer Geldstrafe in Höhe von 10.000,- DM verurteilt. Diesem finanziellen Verlust von 10.000,- DM würde aber immer noch ein durch die Selbsthilfe erlangter „Erlös" von 100.000,- DM gegenüberstehen. Per Saldo hätte A folglich im Wege der unzulässigen Selbsthilfe einen Gewinn von 90.000,- DM erzielt.

Dieser Gewinn ist dem A durch das Aufrechnungsverbot des § 393 BGB zu nehmen, um den bestehenden Anreiz zur Selbsthilfe zu eliminieren. Hierin läßt sich auch keine unzulässige zusätzliche Ahndung des gem. § 242 StGB strafbaren Verhaltens erblicken. Denn im Wege des Aufrechnungsverbotes wird dem A im Grunde kein zusätzliches Vermögensopfer abverlangt, also kein eigenständiges Übel auferlegt. Vielmehr werden ihm aufgrund des Aufrechnungsverbotes nur die Früchte seines rechtswidrigen Tuns genommen. Die Bedeutung des Aufrechnungsverbotes erschöpft sich darin, die Rechtsbeständigkeit des von A durch den Diebstahl erlangten Vermögensvorteils zu negieren. Muß A aber nur das durch den Diebstahl Erlangte herausgegeben, während sein sonstiges Vermögen unberührt bleibt, so kann in der Verpflichtung zur Herausgabe des Erlangten kein zusätzliches Strafübel erblickt werden.

Ganz anders liegt es jedoch, wenn man davon ausgeht, A hätte die Briefmarke im sechsten Beispiel nicht entwendet, sondern zerstört. Der angerichtete Schaden wäre für B bzw. dessen sonstige Gläubiger sicherlich beträchtlich. Nur stünde diesem hohen Schaden kein von A erlangter Vorteil gegenüber. Im Gegenteil hätte sich A insoweit selbst geschädigt, als sich das Vermögen des B, auf das er im Wege der Zwangsvollstreckung hätte Zugriff nehmen können, vermindert hätte. Entsprechend würde sich im Konkurs des B die Quote wie für alle Konkursgläubiger, so auch für A verringern. Da die mit der Privatrache bewirkte Selbstschädigung obendrein unter öffentliche Strafe gestellt ist, bedarf es hier keines Aufrechnungsverbotes, um einen angeblich bestehenden Anreiz zur Privatrache zu beseitigen.

Zusammenfassend bleibt festzuhalten, daß § 393 BGB im geltenden Recht weder die Funktion hat, den Adressaten des Aufrechnungsverbotes zu bestrafen noch der verbotenen Privatrache entgegenzuwirken. Vielmehr erschöpft sich die Ratio von § 393 BGB in der Vorbeugung unzulässiger Selbsthilfe.

Eine gewisse Bestätigung erfährt dieses Ergebnis im übrigen in rechtsvergleichender Hinsicht.

Denn wie bereits erwähnt,[63] ist die justinianische Verordnung in C 4, 31, 14, 2 auch in Österreich rezipiert worden. Die Ratio der einschlägigen Vorschrift des

[63] 1. Teil, 3. Kap., II. 4.

§ 1440 S. 2 ABGB wurde schon durch von Zeiller und wird auch noch heutzutage in der Verhütung unerlaubter Selbsthilfe gesehen.[64] Außerdem ist die Verordnung in C 4, 31, 14, 2 auch im Art. 125 des schweizerischen Obligationenrechts übernommen worden. Dessen Zweck wird — zumindest teilweise — ebenfalls in der Vorbeugung unzulässiger Selbsthilfe erblickt.[65]

---

[64] v. Zeiller, § 1440 Anm. 2); Klang, § 1440 ABGB Anm. II. 1.; Rummel, § 1440 ABGB Rn. 7; Stubenrauch, §§ 1438, 1439, 1440 ABGB Anm. III.

[65] So: Gauch/Schluep, § 21 V. 2. B. b., Rn. 1696; v. Büren, § 9 A. III. 5. a), S. 489; ebenso wohl schon Rennefahrt, Art. 125 Anm. 1. u. 2.; unklar demgegenüber etwa Merz, in Guhl, § 37 IV. 2. a), S. 267. Vgl. im übrigen zum französischen Art. 1293 Ziff. 2 code civil im geltenden Recht Ferid, 2 D 65, S. 532, demzufolge das Aufrechnungsverbot in Frankreich praktisch bedeutungslos ist, da es sich zum einen auf die Wiedergabe des kanonischen Satzes „spoliatus ante omnia restituendus" beschränke und zum anderen eine extensive Anwendung der Vorschrift abgelehnt werde. In rechtsvergleichender Hinsicht wird die Aufrechnung auch von Kegel behandelt, der jedoch auf § 393 BGB bzw. auf entsprechende Aufrechnungsverbote in anderen Rechtsordnungen nicht eingeht.

2. Kapitel

Der Anwendungsbereich von § 393 BGB

Im folgenden soll zunächst kurz referiert werden, wie der Anwendungsbereich von § 393 BGB in Rechtsprechung und Literatur zumeist geschildert wird. Sodann werden in einem zweiten Abschnitt eigene Vorschläge für den Anwendungsbereich von § 393 BGB entwickelt, um schließlich in einem dritten Abschnitt der Frage nachzugehen, inwieweit § 393 BGB im geltenden Recht noch ein praktischer Nutzen zukommt. Ausgewählte Einzelfragen zum Anwendungsbereich von § 393 BGB sollen jedoch in einem dritten Kapitel erörtert werden.

I. Rechtsprechung und Literatur

Der Anwendungsbereich von § 393 BGB wird in Rechtsprechung und Literatur weitgehend übereinstimmend geschildert.

Als unerlaubte Handlungen im Sinne des § 393 BGB sollen die Deliktstatbestände der §§ 823 ff. BGB[1] und der zivilrechtlichen Sondergesetze[2] in Betracht kommen. Wegen der Beschränkung des § 393 BGB auf Vorsatztäter müßten jedoch die nur fahrlässig begangenen unerlaubten Handlungen ausscheiden,[3] erst recht die Tatbestände der Gefährdungshaftung.[4] Die Strafbarkeit der unerlaubten Handlung sei im übrigen nie erforderlich.[5] Eine vorsätzliche Vertragsverletzung genüge jedoch für § 393 BGB nicht,[6] ebensowenig ein Bereicherungs-

---

[1] RG, WarnRspr. 1911, S. 73 Nr. 69; AK/Brüggemeier, § 393 Rn. 1; Crome, § 192, S. 293 Fn. 43; Oertmann, § 393 Anm. 2.; Palandt/Heinrichs, § 393 Anm. 2) a); Rehbein, S. 359; RGRK/Weber, § 393 Rn. 2; Soergel/R. Schmidt, § 393 Rn. 1; Lang, § 6 I. a), S. 37.

[2] AK/Brüggemeier, § 393 Rn. 1; Palandt/Heinrichs, § 393 Anm. 2) a).

[3] Erman/H. P. Westermann, § 393 Rn. 2; RGRK/Weber, § 393 Rn. 2; Staudinger/Kaduk, § 393 Rn. 6; StudK/Lüderitz, § 393 Anm. 2.; Crome, § 142, S. 298.

[4] Erman/H. P. Westermann, § 393 Rn. 2; Gernhuber, Die Erfüllung und ihre Surrogate, § 12 VI. 3. a), S. 238; RGRK/Weber, § 393 Rn. 2; Staudinger/Kaduk, § 393 Rn. 6.

[5] RG, WarnRspr. 1911, S. 73 Nr. 69; Erman/H. P. Westermann, § 393 Rn. 2; Gernhuber, Die Erfüllung und ihre Surrogate, § 12 VI. 3. a), S. 238 Fn. 75; MünchKomm/v. Feldmann, § 393 Rn. 1; Palandt/Heinrichs, § 393 Anm. 2) a); RGRK/Weber, § 393 Rn. 2; Staudinger/Kaduk, § 393 Rn. 10.

[6] RGZ 154, 334 (338); BGH, NJW 1975, S. 1119 (1120); BGH, NJW 1967, S. 2012 (2013); Blomeyer, Allgemeines Schuldrecht § 40 VI. 2. a), S. 249; Enneccerus/Lehmann, § 73 II. 2., S. 280; Esser/Schmidt, § 18 III. 2. a), S. 270; Gerhardt, in: Grundlagen des Vertrags- und Schuldrechts, 8. Kap. § 3 III. 5. a), S. 732; Gernhuber, Die Erfüllung und ihre Surrogate, § 12 VI. 3. a), S. 238; Jauernig/Stürner, § 393 Anm. 2.; Lang, § 6 I. a), S. 37; Medicus, Schuldrecht I,

anspruch aus einem nach § 138 BGB nichtigen Vertrag.[7] Demgegenüber soll das Aufrechnungsverbot des § 393 BGB aber dann eingreifen, wenn das anspruchsbegründende Verhalten sowohl eine Vertragsverletzung als auch eine unerlaubte Handlung darstellt, so daß beide Ansprüche miteinander konkurrieren.[8] In einem solchen Fall komme es auch nicht darauf an, unter welchem rechtlichen Gesichtspunkt der Geschädigte den Anspruch geltend mache.[9] Überdies gelange § 393 BGB sogar dann zur Anwendung, wenn ein bereits verjährter Anspruch aus vorsätzlich begangenem Delikt mit einer noch nicht verjährten Forderung aus vorsätzlicher Vertragsverletzung oder ungerechtfertigter Bereicherung konkurriere.[10]

Der Anspruch auf Rückgewähr gem. § 37 KO soll hingegen dem Aufrechnungsverbot nicht unterfallen.[11] Anwendbar sei § 393 BGB jedoch dann, wenn die anfechtbare Rechtshandlung zugleich eine unerlaubte Handlung gem. § 826 BGB darstelle.[12] Dies gelte nicht nur für die Konkursanfechtung, sondern auch für die Gläubigeranfechtung nach dem Anfechtungsgesetz.[13]

Während außerdem die Ansprüche aus §§ 717 Abs. 2, 600 Abs. 2, 302 Abs. 4 ZPO nicht unter das Aufrechnungsverbot fielen,[14] sei die Aufrechnung gegenüber dem Ersatzanspruch aus § 717 Abs. 3 ZPO ohnehin ausgeschlossen.[15]

---

§ 26 II. 5. c), S. 125; MünchKomm/v. Feldmann, § 393 Rn. 1; Palandt/Heinrichs, § 393 Anm. 2) a); Rehbein, S. 359; RGRK/Weber, § 393 Rn. 5; Soergel/R. Schmidt, § 393 Rn. 3; Staudinger/Kaduk, § 393 Rn. 13; StudK/Lüderitz, § 393 Anm. 2.; E. Wolf, § 8 F. II. d) 2. cc), S. 410; zweifelnd aber Herschel, DR 1941, S. 2402.

[7] RG, Recht 1917, Nr. 586; MünchKomm/v. Feldmann, § 393 Rn. 1; Staudinger/Kaduk, § 393 Rn. 15.

[8] RG, DR 1941, S. 2401; RGZ 154, 334 (338); BGH, NJW 1967, S. 2012 (2013); Blomeyer, Allgemeines Schuldrecht, § 40 VI. 2. a), S. 249; Enneccerus/Lehmann, § 73 II. 2., S. 280; Erman/H. P. Westermann, § 393 Rn. 2; Esser/Schmidt, § 18 III. 2. a), S. 270; v. Feldmann, JuS 1983, S. 357 (361); Jauernig/Stürner, § 393 Anm. 2.; Larenz, Schuldrecht I, § 18 VI. b) 1., S. 239 Fn. 58; Lüke/Huppert, JuS 1971, S. 165 (167); MünchKomm/v. Feldmann, § 393 Rn. 1; RGRK/Weber, § 393 Rn. 5; Soergel/R. Schmidt, § 393 Rn. 3; StudK/Lüderitz, § 393 Anm. 2.

[9] RG, DR 1941, S. 2401; RGZ 56, 317 (321); Erman/H. P. Westermann, § 393 Rn. 2; MünchKomm/v. Feldmann, § 393 Rn. 1; RGRK/Weber, § 393 Rn. 5; Soergel/R. Schmidt, § 393 Rn. 3; Staudinger/Kaduk, § 393 Rn. 21.

[10] RGZ 167, 257 (259); RG, DR 1941, S. 2401; BGH, NJW 1977, S. 529 (530); Blomeyer, Allgemeines Schuldrecht, § 40 VI. 2. a), S. 249; Erman/H. P. Westermann, § 393 Rn. 2; Esser/Schmidt, § 18 III. 2. a), S. 270; v. Feldmann, JuS 1983, S. 357 (361); Gernhuber, Die Erfüllung und ihre Surrogate, § 12 VI. 3. a), S. 238; Jauernig/Stürner, § 393 Anm. 2.; MünchKomm/v. Feldmann, § 393 Rn. 1; RGRK/Weber, § 393 Rn. 5; Soergel/R. Schmidt, § 393 Rn. 3; Staudinger/Kaduk, § 393 Rn. 23; StudK/Lüderitz, § 393 Anm. 2.

[11] RGRK/Weber, § 393 Rn. 8.

[12] BGH, BB 1954, S. 172; Erman/H. P. Westermann, § 393 Rn. 2; MünchKomm/v. Feldmann, § 393 Rn. 1; RGRK/Weber, § 393 Rn. 8; Soergel/R. Schmidt, § 393 Rn. 3; Staudinger/Kaduk, § 393 Rn. 19.

[13] Staudinger/Kaduk, § 393 Rn. 18.

[14] RGZ 76, 406 (408); MünchKomm/v. Feldmann, § 393 Rn. 1 a; Palandt/Heinrichs, § 393 Anm. 2) a); RGRK/Weber, § 393 Rn. 4; Soergel/R. Schmidt, § 393 Rn. 2; Staudinger/Kaduk, § 393 Rn. 7 f.

Ferner müsse das Aufrechnungsverbot auch für die Haftung derjenigen Geltung beanspruchen, die aus welchem Grunde auch immer für den Anspruch aus vorsätzlich begangener unerlaubter Handlung einzustehen hätten, also insbesondere für die Haftung des Schuldübernehmers,[16] des Erben,[17] des Geschäftsübernehmers gem. § 25 HGB,[18] der das Geschäft fortführenden Erben gem. § 27 HGB,[19] der juristischen Person gem. § 31 BGB,[20] und des Bürgen.[21]

Das Aufrechnungsverbot soll sich im übrigen auch auf Folgeschäden wie Zinsansprüche[22] und Kostenerstattungsansprüche erstrecken,[23] nicht aber auf den Anspruch auf Ersatz der Privatklagekosten.[24]

Der Abschluß eines Vergleiches soll das Aufrechnungsverbot unberührt lassen, soweit keine Schuldumschaffung (Novation) vorliege.[25]

Einer Aufrechnung durch den Geschädigten stehe § 393 BGB aber schließlich ebensowenig entgegen,[26] wie einer einverständlich vollzogenen Aufrechnung.[27]
Umstritten ist jedoch, ob § 393 BGB auch bei den Wiedergutmachungsansprüchen des BEG eingreift.[28] Gleiches gilt für den besonders gelagerten Fall, in

---

[15] BAG, JZ 1962, S. 286 (287); RGRK/Weber, § 393 Rn. 4.

[16] Enneccerus/Lehmann, § 73 II. 2., S. 280; MünchKomm/v. Feldmann, § 393 Rn. 1 b; RGRK/Weber, § 393 Rn. 1; Staudinger/Kaduk, § 393 Rn. 32.

[17] RGZ 154, 334 (339); MünchKomm/v. Feldmann, § 393 Rn. 1 b; RGRK/Weber, § 393 Rn. 1.

[18] RGZ 154, 334 (339); Blomeyer, Allgemeines Schuldrecht, § 40 VI. 2. a), S. 249 f.; Erman/H. P. Westermann, § 393 Rn. 3; MünchKomm/v. Feldmann, § 393 Rn. 1 b; RGRK/Weber, § 393 Rn. 1; Soergel/R. Schmidt, § 393 Rn. 2; Staudinger/Kaduk, § 393 Rn. 32.

[19] RGZ 154, 334 (339); Blomeyer, Allgemeines Schuldrecht, § 40 VI. 2. a), S. 249 f.; MünchKomm/v. Feldmann, § 393 Rn. 1 b; Soergel/R. Schmidt, § 393 Rn. 2.

[20] BayObLG, MDR 1985, S. 231.

[21] Erman/H. P. Westermann, § 393 Rn. 3; MünchKomm/v. Feldmann, § 393 Rn. 1 b; Staudinger/Kaduk, § 393 Rn. 33; Reichel, Die Schuldmitübernahme, S. 491.

[22] OLG Karlsruhe, MDR 1969, S. 483; Erman/H. P. Westermann, § 393 Rn. 2; Gernhuber, Die Erfüllung und ihre Surrogate, § 12 VI. 3. a), S. 237 Fn. 74; MünchKomm/v. Feldmann, § 393 Rn. 1 a; Staudinger/Kaduk, § 393 Rn. 26.

[23] OLG Karlsruhe, MDR 1969, S. 483; Erman/H. P. Westermann, § 393 Rn. 2; Gernhuber, Die Erfüllung und ihre Surrogate, § 12 VI. 3. a), S. 237 Fn. 74; Jauernig/Stürner, § 393 Anm. 2; MünchKomm/v. Feldmann, § 393 Rn. 1 a; Palandt/Heinrichs, § 393 Anm. 2) b); Staudinger/Kaduk, § 393 Rn. 26.

[24] Glötzner, MDR 1975, S. 718 (719); MünchKomm/v. Feldmann, § 393 Rn. 1 a; Palandt/Heinrichs, § 393 Anm. 2) b).

[25] MünchKomm/v. Feldmann, § 393 Rn. 1 b; Palandt/Heinrichs, § 393 Anm. 1) b).

[26] OLG Köln, LZ 1923 Sp. 232 (234); LG Stade, MDR 1958, S. 99; AK/Brüggemeier, § 393 Rn. 1; Gerhardt, in: Grundlagen des Vertrags- und Schuldrechts, 8. Kap. § 3 II. 4. a), S. 731; Larenz, Schuldrecht I, § 18 VI. b), 1., S. 239; MünchKomm/v. Feldmann, § 393 Rn. 1; Oertmann, § 393 Anm. 3; Palandt/Heinrichs, § 393 Anm. 1) b); Rehbein, S. 359; RGRK/Weber, § 393 Rn. 1; Soergel/R. Schmidt, § 393 Rn. 5; Staudinger/Kaduk, § 393 Rn. 34.

[27] Erman/H. P. Westermann, § 393 Rn. 1; Gernhuber, Die Erfüllung und ihre Surrogate, § 14 II. 4. b), S. 302 f.; MünchKomm/v. Feldmann, § 393 Rn. 1; Rehbein, S. 359; RGRK/Weber, § 393 Rn. 1; Staudinger/Kaduk, § 393 Rn. 29.

dem nicht nur gegenüber, sondern auch mit einer Forderung aus vorsätzlich begangenem Delikt aufgerechnet wird.[29]

II. Eigene Vorschläge

Orientiert man sich ausschließlich am Wortlaut des § 393 BGB, so muß sein Anwendungsbereich in der Tat auf die deliktischen Ansprüche der §§ 823 ff. BGB beschränkt bleiben. Denn zwar ist der Begriff der unerlaubten Handlung in den §§ 823 ff. BGB nicht enthalten, aber immerhin ist der 25. Titel des 2. Buches mit „unerlaubte Handlungen" überschrieben. Dies kann natürlich von einer am Wortlaut orientierten Auslegung des § 393 BGB nicht übergangen werden. Unterstellt man dementsprechend nur die Ansprüche aus §§ 823 ff. BGB dem Aufrechnungsverbot, so müssen wegen der Beschränkung des § 393 BGB auf Vorsatztäter die Tatbestände der Gefährdungshaftung vom Anwendungsbereich ebenso ausgeschieden werden, wie die nur fahrlässig begangenen unerlaubten Handlungen. Hält man sich an den Wortlaut des Gesetzes, so werden auch Ansprüche aus vorsätzlicher Vertragsverletzung, aus ungerechtfertigter Bereicherung usw. nicht von § 393 BGB erfaßt. Bedenken an einem ausschließlich durch den Wortlaut des § 393 BGB geprägten Anwendungsbereich des Aufrechnungsverbotes entstehen jedoch dann, wenn man, wie hier geschehen,[30] die Ansicht vertritt, der Zweck des § 393 BGB erschöpfe sich darin, der unzulässigen Selbsthilfe entgegenzuwirken. Unter dem Blickwinkel dieser ratio legis erscheint es zum einen naheliegend, den Anwendungsbereich von § 393 BGB auf sämtliche Ansprüche auszudehnen, die ihren Entstehungsgrund in einer unzulässigen Selbsthilfe haben. Umgekehrt erscheint es zum anderen dann nur als folgerichtig, den Anwendungsbereich des Aufrechnungsverbotes auch wirklich auf Fälle unzulässiger Selbsthilfe zu beschränken, also sämtliche Ansprüche auszuklammern, die nicht aus einer eigenmächtigen Forderungsbeitreibung resultieren. Will man auf diese Weise den Zweck des § 393 BGB zur vollen Entfaltung gelangen lassen, so kommt hierfür als rechtliches Instrumentarium auf der einen Seite

---

[28] *Bejahend:* BFH, JZ 1966, S. 186; BGH, MDR 1980, S. 395 Nr. 46.

Verneinend: BGH, WM 1965, S. 346 (347); BGH, LM Nr. 4 zu § 393; MünchKomm/v. Feldmann, § 393 Rn. 1 a; RGRK/Weber, § 393 Rn. 6; Soergel/R. Schmidt, § 393 Rn. 2.

[29] *Bejahend:* RGZ 123, 6 (7); OLG Celle, NJW 1981, S. 766; Enneccerus/Lehmann, § 73 II. 2., S. 279; Gerhardt, in: Grundlagen des Vertrags- und Schuldrechts, 8. Kap. § 3 II. 5. a), S. 731 f.; Haase, JR 1972, S. 137 (139); Medicus, Schuldrecht I, § 26 II. 5. c), S. 125; MünchKomm/v. Feldmann, § 393 Rn. 1 b; Palandt/Heinrichs, § 393 Anm. 2) b); Soergel/R. Schmidt, § 393 Rn. 5; Staudinger/Kaduk, § 393 Rn. 35.

Verneinend: Blomeyer, Allgemeines Schuldrecht, § 40 VI. 2. a), S. 250; Erman/H. P. Westermann, § 393 Rn. 2; Fikentscher, § 39 III. 7. c), S. 206; Jauernig/Stürner, § 393 Anm. 1; Larenz, Schuldrecht I, § 18 VI. b) 1., S. 239; Lüke/Huppert, JuS 1971, S. 165 (167); StudK/Lüderitz, § 393 Anm. 3.; E. Wolf, § 8 F. II. d) 2. cc), S. 410.

Differenzierend: LG Stade, MDR 1958, S. 99; Brox, Allgemeines Schuldrecht, § 15 V. 2. a), Rn. 189; Deutsch, NJW 1981, S. 735; RGRK/Weber, § 393 Rn. 7.

[30] Vgl. 2. Teil, 1. Kap., IV. 2.

eine analoge Anwendung der Vorschrift in Betracht, auf der anderen deren teleologische Reduktion.

1. Die analoge Anwendung von § 393 BGB

Man könnte meinen, § 393 BGB stelle als Aufrechnungsverbot eine Ausnahmevorschrift dar und Ausnahmevorschriften seien ihrer Natur nach einer Analogie gar nicht fähig. Wäre dies richtig, so müßte eine analoge Anwendung von § 393 BGB von vornherein ausscheiden. Die allgemeine und ausnahmslose Geltung des Satzes „singularia non sunt extendenda" wird aber heute wohl von niemandem mehr ernstlich behauptet. Schon gegenüber der bloßen Statuierung eines entsprechenden Grundsatzes ist eine gewisse Skepsis angebracht.[31] Richtig ist nur, daß eine Vorschrift, wenn sie für einen bestimmten Ausnahmefall erlassen ist, natürlich nicht auf Fälle angewendet werden kann, in denen diese Ausnahmesituation nicht gegeben ist.[32] In den Grenzen des Grundgedankens der jeweiligen Ausnahmevorschrift, d.h. soweit es die ratio legis gebietet, ist eine Analogie dagegen sehr wohl statthaft.[33] Die grundsätzliche Analogiefähigkeit von Ausnahmevorschriften ist dementsprechend heutzutage allgemein anerkannt.[34]

Ungeachtet seines Ausnahmecharakters kann § 393 BGB daher auf alle Ansprüche analog angewendet werden, die zwar nicht deliktischer Natur, wohl aber aus einer unzulässigen Selbsthilfe entstanden sind, sofern nur die Voraussetzungen einer solchen Analogie vorliegen.

Unter Analogie ist die Ausfüllung einer Gesetzeslücke durch Übertragung der für einen Sachverhalt im Gesetz gegebenen Regel auf einen vom Gesetz nicht geregelten, aber ähnlichen Sachverhalt zu verstehen.[35] Die Analogie rechtfertigt sich aus der unter rechtlichen Gesichtspunkten zu bejahenden Gleichartigkeit der beiden Tatbestände, also letztlich aus dem Gebot der Gerechtigkeit, Gleichartiges auch gleich zu behandeln.[36] Bei der Frage, wann die insoweit erforder-

---

[31] Bydlinski, S. 81 und 440; Canaris, Die Feststellung von Lücken im Gesetz, § 173, S. 181; Engisch, S. 151 f.; Larenz, Methodenlehre, Kap. 4 4. a), S. 339; F. Müller, S. 151.

[32] Engisch, S. 151.

[33] Bydlinski, S. 440; Canaris, Die Feststellung von Lücken im Gesetz, § 173, S. 181; Larenz, Methodenlehre, Kap. 4 4. a), S. 340; MünchKomm/Säcker, Einl. Rn. 102; Soergel/Hefermehl, Anh. zu § 133 Rn. 13.

[34] Bydlinski, S. 440; Canaris, Die Feststellung von Lücken im Gesetz, § 173, S. 181; Engisch, S. 151 f.; A. Kaufmann, JZ 1958, S. 9 f.; Klug, S. 100 f.; MünchKomm/Säcker, Einl. Rn. 102; F. Müller, S. 151; G.u.D. Reinicke, NJW 1952, S. 1153; Soergel/Hefermehl, Anh. zu § 133 Rn. 13.

[35] Bydlinski, S. 475; Enneccerus/Nipperdey, § 58 II. 1., S. 339; Hübner, § 6 IV. 1. a), Rn. 67; Larenz, Methodenlehre, Kap. 5 2. b), S. 365; Sattelmacher/Sirp, S. 42 f.; Soergel/Hefermehl, Anh. zu § 133 Rn. 13; Staudinger/Coing, Einl. Rn. 156.

[36] Larenz, Methodenlehre, Kap. 5 2. b), S. 365; Obermayer, NJW 1966, S. 1885 (1889 f.); Pawlowski, § 29, Rn. 741 f.; Sattelmacher/Sirp, S. 43; Soergel/Hefermehl, Anh. zu § 133 Rn. 13; Staudinger/Coing, Einl. Rn. 156.

liche Gleichartigkeit gegeben ist, gewinnt die der jeweiligen Norm zugrundeliegende Ratio maßgebliche Bedeutung.[37]

Hiernach kann und muß § 393 BGB auf solche Ansprüche analoge Anwendung finden, die der Privilegierung durch das Aufrechnungsverbot ebenso bedürfen, wie die aus vorsätzlich begangener unerlaubter Handlung. Ob und inwiefern ein solches Bedürfnis nach Gleichbehandlung besteht, ist wertend aufgrund rechtlicher Gesichtspunkte, d.h. unter besonderer Berücksichtigung der ratio legis, zu ermitteln. Besteht nun die Ratio des § 393 BGB in der Vorbeugung unzulässiger Selbsthilfe, so ist die Beschränkung auf Ansprüche aus unerlaubter Handlung in dem Maße zweckwidrig, in dem es Fälle unzulässiger Selbsthilfe gibt, die zwar keine Ansprüche aus §§ 823 ff. BGB, wohl aber anderweitige Ersatzansprüche auszulösen vermögen. Daß solche Fälle denkbar sind, wird durch folgende Beispiele deutlich:

Beispiel 7
A hat B ein Darlehen in Höhe von 10.000,- DM gewährt. Zur Sicherung hat B dem A seine gegen X bestehenden Forderungen abgetreten. Diese Zession ist jedoch unwirksam, was dem A nicht verborgen geblieben ist. Als B bei Fälligkeit des Darlehens insolvent ist, wendet sich A an X. Dieser zahlt 10.000,- DM an A, weil ihm von B die Abtretung — auf Drängen des A — angezeigt worden war.

Gem. § 409 Abs. 1, S. 1 BGB ist X von seinen gegenüber B bestehenden Verpflichtungen in Höhe von 10.000,- DM frei geworden. Da jedoch die Zession unwirksam ist, hat B gegen A einen Anspruch auf Zahlung von 10.000,- DM gem. § 816 Abs. 2 BGB. Rechnet nun A gegenüber diesem Anspruch mit seiner Darlehensforderung auf, so steht § 393 BGB seinem Wortlaut nach der Aufrechnung nicht entgegen, da A keine unerlaubte Handlung begangen hat. Denn der vorsätzliche Eingriff des A in die bei B verbliebene Forderungszuständigkeit hinsichtlich der gegenüber X bestehenden Ansprüche kann nicht als Rechtsverletzung im Sinne des § 823 Abs. 1 BGB angesehen werden.[38] Außerdem würde ein Schadensersatzanspruch des B gem. §§ 823 Abs. 2 BGB, 263 StGB wohl jedenfalls deshalb ausscheiden, weil B keinen Vermögensschaden erlitten hat.

Beispiel 8
A hat dem Zwischenhändler B bereits mehrfach Waren unter Stundung des Kaufpreises veräußert. Als B besonders teure Waren von A kaufen will, besteht dieser auf

---

[37] Bydlinski, S. 475, 477 und öfter; Hübner, § 6 IV. 1. a), Rn. 67; Larenz, Methodenlehre, Kap. 5 2. b), S. 365; RGRK/KrügerNieland/Zöller, § 133 Rn. 53; Staudinger/Coing, Einl. Rn. 156.

[38] So jedenfalls die h.M.; RGZ 57, 353 (355); RGZ 95, 283 (284); BGHZ 12, 308 (317 f.); Blomeyer, Allgemeines Schuldrecht, § 2 III. 4. c), S. 14; Erman/Drees, § 823 Rn. 25; Esser/Weyers, § 55 I. 2. b), S. 464; Jauernig/Teichmann, § 823 Anm. II. 5. d) cc); Medicus, Schuldrecht II, § 140 III. 1., S. 343; MünchKomm/Mertens, § 823 Rn. 110; Otte, JZ 1969, S. 253 (256 ff.); Palandt/Thomas, § 823 Anm. 6) k); Staudinger/Schäfer, § 823 Rn. 81; StudK/Medicus, § 823 Anm. II. 1. E.; a.A. aber etwa: Fikentscher, § 103 I. 6. a), S. 728; Larenz, Schuldrecht II, § 72 I. a), S. 604 f. und Schuldrecht I, § 33 III., S. 522; ebenso wohl Soergel/Zeuner, § 823 Rn. 43; noch weitergehend will Mincke, JZ 1984, S. 862 (866) Forderungsrechte als absolute Rechte qualifizieren.

zumindest teilweiser Barzahlung. B leistet daraufhin sofort eine Anzahlung in Höhe von 10.000,- DM an A, der die Waren umgehend zu liefern verspricht. Sodann erfährt A, daß über das Vermögen des B das Konkursverfahren eröffnet werden soll. Deshalb verweigert er die Lieferung der zuletzt bestellten Waren und erklärt gegenüber dem Anspruch des B auf Schadensersatz bzw. auf Rückzahlung der 10.000,- DM die Aufrechnung mit den rückständigen Kaufpreisforderungen aus den früheren Warenlieferungen.

Auch hier hat A keine unerlaubte Handlung begangen. Zum einen scheidet ein Anspruch gem. § 823 Abs. 2 BGB i.V.m. § 263 StGB aus, weil A bei Entgegennahme der 10.000,- DM noch die Absicht hatte, die bestellten Waren zu liefern. Zum anderen scheidet ein Anspruch nach §§ 823 Abs. 2 BGB i.V.m. § 246 StGB aus, weil B dem A die Zahlungsmittel übereignet hatte.

In beiden Fällen hat A also keine unerlaubte Handlung im Sinne der §§ 823 ff. BGB begangen, aber als unzulässige Selbsthilfe ist sein Verhalten gleichwohl zu qualifizieren. Obwohl die Voraussetzungen der §§ 229, 230 BGB nicht vorlagen, hat A in beiden Fällen unter Ausnutzung der jeweiligen Umstände vorsätzlich eine Aufrechnungslage erst herbeigeführt, um sich sodann für seine uneinbringliche Forderung eigenmächtig Befriedigung verschaffen zu können. Im siebten Beispiel ist dies durch positives Tun geschehen, als A sich an X wandte und von diesem 10.000,- DM entgegennahm. Im achten Beispiel hat A eine unzulässige Selbsthilfe durch Unterlassen, nämlich durch die Verweigerung der Vertragserfüllung begangen. Erst infolge dieser Vertragsverletzung ist der Schadensersatz bzw. Rückzahlungsanspruch des B und somit eine Aufrechnungslage entstanden. Unter dem Blickwinkel der Selbsthilfe sind die Fälle nicht anders zu beurteilen, als wenn A dem B die 10.000,- DM gestohlen hätte.[39] Deshalb muß dem A auch in den Beispielsfällen die Aufrechnung in analoger Anwendung des § 393 BGB versagt werden.

Eine unzulässige Selbsthilfe muß also nicht stets eine unerlaubte Handlung darstellen und Ansprüche aus den §§ 823 ff. BGB auslösen. Deshalb kann der Anwendungsbereich von § 393 BGB nicht auf vorsätzlich begangene unerlaubte Handlungen beschränkt bleiben, da das Aufrechnungsverbot gerade der unzulässigen Selbsthilfe vorzubeugen bezweckt. Vielmehr ist § 393 BGB auf alle Ansprüche analog anzuwenden, die aus einer unzulässigen Selbsthilfe entstanden sind, mögen sie auf Bereicherungsrecht, Vertragsverletzung oder auf einer anderen Anspruchsgrundlage beruhen.

2. Die teleologische Reduktion von § 393 BGB

So sehr es der Zweck des § 393 BGB gebietet, die Vorschrift auf sämtliche Fälle analog anzuwenden, in denen eine unzulässige Selbsthilfe andere als deliktische Ansprüche ausgelöst hat, so wenig erscheint es von der ratio legis her einleuch-

---

[39] Wegen Diebstahls hätte A sich allerdings nicht strafbar gemacht; vgl. dazu oben 2. Teil, 1. Kap., IV. 2.

tend, daß alle Ansprüche aus vorsätzlich begangener unerlaubter Handlung dem Aufrechnungsverbot unterfallen sollen. Denn eine unzulässige Selbsthilfe stellt zwar typischer- wenn auch, wie gezeigt, nicht notwendigerweise eine unerlaubte Handlung im Sinne der §§ 823 ff. BGB dar. Aber umgekehrt erfolgt eine vorsätzlich begangene unerlaubte Handlung natürlich nicht immer zum Zwecke eigenmächtiger Forderungsbeitreibung. Dies wird sogar nur in wenigen Ausnahmefällen der Fall sein. Da jedoch nur in diesen Ausnahmefällen die Anwendung von § 393 BGB dem Zweck der Vorschrift entspricht, ist es naheliegend, den Anwendungsbereich des Aufrechnungsverbotes im Wege der teleologischen Reduktion entsprechend einzuengen.

Die teleologische Reduktion bildet gewissermaßen das Spiegelbild zur Analogie.[40] Während bei der Analogie der Anwendungsbereich einer Norm über die durch den möglichen Wortsinn gezogenen Grenzen hinaus erweitert wird, wird der Anwendungsbereich bei der teleologischen Reduktion entgegen dem Wortlaut der Norm eingeengt.[41] Auch in ihren Begründungen entsprechen beide Rechtsinstitute einander. Die Analogie wird von dem Gebot der Gerechtigkeit getragen, gleichartige Fälle gleich zu behandeln.[42] Umgekehrt beruht die teleologische Reduktion auf dem korrespondierenden Gebot, Ungleiches ungleich zu behandeln.[43] Wann eine solche Ungleichbehandlung und damit eine teleologische Reduktion geboten ist, hängt entscheidend vom jeweiligen Sinnzusammenhang, also letztlich von der Ratio der fraglichen Norm ab.[44] Eine teleologische Reduktion hat deshalb dann zu erfolgen, wenn eine abstrakt umschreibbare Fallgruppe von dem Zweck des Gesetzes entgegen dessen Wortlaut gar nicht getroffen wird und sich von den „eigentlich gemeinten" Fällen so weit abhebt, daß eine Gleichbehandlung sachlich nicht zu rechtfertigen wäre.[45]

Hiernach ist auch der Anwendungsbereich von § 393 BGB im Wege der teleologischen Reduktion über die durch den Wortlaut gezogenen Grenzen hinaus einzuschränken. Denn geht man mit der hier vertretenen Ansicht davon aus, § 393 BGB bezwecke die Vorbeugung unzulässiger Selbsthilfe, so kann die ratio legis gar nicht erreicht werden, wenn die unerlaubte Handlung nicht zum Zwecke eigenmächtiger Forderungsbeitreibung begangen wurde. Dies wird bei dem bereits erwähnten[46] Beispiel besonders deutlich, in dem der Gläubiger einer

---

[40] Canaris, Die Feststellung von Lücken im Gesetz, § 76, S. 83 f. insbes. Fn. 90; Larenz, Methodenlehre, Kap. 5 2. c), S. 375 f.

[41] Canaris, Die Feststellung von Lücken im Gesetz, § 76, S. 83 f. insbes. Fn. 90; Larenz, Methodenlehre, Kap. 5 2. c), S. 375 f.

[42] Larenz, Methodenlehre, Kap. 4 2. b), S. 365 und c), S. 376; Obermayer, NJW 1966, S. 1885 (1889 f.); Pawlowski, § 29, Rn. 741 f.; Sattelmacher/Sirp, S. 43; Soergel/Hefermehl, Anh. zu § 133 Rn. 13; Staudinger/Coing, Einl. Rn. 156.

[43] Bydlinski, S. 480; Larenz, Methodenlehre, Kap. 5 2. c), S. 376.

[44] Bydlinski, S. 480; Larenz, Methodenlehre, Kap. 5 2. c), S. 376.

[45] Bydlinski, S. 480.

[46] Vgl. 2. Teil, 1. Kap., IV. 1.

Forderung aus vorsätzlich begangener unerlaubter Handlung seinem Schädiger erst nach dessen Tat etwas schuldig wird. In einem solchen Fall kann die unerlaubte Handlung schlechterdings nicht zum Zwecke eigenmächtiger Forderungsbeitreibung begangen worden sein, da zum Zeitpunkt der unerlaubten Handlung eine Forderung, deren Befriedigung hätte angestrebt werden können, noch gar nicht bestand. Der Zweck des § 393 BGB kann folglich nicht realisiert werden. Wollte man den Täter der unerlaubten Handlung in einem solchen Fall gleichwohl mit dem Aufrechnungsverbot belegen, so wäre dies zum einen im Hinblick auf die besonders gelagerten unerlaubten Handlungen, die zum Zwecke unzulässiger Selbsthilfe begangen werden, und im Hinblick auf die nicht erfaßten vorsätzlichen Vertragsverletzungen willkürlich. Zum anderen käme die Anwendung von § 393 BGB obendrein der Verhängung einer unzulässigen Privatstrafe gleich.[47] Werden unerlaubte Handlungen deshalb nicht um der eigenmächtigen Forderungsbeitreibung willen begangen, so ist für ein Aufrechnungsverbot kein Bedürfnis ersichtlich, weshalb diese Fälle vom Anwendungsbereich des § 393 BGB ausgeklammert werden sollten.

Der Anwendungsbereich von § 393 BGB ist daher der ratio legis entsprechend im Wege der analogen Anwendung auf alle Ansprüche auszudehnen, die aus eine Reihe von speziellen Vorschriften bereit, mit deren Hilfe dem Gläubiger die Reduktion auf solche unerlaubten Handlungen zu begrenzen, die sich als Fälle unzulässiger Selbsthilfe darstellen.

III. Die praktische Bedeutung von § 393 BGB

Die praktische Bedeutung von § 393 BGB ist jedenfalls dann nicht sonderlich groß, wenn man die Vorschrift mit der hier vertretenen Auffassung zwar auf alle, aber eben auch nur auf Fälle unzulässiger Selbsthilfe angewendet wissen will.

Wie bereits erwähnt,[48] zeitigt das Aufrechnungsverbot nämlich nennenswerte Wirkungen nur dann, wenn die Forderung seines Adressaten gegen den Gläubiger des durch § 393 BGB privilegierten Anspruchs uneinbringlich ist. Denn liegt kein Fall der Insolvenz vor, so muß zwar von der unkomplizierten Tilgungsmodalität der Aufrechnung Abstand genommen werden, aber ein wirtschaftlicher Nachteil ist von dem Adressaten des Aufrechnungsverbotes nicht zu besorgen.

Gerade für Fälle der Zahlungsunfähigkeit stellt nun aber das Insolvenzrecht eine Reihe von speziellen Vorschriften bereit, mit deren Hilfe dem Gläubiger die Früchte seiner eigenmächtigen Forderungsbeitreibung genommen werden können, ohne daß es stets eines zusätzlichen Aufrechnungsverbotes bedürfte.

---

[47] Vgl. 2. Teil, 1. Kap., IV. 2.

[48] Vgl. 2. Teil, 1. Kap., IV. 1.

Insoweit ist zunächst die Vorschrift des § 55 S. 1, Nr. 1 KO zu berücksichtigen, nach der eine Aufrechnung ohnehin ausgeschlossen ist, wenn jemand vor Konkurseröffnung eine Forderung gegen den Gemeinschuldner erworben hat, aber erst nach Konkurseröffnung etwas zur Masse schuldig geworden ist. Wird eine unzulässige Selbsthilfe deshalb erst nach Konkurseröffnung begangen, so scheitert die Aufrechnung bereits an § 55 S. 1, Nr. 1 KO, so daß es eines Rückgriffs auf § 393 BGB nicht bedarf.

Ferner ist die Möglichkeit der Konkursanfechtung gem. §§ 29 ff. KO in Rechnung zu stellen. Denn insbesondere aufgrund der Anfechtungstatbestände des § 30 Nr. 1, 2. Fall, Nr. 2 KO ist — anders als bei der Gläubigeranfechtung nach dem Anfechtungsgesetz — nicht nur eine Rechtshandlung des Schuldners, sondern auch eine solche des Gläubigers anfechtbar.[49] Der Begriff der Rechtshandlung ist außerdem weit auszulegen, weshalb nicht nur Rechtsgeschäfte, sondern auch rechtsgeschäftsähnliche[50] und alle tatsächlichen Handlungen darunter fallen, die rechtliche Wirkungen auslösen.[51] Sogar das Herbeiführen einer Aufrechnungslage kann anfechtbar sein. Hierzu hat der BGH in einer Grundsatzentscheidung vom 2. Februar 1972 ausgeführt[52]:

> Wird die Befriedigung dadurch herbeigeführt, daß ein Schuldner des Gemeinschuldners in Kenntnis der Krise eine Forderung gegen den Gemeinschuldner erwirbt und dann aufrechnet, so verwehrt ihm § 55 Nr. 3 KO die Aufrechnung. Macht sich aber ein Gläubiger des Gemeinschuldners nach Ausbruch und in Kenntnis der Krise dadurch zu dessen Schuldner, daß er Werte des Gemeinschuldners an sich zieht, und verschafft sich der Gläubiger dann Befriedigung durch Aufrechnung, so steht zwar dieser Aufrechnung § 55 KO nicht entgegen, wohl aber ist die Befriedigung nach § 30 Nr. 1, Fall 2 KO anfechtbar erlangt.[53]

Legt man dies zugrunde, so könnte wohl auch das als unzulässige Selbsthilfe zu qualifizierende Verhalten des A im sechsten, siebenten und achten Beispiel noch unter den Begriff der Rechtshandlung subsumiert werden. Soweit aber Akte unzulässiger Selbsthilfe schon zu Recht gem. §§ 29 ff. KO angefochten werden, ist gegenüber dem Rückgewähranspruch aus § 37 KO die Aufrechnung ohnehin gem. § 55 S. 1, Nr. 1 KO ausgeschlossen. Denn der Rückgewähranspruch entsteht erst mit der Konkursanfechtung, also nach der Konkurseröff-

[49] BGHZ 58, 108 (110); BGHZ 70, 177 (181); BGH, NJW 1978, S. 758; Baur/Stürner, § 64 II., Rn. 1110; Jauernig, Zwangsvollstreckungs- und Konkursrecht, § 50 V. 1., S. 206; Kropshofer, in Hess/Kropshofer, § 29 Rn. 4 und § 30 Rn. 15; Kuhn/Uhlenbruck, § 30 Rn. 32 a; Schlosser, § 12 IV. 4. b), Rn. 332.

[50] BGH, MDR 1976, S. 221; BGH, WM 1975, S. 1182 (1184).

[51] Jauernig, Zwangsvollstreckungs- und Konkursrecht, § 50 V. 1., S. 206; Kropshofer, in Hess/Kropshofer, § 29 Rn. 4; Kuhn/Uhlenbruck, § 29 Rn. 6; Schlosser, § 12 IV. 3. a), Rn. 326; Baur/Stürner, § 64 II., Rn. 1110.

[52] BGHZ 58, 108 (113); ebenso BGHZ 86, 349 und BGH, JZ 1984, S. 420 (421).

[53] Zustimmend: Canaris, Bankvertragsrecht, Rn. 499; Gerth, BB 1978, S. 689 (690); Kübler, BB 1976, S. 801 (803 ff.); Kuhn/Uhlenbruck, § 30 Rn. 42 g; Schlosser, § 12 IV. 4. b), Rn. 332; a.A., aber etwa: Obermüller, FS Bärmann, S. 709 (721).

nung, so daß die Voraussetzungen des § 55 S. 1, Nr. 1 KO erfüllt sind.[54] Insoweit erübrigt sich ein Rückgriff auf das Aufrechnungsverbot des § 393 BGB.[55]

Auch die speziellen Vorschriften über die Konkursanfechtung konkurrieren also gewissermaßen mit dem Aufrechnungsverbot des § 393 BGB.

Eine konstitutive Bedeutung mag § 393 BGB, auch wenn man seinen Anwendungsbereich ausschließlich nach der ratio legis bemißt, etwa dann noch haben, wenn es entweder gar nicht zur Konkurseröffnung kommt oder die Selbsthilfe rechtzeitig vor dem im Rahmen des § 30 KO maßgeblichen Zeitpunkt der Zahlungseinstellung bzw. vor der Stellung des Eröffnungsantrages begangen wird. Der nach seiner Ratio ohnehin nicht gerade breite Anwendungsbereich des § 393 BGB verliert jedoch im Hinblick auf spezielle Rechtsinstitute des Insolvenzrechts zusätzlich an Bedeutung, was aber an den Ergebnissen der bisherigen Ausführungen nichts zu ändern vermag.

De lege ferenda wäre es allerdings erwägenswert, die Vorschrift des § 393 BGB abzuschaffen und durch ein entsprechendes Aufrechnungsverbot im Insolvenzrecht zu ersetzen. Dies würde jedenfalls der eigentlichen Bedeutung des § 393 BGB in Fällen der Zahlungsunfähigkeit des Gläubigers der durch § 393 BGB privilegierten Forderung Rechnung tragen.

De lege lata ist der Anwendungsbereich von § 393 BGB jedoch nach dem der Vorschrift zugrunde liegenden Zweck entgegen ihrem Wortlaut in der geschilderten Weise zu modifizieren.

---

[54] BGHZ 15, 333 (337); Hess, in Hess/Kropshofer, § 55 Rn. 5; Kuhn/Uhlenbruck, § 37 Rn. 24; BGH, KTS 1982, S. 410 (415).

[55] Dies wird von der h.M. nicht genügend beachtet; denn insoweit erübrigt sich i.a.R. die Feststellung, der Anspruch aus § 37 KO unterfalle dem Aufrechnungsverbot des § 393 BGB dann, wenn die anfechtbare Rechtshandlung zugleich eine unerlaubte Handlung gem. § 826 BGB darstelle. So aber: BGH, BB 1954, S. 172; Erman/H. P. Westermann, § 393 Rn. 2; MünchKomm/v. Feldmann, § 393 Rn. 1; RGRK/Weber, § 393 Rn. 8; Soergel/R. Schmidt, § 393 Rn. 3; Staudinger/Kaduk, § 393 Rn. 19.

3. Kapitel

Einzelfragen zu § 393 BGB

Abschließend soll in einem letzten Kapitel noch einer Reihe ausgewählter Einzelfragen zu § 393 BGB nachgegangen werden.

I. Die Anwendbarkeit von § 393 BGB bei wechselseitig begangenen unerlaubten Handlungen

Wie bereits erwähnt,[1] wird der Fall, in dem nicht nur gegenüber, sondern auch mit einer Forderung aus vorsätzlich begangenem Delikt aufgerechnet wird, unterschiedlich gelöst.

Teilweise wird die Ansicht vertreten, § 393 BGB müsse seinem Wortlaut entsprechend auch dann Anwendung finden, wenn sich zwei Ansprüche aus vorsätzlich begangener unerlaubter Handlung gegenüberstehen.[2] Andere meinen hingegen, der Zweck der Vorschrift verbiete es, das Aufrechnungsverbot in derartigen Fällen zur Anwendung gelangen zu lassen.[3] Hierbei wird der Zweck des Aufrechnungsverbotes aber, wie bereits geschildert,[4] ganz überwiegend mit der Rechtsfolge des § 393 BGB verwechselt. Schließlich wird auch — gewissermaßen vermittelnd — die Auffassung vertreten, § 393 BGB greife ausnahmsweise dann nicht ein, wenn die beiden Ansprüche aus vorsätzlich begangenem Delikt aus einem einheitlichen Lebensverhältnis, wie etwa einer Prügelei, herrühren.[5] Letzteres wird etwa mit der nicht mehr nachvollziehbaren Behauptung begründet, andernfalls werde der vom Gesetzgeber verfolgte Zweck in sein Gegenteil verkehrt.[6] Dies muß schon deshalb als verfehlt bezeichnet werden, weil gerade die

---

[1] 2. Teil, 2. Kap., I.

[2] RGZ 123, 6 (7); OLG Celle, NJW 1981, S. 766; Enneccerus/Lehmann, § 73 II. 2., S. 279; v. Feldmann, JuS 1983, S. 357 (361 Fn. 58); Gerhardt, in: Grundlagen des Vertrags- und Schuldrechts, 8. Kap. § 3 II. 5. a), S. 731 f.; Haase, JR 1972, S. 137 (139); Medicus, Schuldrecht I, § 26 II. 5. c), S. 125; MünchKomm/v. Feldmann, § 393 Rn. 1 b; Palandt/Heinrichs, § 393 Anm. 2) b); Soergel/R. Schmidt, § 393 Rn. 5; Staudinger/Kaduk, § 393 Rn. 35.

[3] Blomeyer, Allgemeines Schuldrecht, § 40 VI. 2. a), S. 250; Erman/H. P. Westermann, § 393 Rn. 2; Fikentscher, § 39 III. 7. c), S. 206; Jauernig/Stürner, § 393 Anm. 1.; Larenz, Schuldrecht I, § 18 VI. b), S. 239; Lüke/Huppert, JuS 1971, S. 165 (167); StudK/Lüderitz, § 393 Anm. 3.; E. Wolf, § 8 F. II. d) 2. cc), S. 410.

[4] Siehe oben 2. Teil, 1. Kap., III.

[5] LG Stade, MDR 1958, S. 99; Brox, Allgemeines Schuldrecht, § 15 V. 2. a), Rn. 189; Deutsch, NJW 1981, S. 735; RGRK/Weber, § 393 Rn. 7.

[6] LG Stade, MDR 1958, S. 99.

Verfasser des Bürgerlichen Gesetzbuches ausgeführt haben, dem Diebe und dem einem Dieb gleichzustellenden Übeltäter sei die Aufrechnung schlechthin, also stets und ausnahmslos, zu entziehen.[7]

Richtig ist nur, daß die Frage, ob das Aufrechnungsverbot auch bei wechselseitig begangenen unerlaubten Handlungen eingreift, entscheidend vom Zweck des § 393 BGB abhängt. Erblickt man aber mit der hier vertretenen Auffassung den Zweck des § 393 BGB in der Vorbeugung unzulässiger Selbsthilfe, so erscheint bereits die Fragestellung als verfehlt.

Denn ob eine unerlaubte Handlung zum Zwecke unzulässiger Selbsthilfe begangen wurde, ist nicht davon abhängig, daß auch der Geschädigte seinerseits eine unerlaubte Handlung begangen hat. Unter dem Blickwinkel der Ratio des § 393 BGB ist es m.a.W. unerheblich, ob die Forderung, die der Gläubiger eigenmächtig beizutreiben versucht, eine deliktische ist oder ob sie aus anderen Rechtsgründen herrührt.

Bei wechselseitig begangenen unerlaubten Handlungen wird man lediglich als Faustregel sagen können, daß jedenfalls der Erstschädiger in aller Regel nicht zum Zwecke der Selbsthilfe gehandelt hat und deshalb aufrechnen darf. Denn regelmäßig hatte der Erstschädiger zum Zeitpunkt der unerlaubten Handlung keine Forderung gegen den Geschädigten, die er eigenmächtig durchzusetzen hätte versuchen können.

Ob sodann der Zweitschädiger zum Zwecke der Selbsthilfe gehandelt hat, ist Tatfrage. Denn zwar stand ihm zum Zeitpunkt seiner unerlaubten Handlung eine Forderung gegen den Erstschädiger wegen dessen unerlaubter Handlung zu. Aber ob er diese mit seiner Zweitschädigung beizutreiben versucht hat, muß anhand der Umstände des jeweiligen Einzelfalles geklärt werden und dürfte jedenfalls bei dem typischen Fall der Wirtshausprügelei zu verneinen sein.

II. Die Anwendbarkeit von § 393 BGB bei Ansprüchen nach dem BEG

Während wohl überwiegend die Auffassung vertreten wird, § 393 BGB finde im Bereich des BEG keine Anwendung,[8] glaubt insbesondere die Rechtsprechung aus jüngerer Zeit, auch die Wiedergutmachungsansprüche nach dem BEG durch die entsprechende Anwendung des Aufrechnungsverbotes privilegieren zu müssen.[9]

---

[7] Vgl. oben 1. Teil, 4. Kap., IV.

[8] BGH, LM Nr. 4 zu § 393; BGH, WM 1965, S. 346 (347); MünchKomm/v. Feldmann, § 393 Rn. 1 a; RGRK/Weber, § 393 Rn. 6; Soergel/R. Schmidt, § 393 Rn. 2.

[9] BGH, MDR 1980, S. 395 Nr. 46; BFH, JZ 1966, S. 186.

Gegen die Anwendbarkeit von § 393 BGB im Bereich des BEG wird vor allem vorgebracht, die Entschädigungsansprüche nach dem BEG seien zwar Wiedergutmachungsansprüche für die während der NS-Gewaltherrschaft begangenen unerlaubten Handlungen, aber sie seien gleichwohl nicht unter § 393 BGB zu subsumieren, weil sie durch das BEG als öffentlich-rechtliche Ansprüche neu geschaffen worden seien.[10]

Demgegenüber wird die entsprechende Anwendung von § 393 BGB im Bereich des BEG vom BFH folgendermaßen begründet: Wenn es nach § 393 BGB schon ausgeschlossen sei, daß gegen irgendwelche Ansprüche aus vorsätzlich begangener unerlaubter Handlung im Sinne der §§ 823 ff. BGB aufgerechnet werde, so müsse dies um so mehr und erst recht für eine Aufrechnung gegen Ansprüche auf Entschädigung nach dem BEG gelten, die ihren Grund in der vom nationalsozialistischen Unrechtsstaat veranlaßten Verfolgungsmaßnahmen hätten, deren Unrechtsgehalt weit schwerwiegender sei.[11] Nur dies sei mit Sinn und Zweck des Gesetzes vereinbar.[12]

Die Argumentation des BFH ist schon deshalb zweifelhaft, weil er sich in der fraglichen Entscheidung einer Beschreibung der Ratio des Aufrechnungsverbotes enthält. Eine gewisse Plausibilität könnte man dem a minore ad maius — Schluß des BFH allenfalls dann abgewinnen, wenn § 393 BGB eine Straffunktion zugesprochen werden könnte. Denn nur unter dem Blickwinkel der Straffunktion ist der Unrechtsgehalt der unerlaubten Handlung, auf den der BFH abhebt, von Bedeutung. Tatsächlich verbietet es sich jedoch nach den obigen Ausführungen[13] den Zweck von § 393 BGB in einer Bestrafung seines Adressaten zu erblicken.

Stellt man aber, wie es auch der BFH zutreffend getan hat, auf den Zweck des § 393 BGB ab, so kann er auf die Ansprüche nach dem BEG keine analoge Anwendung finden. Denn so gravierend der Unrechtsgehalt der zur Zeit des Nationalsozialismus begangenen Greueltaten auch gewesen ist, so wenig sind diese Taten doch zum Zwecke eigenmächtiger Forderungsbeitreibung begangen worden. Unter dem Blickwinkel unerlaubter Selbsthilfe bedürfen deshalb weder die unmittelbar aus den nationalsozialistischen Unrechtstaten herrührenden Ansprüche, noch die neu geschaffenen Wiedergutmachungsansprüche einer Privilegierung. Im Bereich des BEG findet § 393 BGB daher keine analoge Anwendung.

---

[10] BGH, WM 1965, S. 346 (347); MünchKomm/v. Feldmann, § 393 Rn. 1 a; RGRK/Weber, § 393 Rn. 6.

[11] BFH, JZ 1966, S. 186.

[12] BFH, aaO.

[13] Vgl. 2. Teil, 1. Kap., IV. 1.

III. Die Anwendbarkeit von § 393 BGB bei Verbotsirrtümern

Orientiert man sich ausschließlich am Wortlaut des § 393 BGB und folgt man der im Zivilrecht weitgehend vertretenen Vorsatztheorie,[14] so kann § 393 BGB dann keine Anwendung finden, wenn der Deliktstäter einem Verbotsirrtum erlegen war, mag dieser auch vermeidbar gewesen sein. Vielmehr hält es die h.M. für die Anwendbarkeit des Aufrechnungsverbotes unter strikter Beachtung des Gesetzeswortlautes stets für erforderlich, daß dem Täter die Widerrechtlichkeit seiner Handlung bewußt war.[15] Aber auch wenn man die grundsätzliche Geltung der Vorsatztheorie im Zivilrecht anerkennt, erscheint es zweifelhaft, ob man die Anwendbarkeit von § 393 BGB vom Unrechtsbewußtsein seines Adressaten abhängig machen kann. Hierdurch ließe man die Vorschrift des § 393 BGB nämlich praktisch ins Leere laufen. Denn es wäre wenig damit gewonnen, die Selbsthilfe grundsätzlich zu verbieten und deshalb auch die Aufrechnung gegenüber den aus der unzulässigen Selbsthilfe resultierenden Ersatzansprüchen zu untersagen, um sodann dem Selbsthilfe übenden Gläubiger die Ausrede zur Verfügung zu stellen, er habe an sein Recht, Selbsthilfe üben zu dürfen, geglaubt. Die Einlassung des Selbsthilfe übenden Gläubigers, er sei der Meinung gewesen, sein Handeln sei rechtens, ist nicht einmal unglaubhaft und wird in der Praxis kaum zu widerlegen sein. Da andernfalls das Aufrechnungsverbot für Fälle unzulässiger Selbsthilfe wieder relativiert würde, wird man § 393 BGB auch dann anwenden müssen, wenn der Gläubiger irrtümlich an seine Befugnis zur Selbsthilfe geglaubt hat.

IV. Die Anwendbarkeit von § 393 BGB bei Zins- und Kostenerstattungsansprüchen

Das Aufrechnungsverbot des § 393 BGB soll nach wohl einhelliger Auffassung nicht nur für die Forderung aus vorsätzlich begangenem Delikt als solcher, sondern auch für Folgeansprüche, wie Zins- und Kostenerstattungsansprüchen bei gerichtlicher Durchsetzung, Geltung beanspruchen.[16] Der Kostenerstattungsanspruch aus einem Privatklageverfahren soll dem Aufrechnungsverbot hingegen nicht unterfallen.[17]

---

[14] Vgl. schon oben 2. Teil, 1. Kap., IV. 1.

[15] So etwa: RGRK/Weber, § 393 Rn. 3; Soergel/R. Schmidt, § 393 Rn. 1; zu Unrecht und inkonsequent behauptet Deutsch, NJW 1981, S. 735 linke Sp., auch die vorsätzliche Verletzung im verschuldeten Rechtsirrtum falle zunächst unter das Aufrechnungsverbot. Mit der Vorsatztheorie ist dies nicht vereinbar, was Deutsch wohl selbst erkennt, wenn er aaO auf S. 736 ausführt, die Aufrechnung sei auch bei verschuldeten Verbotsirrtümern zuzulassen.

[16] OLG Karlsruhe, MDR 1969, S. 483; Erman/H. P. Westermann, § 393 Rn. 2; Gernhuber, Die Erfüllung und ihre Surrogate, § 12 VI. 3. a), S. 237 Fn. 74; Jauernig/Stürner, § 393 Anm. 2.; MünchKomm/v. Feldmann, § 393 Rn. 1 a; Palandt/Heinrichs, § 393 Anm. 2) b); Staudinger/Kaduk, § 393 Rn. 26.

Die Ausdehnung des Aufrechnungsverbotes auf Zins- und Kostenerstattungsansprüche ruft jedoch Bedenken hervor. Denn Zins- und Kostenerstattungsansprüche sind keine Ansprüche aus vorsätzlich begangenem Delikt. Vielmehr entstehen Zins- und Kostenerstattungsansprüche erst als weitere Folge der durch § 393 BGB privilegierten Ersatzansprüche. Deshalb kann gegenüber Zins- und Kostenerstattungsansprüchen die Aufrechnung nur dann in unmittelbarer oder entsprechender Anwendung des § 393 BGB ausgeschlossen sein, wenn die ratio legis eine derart extensive Handhabung des Aufrechnungsverbotes gebietet.

Hiergegen spricht allerdings, daß die Zins- und Kostenerstattungsansprüche nicht aus einer unzulässigen Selbsthilfe resultieren, sondern lediglich eine Folge der unterbliebenen Erfüllung der durch § 393 BGB begünstigten Forderungen darstellen.

Außerdem ist vor allem zu bedenken, daß der Zweck des § 393 BGB darin besteht, der unzulässigen Selbsthilfe vorzubeugen, indem dem Gläubiger, der zu Unrecht Selbsthilfe geübt hat, die Früchte seines verbotenen Tuns genommen werden.[18] Wirtschaftliche Vorteile vermag der Gläubiger zwar im Hinblick auf das Deckungsobjekt zu erzielen, das er sich im Wege der Selbsthilfe verschafft hat, nicht aber auch durch die bloße Verweigerung der Erfüllung des durch die Selbsthilfe ausgelösten Ersatzanspruchs. Diese Leistungsverweigerung bewirkt im Gegenteil nur eine Selbstschädigung eben in Form der Zins- und Kostenerstattungsansprüche.

Unter Berücksichtigung der dem Aufrechnungsverbot zugrunde liegenden Ratio kann § 393 BGB deshalb auf Zins- und Kostenerstattungsansprüche in aller Regel keine Anwendung finden.

Gegen eine entsprechende Anwendung von § 393 BGB bestehen jedoch dann keine Bedenken, wenn der Selbsthilfe übende Gläubiger aufgrund des eigenmächtig verschafften Deckungsobjektes tatsächlich einen Zinsgewinn erzielt hat. Denn dürfte der Gläubiger in einem solchen Falle gegenüber dem Anspruch auf Herausgabe der erlangten Zinsen mit der eigenmächtig beigetriebenen Forderung aufrechnen, so würde die verbotene Selbsthilfe doch wieder in dem Maße zum Erfolg führen, in dem sich der erzielte Zinsgewinn mit der beigetriebenen Forderung deckt. Insoweit ist der h.M. zu folgen und das Aufrechnungsverbot des § 393 BGB auf den Zinsanspruch entsprechend anzuwenden.

---

[17] Glötzner, MDR 1975, S. 718 (719); MünchKomm/v. Feldmann, § 393 Rn. 1 a; Palandt/Heinrichs, § 393 Anm. 2) b).

[18] Vgl. oben 2. Teil, 1. Kap., IV. 2.

V. Die Anwendbarkeit von § 393 BGB gegenüber der gem. § 31 BGB haftenden juristischen Person

In einem Beschluß vom 30.10.1984 hat das BayObLG ausgeführt, gegenüber dem Anspruch aus vorsätzlich begangener unerlaubter Handlung könne auch die juristische Person nicht aufrechnen, die gem. § 31 BGB für ihr Organ haftet.[19] Dies liegt ganz auf der Linie der h.M., derzufolge das Aufrechnungsverbot des § 393 BGB auch in Fällen des Schuldnerwechsels sowie Dritten gegenüber zur Anwendung gelangt, die aus welchen Gründen auch immer für die Forderung aus vorsätzlich begangenem Delikt einzustehen haben.[20]

Geht man jedoch von der dem Aufrechnungsverbot zugrundeliegenden Ratio aus, so muß richtigerweise differenziert werden.

Angenommen, das Organ der juristischen Person hat die unerlaubte Handlung begangen, um auf diese Weise eine Forderung der juristischen Person eigenmächtig beizutreiben. Will nun die juristische Person, wenn sie vom Geschädigten gem. § 31 BGB in Anspruch genommen wird, mit der Forderung aufrechnen, die ihr Organ widerrechtlich durchzusetzen versucht hatte, so muß die Aufrechnung in der Tat an § 393 BGB scheitern. Denn für die vom Organ verübte unzulässige Selbsthilfe hat die juristische Person gem. § 31 BGB einzustehen, als hätte sie die Selbsthilfe gewissermaßen „eigenhändig" begangen. Schließlich war es ja ihre Forderung, die das Organ beizutreiben versucht hatte. Für die geschilderte Fallkonstellation ist den Ausführungen des BayObLG also i.E. beizupflichten.

Angenommen, das Organ hat hingegen eine eigene Forderung durchzusetzen versucht und die juristische Person muß hierfür gleichwohl gem. § 31 BGB einstehen. Dies mag zwar nur selten vorkommen, da das Organ dann i.a.R. nicht in Ausführung der ihm zustehenden Verrichtungen gehandelt haben wird, soll aber trotzdem einmal unterstellt werden. Hat nun die juristische Person zufällig ebenfalls eine Forderung gegenüber dem Geschädigten und erklärt sie — gem. § 31 BGB in Anspruch genommen — die Aufrechnung, so erscheint es als äußerst zweifelhaft, ob § 393 BGB nach seiner Ratio der Aufrechnung auch hier entgegensteht.

Anders als in der ersten Fallkonstellation kann der juristischen Person nämlich keine unzulässige Selbsthilfe zur Last gelegt werden, da es nicht ihre Forderung war, die ihr Organ eigenmächtig beizutreiben versucht hat. Außerdem ist zu bedenken, daß das Organ nach den gegebenen Umständen keinen wirtschaftlichen Vorteil erzielt hat, der mit Hilfe des Aufrechnungsverbotes beseitigt werden müßte. Denn die juristische Person kann nach der erfolgreich

---

[19] MDR 1985, S. 231, wo allerdings der Sachverhalt nicht mitgeteilt wird; zustimmend Medicus, Schuldrecht I, § 26 II. 5. c), S. 125.

[20] Vgl. schon oben 2. Teil, 2. Kap., I.

erklärten Aufrechnung bei ihrem Organ Regreß nehmen, so daß dieses die im Wege der Selbsthilfe erlangten Vermögenswerte wieder einbüßt. Dies mag aus der Sicht des Geschädigten zwar ohne Bedeutung sein, da er die entzogenen Vermögenswerte nicht zurückbekommt. Aber aus der Sicht der juristischen Person ist die Sachlage nicht anders zu beurteilen, als wenn sie gem. § 31 BGB für eine nur fahrlässig begangene unerlaubte Handlung hätte einstehen müssen. Für die juristische Person ist die Aufrechnungslage nur zufällig entstanden und nicht erst im Wege eigenmächtiger Selbsthilfe bewußt herbeigeführt worden. Unter den gegebenen Umständen könnte § 393 BGB gegenüber der juristischen Person nur dann zur Anwendung gelangen, wenn er als Schutzvorschrift die naturale Entschädigung des privilegierten Gläubigers bezweckte. Dies ist jedoch nicht der Fall. Denn so unzweifelhaft § 393 BGB eine gleichsam naturale Entschädigung des privilegierten Gläubigers durch den Ausschluß der Aufrechnung bewirkt, so wenig ist hiermit schon der Grund für jene Privilegierung gefunden.[21] Der Zweck des Aufrechnungsverbots erschöpft sich vielmehr in der Vorbeugung unzulässiger Selbsthilfe. Dieser Vorbeugung bedarf es aber nicht, wenn der Selbsthilfe übende Gläubiger nach Lage der Dinge ohnehin keinen wirtschaftlichen Vorteil durch die Selbsthilfe erzielen kann. In der zuletzt geschilderten Fallkonstellation gelangt § 393 BGB deshalb nicht zur Anwendung. Gegenüber der gem. § 31 BGB haftenden juristischen Person greift das Aufrechnungsverbot des § 393 BGB deshalb nur dann ein, wenn das Organ eine Forderung der juristischen Person eigenmächtig beizutreiben versucht hat.

VI. Die Anwendbarkeit von § 393 BGB zugunsten des Erwerbers der privilegierten Forderung

Während die h.M. die Anwendbarkeit von § 393 BGB gegenüber dem Rechtsnachfolger des Schuldners der privilegierten Forderung ausdrücklich bejaht,[22] wird die Frage, ob das Aufrechnungsverbot auch zugunsten des Erwerbers der privilegierten Forderung zum Zuge kommt, soweit ersichtlich, nicht erörtert. Diese Frage stellt sich aber um so mehr, als es keinen allgemeinen Rechtsgrundsatz gibt, nach dem die Aufrechnung, die einem Schuldner gegenüber einem Gläubiger versagt wird, schon deshalb auch gegenüber dem Rechtsnachfolger des Gläubigers unstatthaft sein müßte.[23] Erst aus dem Zweck des jeweiligen Aufrechnungsverbotes kann die Frage entschieden werden, ob es auch noch nach der Abtretung oder dem anderweitigen Gläubigerwechsel gilt.[24]

---

[21] Vgl. schon oben 2. Teil, 1. Kap., II. und III.

[22] Vgl. oben 2. Teil, 2. Kap., I.

[23] RGZ 140, 43 (46); BGHZ 35, 317 (327); RGRK/Weber, § 406 Rn. 2.

[24] BGHZ 35, 317 (327).

1. Die Aufrechnung gem. § 406 BGB

Geht man mit der hier vertretenen Ansicht davon aus, § 393 BGB bezwecke die Vorbeugung unzulässiger Selbsthilfe, so muß das Aufrechnungsverbot zugunsten des Rechtsnachfolgers des durch § 393 BGB privilegierten Gläubigers jedenfalls insoweit Anwendung finden, als gerade die Aufrechnung mit der Forderung in Rede steht, die der Schuldner des bevorzugten Ersatzanspruchs eigenmächtig beizutreiben versucht hat. Denn mit Hilfe des § 393 BGB sollen dem Gläubiger gerade die Früchte seiner verbotenen Selbsthilfe dadurch genommen werden, daß er die für seine sonst vielleicht uneinbringlichen Forderung verschafften Vermögenswerte nicht zur Erfüllung jener Forderung im Wege der Aufrechnung verwerten kann.

Wird nun der aus einer rechtswidrigen Selbsthilfe resultierende Ersatzanspruch abgetreten oder liegt ein Fall der cessio legis vor, so muß dem Schuldner des Ersatzanspruchs auch die Aufrechnung nach §§ 406, 412 BGB gegenüber dem neuen Gläubiger mit der eigenmächtig beigetriebenen Forderung gem. § 393 BGB versagt werden. Denn anderenfalls würde der Selbsthilfe übende Gläubiger doch wieder die Befriedigung seiner sonst vielleicht uneinbringlichen Forderung im Wege der Verwertung der eigenmächtig verschafften Vermögenswerte erlangen. Da § 393 BGB gerade dies zu verhindern bezweckt, muß § 393 BGB auch zugunsten des Rechtsnachfolgers auf der Gläubigerseite zur Anwendung gelangen, soweit der Schuldner des privilegierten Anspruchs mit der eigenmächtig beigetriebenen Forderung aufrechnen will.

2. Die Aufrechnung mit einer Forderung gegen den Zessionar

Anders liegt es jedoch, wenn der Selbsthilfe übende Gläubiger nicht mit der eigenmächtig beigetriebenen Forderung gem. §§ 406, 412 BGB, sondern mit einem anderen Anspruch aufrechnet, der ihm nur zufällig gegen den Rechtsnachfolger auf der Gläubigerseite der privilegierten Forderung zusteht. Hier ist die Aufrechnung nicht gem. § 393 BGB ausgeschlossen. Denn mit ihrer Hilfe erlangt der Selbsthilfe übende Gläubiger nur die Befreiung von dem aus der Selbsthilfe resultierenden Ersatzanspruch, nicht aber gleichzeitig auch die Befriedigung seiner eigenmächtig beigetriebenen Forderung. Deshalb ist insoweit eine extensive Handhabung des Aufrechnungsverbotes nicht erforderlich.

VII. Die Anwendbarkeit von § 393 BGB gegenüber dem Bürgen

Bei der Frage nach der Anwendbarkeit von § 393 BGB gegenüber dem Bürgen sind zwei Problemkreise zu unterscheiden. Zunächst stellt sich die Frage, ob der Bürge mit einer eigenen Forderung gegenüber dem Gläubiger aufrechnen kann, wenn sich die Bürgschaft auf einen Anspruch aus vorsätzlich begangenem Delikt bezieht. Sodann fragt es sich, ob dem Bürgen die Einrede der Aufrechenbarkeit gem. § 770 Abs. 2 BGB auch dann zusteht, wenn entweder dem Gläubiger oder dem Hauptschuldner die Aufrechnung gem. § 393 BGB verwehrt ist.

1. Die Anwendbarkeit von § 393 BGB gegenüber dem Bürgen, der mit einer eigenen Forderung aufrechnen will

Nach wohl einhelliger Auffassung kann der Bürge nicht mit einer eigenen Forderung gegenüber dem Gläubiger aufrechnen, wenn sich die Bürgschaft auf eine Verbindlichkeit aus vorsätzlich begangener unerlaubter Handlung bezieht.[25]

Erblickt man jedoch mit der hier vertretenen Ansicht den Zweck des § 393 BGB in der Vorbeugung unzulässiger Selbsthilfe, so wird man der h.M. kaum beipflichten können. Denn was die Anwendbarkeit von § 393 BGB betrifft, so unterscheidet sich der Fall des Bürgen, der mit einer eigenen Forderung aufrechnen will, jedenfalls grundsätzlich nicht von dem der juristischen Person, die gem. § 31 BGB für ihr Organ haftet.[26] Dies soll an Hand des folgenden Beispiels verdeutlicht werden:

Beispiel 9
A steht zu C in Geschäftsverbindungen. B hat sich dem C gegenüber für sämtliche aus dieser Geschäftsverbindung resultierenden Verbindlichkeiten des A formgerecht verbürgt. Derartige Verbindlichkeiten bestehen jedoch nicht. Stattdessen hat A dem C ein Darlehen in Höhe von 10.000,- DM gewährt. Als A erkennt, daß C in Vermögensschwierigkeiten gerät, verschafft er sich im Wege der Selbsthilfe ein Deckungsobjekt von C, wobei die daraus resultierende Ersatzforderung des C durch die Bürgschaft des B erfaßt wird.

Verlangt nun C von A Schadensersatz, so scheitert eine von A erklärte Aufrechnung mit der Darlehensforderung wegen der von A begangenen unzulässigen Selbsthilfe natürlich an § 393 BGB.

Nimmt C aber aus welchem Grunde auch immer stattdessen den B in Anspruch und hat B zufällig ebenfalls eine Forderung gegen C, so wird man dem B wohl kaum die Aufrechnung gem. § 393 BGB versagen können. Denn schließlich kann nur dem A, nicht aber dem B eine unzulässige Selbsthilfe zur Last gelegt werden. Außerdem ist vor allem in Rechnung zu stellen, daß dem A nach Lage der Dinge aufgrund seiner verbotenen Selbsthilfe auch dann kein unverdienter Vermögensvorteil zufließt, wenn dem B die Aufrechnung erlaubt ist. Erklärt nämlich B dem C gegenüber die Aufrechnung, so geht die Ersatzforderung des C gem. § 774 Abs. 1, S. 1 BGB auf ihn über. Gegenüber dem Regreß des B kann A seine uneinbringliche Darlehensforderung in Höhe von 10.000,- DM

---

[25] Erman/H. P. Westermann, § 393 Rn. 3; MünchKomm/v. Feldmann, § 393 Rn. 1 b; Reichel, Die Schuldmitübernahme, S. 491; Staudinger/Kaduk, § 393 Rn. 33; Staudinger/Horn, § 770 Rn. 8.

[26] Vgl. oben 2. Teil, 3. Kap., V.

mangels Gegenseitigkeit nicht mehr als Kompensationsobjekt einsetzen. Insoweit helfen dem A auch die Vorschriften der §§ 406, 412 BGB nicht weiter. Denn § 393 BGB greift zugunsten des Rechtsnachfolgers des privilegierten Gläubigers jedenfalls insoweit ein, als es gerade um die Aufrechnung mit jener Forderung geht, wegen derer eigenmächtigen Beitreibung das Aufrechnungsverbot zum Zuge kommt.[27] Vermag sich A aber des Regresses durch B nicht mit Hilfe seiner uneinbringlichen Darlehensforderung zu entledigen, so büßt er die im Wege der Selbsthilfe erlangten Vorteile wieder ein. Auch wenn dem B die Aufrechnung gegenüber C mit einer eigenen Forderung gestattet ist, besteht deshalb für A kein Anreiz zur Selbsthilfe, der erst durch die Anwendung von § 393 BGB zu Lasten des B beseitigt werden müßte. Insoweit besteht demnach unter dem Blickwinkel der ratio legis kein Bedürfnis nach einer extensiven Handhabung des § 393 BGB, da sich der Zweck des Aufrechnungsverbotes in der Vorbeugung unzulässiger Selbsthilfe erschöpft. Daher gelangt § 393 BGB entgegen der h.M. nicht gegenüber dem Bürgen zur Anwendung, der mit einer eigenen Forderung aufrechnen will, zumal es im übrigen ganz in das Belieben des durch § 393 BGB privilegierten Gläubigers gestellt ist, ob er den Hauptschuldner oder den Bürgen in Anspruch nimmt.

2. Die Einrede der Aufrechenbarkeit gem. § 770 Abs. 2 BGB

Bei der Einrede der Aufrechenbarkeit ist es bekanntlich lebhaft umstritten, ob für diese Einrede des Bürgen die Aufrechnungsbefugnis des Gläubigers oder die des Hauptschuldners maßgeblich ist.

Teilweise wird die Auffassung vertreten, dem Bürgen stehe die Einrede des § 770 Abs. 2 BGB dem Wortlaut der Vorschrift entsprechend ausschließlich dann zu, wenn der Gläubiger sich auch im Wege der Aufrechnung Befriedigung verschaffen könnte.[28]

Vielfach findet sich aber auch die Meinung, dem Bürgen müsse darüber hinaus in entsprechender Anwendung des § 770 Abs. 2 BGB eine Einrede zugebilligt werden, wenn der Hauptschuldner sich im Wege der Aufrechnung von seiner Verbindlichkeit entledigen könnte, während dem Gläubiger die Aufrechnung versagt ist.[29]

---

[27] Vgl. oben 2. Teil, 3. Kap., VI. 1.

[28] RGZ 137, 34 (36); Gernhuber, Die Erfüllung und ihre Surrogate, § 12 I. 5., S. 213; MünchKomm/Pecher, § 770 Rn. 8 f.; Palandt/Thomas, § 770 Anm. 3); Rimmelspacher, Rn. 70; Schlüter, FS Westermann, S. 509 (517); Siber, JW 1932, S. 3761 (3762), der lediglich eine Ausnahme zulassen will, wenn der Hauptschuldner aufrechnen kann und dem Gläubiger die Aufrechnung gem. § 393 BGB verwehrt ist; Staudinger/Horn, § 770 Rn. 5 f.

[29] Blomeyer, JZ 1957, S. 509; Enneccerus/Lehmann, § 193 II. 2., S. 797; Erman/Seiler, § 770 Rn. 6, der allerdings § 770 Abs. 1 BGB entsprechend anwenden will; Esser/Weyers, § 40 III. 5., S. 306; Jauernig/Vollkommer, § 770 Anm. 3. b); Larenz, Schuldrecht II, § 64 I., S. 474; Medicus, JuS 1971, S. 497 (501 zu Fn. 26); ebenso wohl RGRK/Mormann, § 770 Rn. 4.

Schließlich glauben andere, der Gesetzeswortlaut sei völlig verfehlt und dem Bürgen könne ungeachtet der Aufrechnungsmöglichkeit des Gläubigers lediglich dann eine Einrede eingeräumt werden, wenn der Hauptschuldner zur Aufrechnung befugt ist.[30]

Der vorstehend skizzierte Meinungsstreit ist dem Bürgschaftsrecht zugehörig und braucht deshalb hier nicht entschieden zu werden. Denn § 393 BGB ist nach seiner Ratio in diesem Streit ohne Belang. Für keine der zum Anwendungsbereich von § 770 Abs. 2 BGB vertretenen Auffassungen braucht man sich gerade wegen des Aufrechnungsverbotes gegenüber Forderungen aus vorsätzlich begangenen unerlaubten Handlungen zu entscheiden. Umgekehrt verbietet es sich im Hinblick auf § 393 BGB nicht, einer der zu § 770 Abs. 2 BGB vertretenen Ansichten beizupflichten. Wenn man sich für eine der Meinungen zu § 770 Abs. 2 BGB entschieden hat, so ist es schließlich auch nicht erforderlich, gerade wegen § 393 BGB irgendwelche Ausnahmen zu konzedieren.[31]

Für den Fall, daß nur der Gläubiger der gesicherten Forderung zur Aufrechnung befugt ist, wird dies aufgrund des neunten Beispiels[32] deutlich.

Dort ist der Zweck des § 393 BGB bereits dann erreicht, wenn man dem A die Aufrechnung mit der Darlehensforderung verwehrt. Denn kann A seine uneinbringliche Darlehensforderung nicht als Kompensationsobjekt verwerten, so besteht für ihn auch kein Anreiz zur eigenmächtigen Selbsthilfe.

Nimmt C statt des A den B aus der Bürgschaft in Anspruch, so ist es unter dem Blickwinkel der Ratio des § 393 BGB weder erforderlich, dem B die Einrede des § 770 Abs. 2 BGB zuzugestehen, noch sie ihm zu versagen. Für A hat sich nämlich die unerlaubte Selbsthilfe unabhängig davon nicht rentiert, ob B nun zahlen muß oder nicht.

Kann B die Leistung gem. § 770 Abs. 2 BGB verweigern, so bleibt es bei der Zahlungspflicht des A, der er sich nicht im Wege der Aufrechnung entledigen kann. Muß B hingegen die Ersatzforderung des C aufgrund der Bürgschaft erfüllen, so geht die Ersatzforderung gem. § 774 Abs. 1 S. 1 BGB auf ihn über und er kann bei A Regreß nehmen. Diesem Regreß kann A sich nicht im Wege der Aufrechnung mit der Darlehensforderung gem. §§ 406, 412 BGB entziehen,[33] so daß er die durch die Selbsthilfe erlangten Vermögenswerte wieder einbüßt.

Bei der Frage, ob dem Bürgen die Einrede des § 770 Abs. 2 BGB zuzubilligen ist, wenn nur der Gläubiger aufrechnen kann, wirkt sich also § 393 BGB nicht aus.

---

[30] Soergel/Mühl, § 770 Rn. 4 und 6; Weismann, ZZP 26 (1899), S. 1 (41 f.); Zimmermann, JR 1979, S. 495 (498); der BGH hat den Streit in BGHZ 42, 396 (398); BGHZ 24, 97 (99) ausdrücklich offen gelassen.

[31] So aber Siber, JW 1932, S. 3761 (3762).

[32] Vgl. oben 2. Teil, 3. Kap., VII. 1.

[33] Siehe oben 2. Teil, 3. Kap., VI. 1.

In dem umgekehrten Fall, in dem nur der Hauptschuldner aufrechnen kann, während dem Gläubiger der gesicherten Forderung die Aufrechnung gem. § 393 BGB verboten ist, liegen die Dinge noch einfacher. Denn diese Fallkonstellation kann praktisch kaum entstehen. Dies wird deutlich, wenn man im neunten Beispiel davon ausgeht, B habe sich nicht für die Verbindlichkeiten des A, sondern für dessen Darlehensforderung verbürgt.

Will A nun nach der von ihm begangenen Selbsthilfe den B in Anspruch nehmen, so erhebt sich sofort die Frage, warum er dies nicht schon vor der eigenmächtigen Forderungsbeitreibung getan hat. Denn solange A die Befriedigung seiner Darlehensforderung durch B erreichen konnte, bestand für ihn kein Bedürfnis Selbsthilfe zu üben.

Aber wenn A gleichwohl vor der Inanspruchnahme des B Selbsthilfe geübt haben sollte, so ist es nach dem Zweck des § 393 BGB nicht erforderlich, eigens wegen der von ihm begangenen Selbsthilfe dem B die Einrede des § 770 Abs. 2 BGB zuzugestehen oder zu verwehren. Eigens zuzubilligen braucht man dem B die Einrede des § 770 Abs. 2 BGB deshalb nicht, weil er auch schon vor der von A verübten Selbsthilfe für die Darlehensforderung gehaftet hat. Eigens zu verwehren braucht man dem B die Einrede des § 770 Abs. 2 BGB natürlich ebensowenig, da die Rechte des B allein wegen der von A begangenen Selbsthilfe keine Schmälerung erfahren dürfen.

Quellen- und Literaturverzeichnis

Soweit mehrere Beiträge desselben Autors benutzt wurden, wird unter näherer Kennzeichnung des Titels bzw. der Fundstelle zitiert.

Accursius: Glossa in Codicem (Corpus Glossatorum Iuris Civilis X), Turin 1968.

Alisch, Herbert: Die Anfechtung im Konkurs, in: Jura 1981, S. 460-464.

Alternativkommentar, Kommentar zum Bürgerlichen Gesetzbuch, Reihe Alternativkommentare, Gesamtherausgeber: Rudolf Wassermann, Band 2, Allgemeines Schuldrecht, Neuwied und Darmstadt 1980.

Appleton, C.: Histoire de la compensation en droit romain, Paris 1895.

Archi, Gian Gualberto: Giustiniano legislatore, Bologna 1970.

– Rescrits impériaux et littérature jurisprudentielle dans le développement du droit criminel, in: RIDA 4 (1957), S. 221-237.

Arndts, Ludwig: Lehrbuch der Pandecten, 2. Auflage, München 1855.

Aru, Luigi: Appunti sulla difesa privata in diritto romano, in: APal 15 (1936), S. 113-217.

Asher, Georg: Die Compensation im Civilprocess des classischen roemischen Rechts, Berlin 1863.

Astuti, Guido: Compensazione (storia), in: Enciclopedia del diritto, Bd. VIII, Varese 1961, S. 1-17.

Azo: Lectura super codicem (Corpus Glossatorum Juris Civilis III, Ndr. der Ausgabe Azonis ad singulas leges XII librorum Codicis Justinianei commentarius et magnus apparatus, Paris 1577), Turin 1966.

Bähr, Otto: Urteile des Reichsgerichts mit Besprechungen, München, Leipzig 1883.

Baldus de Ubaldis: Commentaria in primam, secundum & tertium Codicis lib., Lyon 1585.

Baron, Julius: Pandekten, 4. Auflage, Leipzig 1882.

Bartolus de Saxoferrato: Commentario In Primam Codicis Partem, Venedig 1602.

Baumann, Jürgen/*Brehm,* Wolfgang: Zwangsvollstreckung, 2. Auflage, Bielefeld 1982.

Baumann, Jürgen/*Weber,* Ulrich: Strafrecht, Allgemeiner Teil, 9. Auflage, Bielefeld 1985.

Baumbach, Adolf/*Lauterbach,* Wolfgang/*Albers,* Jan/*Hartmann,* Peter: Zivilprozeßordnung mit Gerichtsverfassungsgesetz und anderen Nebengesetzen, 44. Auflage, München 1986.

Baur, Fritz/*Stürner,* Rolf: Zwangsvollstreckungs-, Konkurs- und Vergleichsrecht, 11. Auflage, Heidelberg 1983.

Benöhr, Hans-Peter: Besprechung von Hannu Tapani Klami, „Mutua magis videtur quam deposita". Über die Geldverwahrung im Denken der römischen Juristen, Helsinki 1969, in: SZ 89 (1972), S. 437-443.

Berger, Adolf: Encyclopedic Dictionary of Roman Law, Philadelphia 1953.

Bernoulli, Johannes: Diss. inaug. jur. de compensationibus, Basel 1729.

Beseler, Gerhard von: Beiträge zur Kritik der römischen Rechtsquellen, Erstes Heft, Tübingen 1910, Viertes Heft, Tübingen 1920.

- Beiträge zur Kritik der römischen Rechtsquellen, in: SZ 66 (1948), S. 265-393.

Binding, Karl: Handbuch des Strafrechts, Erster Band, Leipzig 1885.

Biondi, Biondo: Appunti intorno alla sentenza nel processo civile romano, in: ders.: Scritti Giuridici II, Mailand 1965, S. 435-517.

- Besprechung von Rezzonico, R., Il procedimento di compensazione nel diritto romano classico, Basel 1958, in: Iura 10 (1959), S. 308-313.

- Compensazione. Diritto romano, in: Novissimo digesto italiano Bd. 3 (Turin 1959), S. 719-722.

- La compensazione nel diritto romano, in: APal 12 (1929), S. 161-476.

Blank, Helmut: Condemnatio pecuniaria und Sachzugriff, in: SZ 99 (1982), S. 303-316.

Blomeyer, Arwed: Allgemeines Schuldrecht, 4. Auflage, Berlin, Frankfurt a.M. 1969.

- Anmerkung zu BGH JZ 1957, 508 f., in: JZ 1957, S. 509 f.

Böcking, Eduard: Pandekten, Vierte Ausgabe, Bonn 1852.

Böhmer, Justus Henning: De poena ius sibi dicentis sine iudice, in: ders.: Exercitationes ad Pandectas, hrsg. von Georg Ludwig Böhmer, Tomus II., Hannover und Göttingen 1747, Exercitatio XXIII. ad Lib. II. Pand. Tit. I., S. 1-71.

- Introductio in ius digestorum, secunda editio, Halle 1714.

Bötticher, Eduard: Die Einschränkung des Ersatzes immateriellen Schadens und der Genugtuungsanspruch wegen Persönlichkeitsminderung, in: MDR 1963, S. 353-360.

- Die „Selbstexekution" im Wege der Aufrechnung und die Sicherungsfunktion des Aufrechnungsrechts, in: Festschrift für Hans Schima zum 75. Geburtstag, hrsg. von Hans W. Fasching und Winfried Kralik, Wien 1969, S. 95-110.

Bonfante, Pietro: Corso di diritto romano, Vol. Terzo: Diritti reali (Ndr. der 1. Aufl.), Mailand 1972.

Bonini, Roberto: I „Libri de cognitionibus" di Callistrato, Vol. I, Mailand 1964.

Brassloff, Stephan: Zur Geschichte des römischen Compensationsrechtes, in: SZ 21 (1900), S. 362-384.

Brauer, Johann Nikolaus Friedrich: Erläuterungen über den Code Napoléon und die Großherzoglich Badische bürgerliche Gesetzgebung, Dritter Band, Karlsruhe 1810.

Brinz, Alois: Besprechung von Frid. Eisele, Die Kompensation nach römischem und gemeinem Recht, in: Kritische Vierteljahresschrift Bd. XIX (1877), S. 321-349.

- Lehrbuch der Pandekten, Zweiter Band, Erste Abtheilung, Zweite Auflage, Erlangen 1879.

- Die Lehre von der Compensation. Eine civilistische Abhandlung, Leipzig 1849.

- Noch einmal: Ipso jure compensari, in: Jahrbuch des gemeinen deutschen Rechts, hrsg. von E. I. Bekker und T. Muther, Erster Band, Leipzig 1857, S. 24-40.

Brox, Hans: Allgemeiner Teil des Bürgerlichen Gesetzbuchs, 9. Auflage, Köln, Berlin, Bonn, München 1985.

- Allgemeines Schuldrecht, 14. Auflage, München 1986.

Brunnemann, Johann: Commentarius in codicem Justinianeum, Tomus primus, Genf 1771.

– Commentarius in quinquaginta libros pandectarum, Tomus primus, Genf 1762.

Bruns, Carl Georg: Die Besitzklagen des römischen und heutigen Rechts, Weimar 1874.

– Das Recht des Besitzes im Mittelalter und in der Gegenwart, Tübingen 1848.

Buchner, Herbert/*Roth,* Günter H.: Schuldrecht III, Unerlaubte Handlungen einschließlich der Ansprüche aus dem Eigentümer-Besitzer-Verhältnis und aus rechtmäßiger Schädigung, 2. Auflage, München 1984.

Buckland, W. W.: A Text-Book of Roman Law from Augustus to Justinian, 3. Auflage (revised by Peter Stein), Cambridge 1963.

Büren, Bruno von: Schweizerisches Obligationenrecht, Allgemeiner Teil, Zürich 1964.

Bürge, Alfons: Retentio im römischen Sachen- und Obligationenrecht, Zürich 1979.

Burdese, Alberto: Besprechung von E. Nardi, Studi sulla ritenzione in diritto romano. 2. Profilo storico (Mailand 1957); 3. Dogmatica giustinianea (Mailand 1957), in: Iura 9 (1958), S. 185-191.

– Possesso (diritto romano), in: Enciclopedia del diritto, Bd. XXXIV, Varese 1985, S. 452-467.

Bydlinski, Franz: Juristische Methodenlehre und Rechtsbegriff, Wien, New York 1982.

Canaris, Claus-Wilhelm: Die Feststellung von Lücken im Gesetz, 2. Auflage, Berlin 1983.

– Handelsgesetzbuch, Großkommentar, 3. Band, 3. Teil, Bankvertragsrecht, 2. Bearbeitung, Berlin, New York 1981.

Cappel: siehe Frick.

Cappelli, Adriano: Dizionario di abbreviature latine ed italiane, 6. Auflage, Mailand 1961.

Carpzow, Benedikt: Iurisprudentia forensis Romano-Saxonica secundum ordinem Constitutionum D. Augusti Electoris Saxoniae, Editio quinta, Leipzig 1674.

Carrach, Johannes Tobias (Praes.): Diss. iur. de praecipuis differentiis iuris Romani et Germanici in compensatione (Resp.: Friedrich August Leyser), Halle 1739.

Chladenius, Ernestus Martinus (Praes.): Ex doctrina de compensationibus controversum (Resp.: Johannes Daniel Gottlob Hartmannus), Wittenberg 1757.

Cocceji, Samuel von: Jus controversum civile, Frankfurt und Leipzig 1713.

Cohen, Boaz: Self-Help in Jewish and Roman Law, in: RIDA 2 (1955), S. 107-133.

Coing, Helmut: Europäisches Privatrecht, Band I, Älteres Gemeines Recht (1500 bis 1800), München 1985.

Crome, Carl: System des Deutschen Bürgerlichen Rechts, Zweiter Band, Recht der Schuldverhältnisse, Tübingen, Leipzig 1902.

Demel, Walter/*Schubert,* Werner: Der Entwurf eines Bürgerlichen Gesetzbuchs für das Königreich Bayern von 1811, Revidirter Codex Maximilianeus Bavaricus civilis, Ebelsbach 1986.

De Malafosse, Jehan: L'interdit momentariae possessionis, Rom 1967 (Ndr. der Ausgabe Toulouse 1947/51).

Dernburg, Heinrich: Geschichte und Theorie der Compensation nach römischem und neuerem Rechte, 2. Auflage, Heidelberg 1868.

– Pandekten, Erster Band, 3. Auflage, Berlin 1892, Zweiter Band, 3. Auflage, Berlin 1892.

Deutsch, Erwin: Einschränkung des Aufrechnungsverbots bei vorsätzlich begangener unerlaubter Handlung, in: NJW 1981, S. 735 f.

– Schmerzensgeld und Genugtuung, in: JuS 1969, S. 197-204.

Dilcher, Hermann: Geldkondemnation und Sachkondemnation in der mittelalterlichen Rechtstheorie, in: SZ 78 (1961), S. 277-307.

Donellus, Hugo: Commentarii absolutissimi ad II. III. IV. VI. et VIII. libros codicis Justinianei, Pars prima, Neapel 1762.

D'Ors, Alvaro: Observaciones sobre el 'edictum de rebus creditis', in: SDHI 19 (1953), S. 134-201.

Dreher, Eduard/*Tröndle,* Herbert: Strafgesetzbuch und Nebengesetze, 42. Auflage, München 1985.

Ebel, Friedrich: Zur Höchstpersönlichkeit des Schmerzensgeldanspruchs, in: VersR 1978, S. 204-210.

Eisele, Fridolin: Besprechung von C. Appleton, Histoire de la compensation en droit romain, Paris 1895, in: SZ 17 (1896), S. 348-354.

– Die Compensation nach römischem und gemeinem Recht, Berlin 1876.

Engisch, Karl: Einführung in das juristische Denken, 7. Auflage, Stuttgart, Berlin, Köln, Mainz 1977.

Enneccerus, Ludwig/*Lehmann,* Heinrich: Recht der Schuldverhältnisse, 15. Bearbeitung, Tübingen 1958.

Enneccerus, Ludwig/*Nipperdey,* Hans Carl: Allgemeiner Teil des Bürgerlichen Rechts, Zweiter Halbband, 15. Auflage, Tübingen 1960.

Erman, Walter: Handkommentar zum Bürgerlichen Gesetzbuch, Band 1 (§§ 1-853), 7. Auflage, Münster 1981.

Esmarch, Karl: Grundsätze des Pandekten-Rechtes zum akademischen Gebrauche, Wien 1860.

Esser, Josef/*Schmidt,* Eike: Schuldrecht Band I, Allgemeiner Teil, 6. Auflage, Heidelberg 1984.

Esser, Josef/*Weyers,* Hans-Leo: Schuldrecht Band II, Besonderer Teil, 6. Auflage, Heidelberg 1984.

Eyssonius, Wigboldus: Disp. jur. inaug. de compensationibus, Franeker 1773.

Famars, Nicolaus Philippus de: Diss. jur. inaug. de compensationibus, Leyden 1702.

Feldmann, Börries von: Die Aufrechnung – ein Überblick, in: JuS 1983, S. 357-363.

Ferid, Murad: Das Französische Zivilrecht, Erster Band, Allgemeine Lehren, Recht der Schuldverhältnisse, Frankfurt a.M., Berlin 1971.

Fikentscher, Wolfgang: Schuldrecht, 7. Auflage, Berlin, New York 1985.

Fischer, Hermann Frederik Wilhelm David: De geschiedenis van de rëele excutie bij koop, Haarlem 1934.

Frick, Albert Philipp (Praes.): Diss. inaug. iur. quaestionum exhibens an compensationi obstet paescriptio? (auctor: Friedrich Cappel), Helmstedt 1794.

Friedemann, Adolf: Die Selbsthülfe in rechtshistorisch dogmatischer Darstellung unter besonderer Berücksichtigung des Römischen Rechts, Berlin 1898.

Gaertner, Max: Der gerichtliche Schutz gegen Besitzverlust nach römischem und neuerem deutschen Recht, Breslau 1901.

Gauch, Peter / *Schluep,* Walter R.: Schweizerisches Obligationenrecht, Allgemeiner Teil ohne außervertragliches Haftpflichtrecht, Band II, Zürich 1978 (Nachdruck der 1. Aufl. 1977 mit geringfügigen Änderungen).

Geib, Otto: Theorie der gerichtlichen Compensation, Tübingen 1897.

Geilen, Gerd: Strafrecht, Allgemeiner Teil, 5. Auflage, Bochum 1980.

Genius, Klaus: Der Bestandsschutz des Mietverhältnisses in seiner historischen Entwicklung bis zu den Naturrechtskodifikationen, Stuttgart, Berlin, Köln, Mainz 1972.

Gensler: 1) Nähere Entwickelung der als Rechtsprincip aufgestellten Behauptung: einer Geldforderung könne auch eine solche Geldforderung zur Compensation gegen über gestellt werden, deren Quantum erst in dem Resultat einer schuldigen Rechnung sich finden lasse.

2) An welcher Stelle in dem Gange des ordentlichen Processes kann und muß jene Einrede vorgeschützt werden? in: AcP 3 (1820), S. 199-210.

Gerhardt, Walter: Erlöschen und Umgestaltung von Schuldverhältnissen, in: Grundlagen des Vertrags- und Schuldrechts, Band 1, München 1974, 8. Kapitel, S. 697-768.

Gernhuber, Joachim: Bürgerliches Recht, 2. Auflage, München 1983.

– Die Erfüllung und ihre Surrogate, Tübingen 1983.

Gerth, Axel: Die Konkursanfechtung einer zulässigen Aufrechnung, in: BB 1978, S. 689 f.

Gesterding, F. C.: Ueber die Zulässigkeit der Compensation bei dinglichen Klagen, in: ders.: Ausbeute von Nachforschungen über verschiedene Rechtsmaterien, 3. Theil, Greifswald 1830, S. 173-195.

Glötzner, Viktor: Zum Aufrechnungsverbot des § 393 BGB, in: MDR 1975, S. 718-721.

Glück, Christian Friedrich: Ausführliche Erläuterung der Pandecten nach Hellfeld, ein Commentar, 15. Theils erste Abtheilung, Erlangen 1813.

Göschen, Friedrich Ludwig: Vorlesungen über das gemeine Civilrecht (Aus dessen hinterlassenen Papieren herausgegeben von Albrecht Erxleben), Zweiter Band, Zweite Abtheilung, Obligationenrecht, 2. unveränderte Auflage, Göttingen 1843.

Gradenwitz, Otto: Weitere Interpolationen im Theodosianus, in: SZ 38 (1917), S. 35-72.

Gruber, Wolfgang Walter (Praes.): Disp. jur. de compensationibus (Resp.: Cunradus Theodoricus Gruber), Tübingen 1649.

Guhl, Theo: Das Schweizerische Obligationenrecht mit Einschluß des Handels- und Wertpapierrechts, 7. Auflage, bearbeitet von Hans Merz und Max Kummer, Zürich 1980.

Haase, Richard: Zum Verbot der Aufrechnung gem. § 393 BGB, in: JR 1972, S. 137-139.

Häsemeyer, Ludwig: Die Gleichbehandlung der Konkursgläubiger, in: KTS 1982, S. 507-575.

Hahn, Heinrich: Observata theoretico practica, Ad Mattaei Wesenbecii in L. libros Digestorum Commentarios, et in hos editas Reinhardi Bachovii Notas et Animadversiones, Pars Prior, Helmstedt 1659.

Hanske, Paul: Die Bedeutung des rescriptum Divi Marci und der sacrae constitutiones für die compensatio im stricti iuris iudicium, Diss. iur. Leipzig 1903.

Harpprecht, Ferdinand Chr. (Praes.): Disquisitio iuridica de compensatione debitorum publicorum (Def. Georg Adolph Caroc), Tübingen 1703.

Harpprecht, Johannes: Commentarius in IV, libros institutionum iuris civilis Divi Justiniani, Tomus tertius, Editio quarta, Lausanne 1748.

Hartter, Ferdinand: Das römisch-deutsche Recht der Kompensation, mit Hinblik auf einige besondere, in Deutschland geltende Gesetze und Statuten dargestellt, München 1837.

– Zur Berichtigung der Theorie der compensatio und deductio, in: Zeitschrift für Civilrecht und Prozeß, hrsg. von Linde, Marezoll, v. Schröter, 19. Band, 3. Heft, Gießen 1844, S. 143-197.

Hasse: Ueber die Compensation und ihre Liquidität, in: AcP 7 (1824), S. 145-207.

Hausmaninger, Herbert/*Selb,* Walter: Römisches Privatrecht, 2. Auflage, Wien, Köln 1983.

Heck, Philipp: Grundriß des Schuldrechts, Tübingen 1929.

Heilfron, Eduard: Lehrbuch des Bürgerlichen Rechts auf der Grundlage des Bürgerlichen Gesetzbuchs, II. Abteilung, 2. Auflage, Berlin 1902.

Henckel, Wolfram: Materiellrechtliche Folgen der unzulässigen Prozeßaufrechnung, in: ZZP 74 (1961), S. 165-186.

Herschel, Wilhelm: Anmerkungen zu RG DR 1941, S. 2402, in: DR 1941, S. 2402.

Hess, Harald/*Kropshofer,* Birger: Kommentar zur Konkursordnung, 2. Auflage, Neuwied, Darmstadt 1985.

Hess, Zacharias: Diss. jur. de iis, inter quos compensatio locum habeat, vel non habeat, Königsberg 1698.

Heumann, H./*Seckel,* E.: Handlexikon zu den Quellen des römischen Rechts, 11. Auflage, Graz 1971.

Hirsch, Hans Joachim: Eigenmächtige Zueignung geschuldeter Sachen, Rechtswidrigkeit und Irrtum bei den Zueignungsstrafbestimmungen, in: JZ 1963, S. 149-156.

– Zur Abgrenzung von Strafrecht und Zivilrecht, in: Festschrift für Karl Engisch zum 70. Geburtstag, hrsg. von P. Bockelmann, A. Kaufmann, U. Klug, Frankfurt a.M. 1969, S. 304-327.

Hirschbach, Wolfgang (Praes.): Disp. de compensationibus (Resp. M. Georgius-David Locamerus), Wittenberg 1616.

Hölder, Eduard: Institutionen des römischen Rechtes, Tübingen 1877.

Holzschuher, Rudolph Freiherr von: Theorie und Casuistik des gemeinen Civilrechts, Erster Band, Leipzig 1843, Zweiter Band, Zweite Abtheilung, Leipzig 1847.

Hommel, Karl Ferdinand: Promtuarium iuris bertochianum ad modum lexici iuris practici sive locorum communium ex recentiorum iurisconsultorum scriptis, Tom. I, Leipzig 1777.

Honsell, Heinrich: Die Funktion des Schmerzensgeldes, in: VersR 1974, S. 205-207.

Hoppius, Joachimus (Praes.): Disp. jur. de compensatione fructuum impensis (Resp.: Johannes Joachim Schöpffer), Frankfurt 1682.

Hübner, Heinz: Allgemeiner Teil des bürgerlichen Gesetzbuches, Berlin, New York 1985.

Hupfer, Heinz: Anmerkung zu BGH NJW 1976, 1147, in: NJW 1976, S. 1792.

Irnerius: Summa codicis, hrsg. von Hermann Fitting (Ndr. der Ausgabe Berlin 1894), Frankfurt 1971.

Jakobs, Horst Heinrich/*Schubert,* Werner: Die Beratung des Bürgerlichen Gesetzbuchs in systematischer Zusammenstellung der unveröffentlichten Quellen, Recht der Schuldverhältnisse I, §§ 241 bis 432, Berlin, New York 1978.

Jauernig, Othmar: Bürgerliches Gesetzbuch mit Gesetz zur Regelung des Rechts der Allgemeinen Geschäftsbedingungen, 3. Auflage, München 1984.

– Zwangsvollstreckungs- und Konkursrecht, 17. Auflage, München 1985.

Jescheck, Hans-Heinrich: Lehrbuch des Strafrechts, Allgemeiner Teil, 3. Auflage, Berlin 1978.

Jörs, Paul/*Kunkel,* Wolfgang/*Wenger,* Leopold: Römisches Recht, 3. Auflage, Berlin, Heidelberg, New York 1978.

Jolowicz, H. F.: Historical introduction to the Study of Roman Law, Cambridge 1965 (Ndr. des überarbeiteten Nachdrucks von 1954 der 2. Aufl. von 1951).

Jones, A. H. M.: The Later Roman Empire 284-602, Band 1, Oxford 1964.

Kanne, Christian Carl (Praes.): De compensatione et retentione in concursu creditorum locum habente (Resp.: Friedrich Mossdorf), Leipzig 1779.

Karlowa, Otto: Römische Rechtsgeschichte, Zweiter Band, erster Teil, Leipzig 1901.

Karsseboom, Richard: Disp. jur. inaug. de compensationibus, Leyden 1720.

Kaser, Max: Besprechung von Renzo Rezzonico, Il procedimento di compensazione nel diritto romano classico, Basel 1958, in: SZ 76 (1959), S. 608-610.

– Besprechung von Georg Thielmann, Die römische Privatauktion, zugleich ein Beitrag zum römischen Bankierrecht, Berlin 1961, in: SZ 79 (1962), S. 439-449.

– Das römische Privatrecht, erster Abschnitt, das altrömische, das vorklassische und klassische Recht, 2. Auflage, München 1971.

– Das römische Privatrecht, zweiter Abschnitt, die nachklassischen Entwicklungen, 2. Auflage, München 1975.

– Das römische Zivilprozessrecht, München 1966.

– Römisches Privatrecht, 13. Auflage, München 1983.

– Über mehrfache Verpfändung im römischen Recht, in: Studi in onore di Giuseppe Grosso, Vol. I, Turin 1968, S. 27-76.

Kaufmann, Arthur: Zur Rechtsmittelbelehrung in Jugendstrafsachen, in: JZ 1958, S. 9-13.

Kaufmann, Horst: Zur Geschichte des aktionenrechtlichen Denkens, in: JZ 1964, S. 482-489.

Kegel, Gerhard: Probleme der Aufrechnung: Gegenseitigkeit und Liquidität rechtsvergleichend dargestellt, Berlin, Leipzig 1938.

Keller, Friedrich Ludwig v.: Pandekten (Aus dem Nachlasse des Verfassers herausgegeben von Emil Friedberg), Leipzig 1861.

Kipp, Theodor: Über dilatorische und peremtorische Exzeptionen, in: SZ 42 (1921), S. 328-356.

Klami, Hannu Tapani: „Mutua magis videtur quam deposita". Über die Geldverwahrung im Denken der römischen Juristen, Helsinki 1969.

Klang, Heinrich: Kommentar zum Allgemeinen bürgerlichen Gesetzbuch, 6. Band, §§ 1293-1502, 2. Auflage, Wien 1951.

Klug, Ulrich: Juristische Logik, 3. Auflage, Berlin, Heidelberg, New York 1966.

Kniep, Ferdinand: Vacua Possessio, Erster Band, Jena 1886.

Koch, Christian Friedrich: Das Recht der Forderungen nach Gemeinem und nach Preußischem Rechte, mit Rücksicht auf neuere Gesetzgebungen, Zweiter Band, Breslau 1840.

Köhler, Helmut: BGB Allgemeiner Teil, 18. Auflage, München 1983.

Köndgen, Johannes: Haftpflichtfunktion und Immaterialschaden, Berlin 1976.

Kornmann, Johann Hartmann: Disp. jur. de compensationibus, Marburg 1662.

Koschaker, Paul: Besprechung von Kretschmar, Paul, Über die Entwicklung der Kompensation im römischen Rechte, Leipzig 1907, in: SZ 30 (1909), S. 457-461.

Krampe, Christoph: Besprechung von Olivier Verrey, Leges geminatae à deux auteurs et compilation du Digeste. Thèse, Lausanne 1973, in: SZ 93 (1976), S. 369-380.

Kreittmayr, Wiguläus Xaverius Aloysius Freiherr von: Anmerkungen über den Codicem Maximilianeum Bavaricum Civilem, Vierter Theil, München 1797.

Kreller, Hans: Besprechung von Biondo Biondi, La compensazione nel diritto Romano Cortona (Stab. Tip. Commerciale), 1927 (Estratto dal vol. XII degli „Annali del Seminario Giuridico della R. Università di Palermo"), in: SZ 49 (1929), S. 506-518.

– Besprechung von Siro Solazzi, La compensazione nel diritto romano, 2. Aufl. (Napoli 1950), in: Iura 2 (1951), S. 216-223.

– Kritische Digestenexegesen zur „compensatio", in: Iura 2 (1951), S. 82-101.

– Römisches Recht II. Grundlehren des gemeinen Rechts, Romanistische Einführung in das geltende Privatrecht, Wien 1950.

Kretschmar, Paul: Über die Entwicklung der Kompensation im römischen Rechte, Leipzig 1907.

Krug, August Otto: Die Lehre von der Compensation, Leipzig 1833.

– Ueber die römisch rechtliche Auffassung der compensatio, in: AcP 25 (1842), S. 211-226.

Kübler, Bruno M.: Der Einfluß der Konkurseröffnung auf den Überweisungsverkehr des Gemeinschuldners, in: BB 1976, S. 801-806.

Kuhn, Georg/*Uhlenbruck*, Wilhelm: Konkursordnung, Kommentar, 10. Auflage, München 1986.

Lackner, Karl: Strafgesetzbuch mit Erläuterungen, 16. Auflage, München 1985.

Lam, Anthonius: Disp. inaug. de compensationibus, Marburg 1639.

Lang, Georg: Das Aufrechnungsrecht nach bürgerlichem Recht, München 1906.

Lange, Hermann: Schadensersatz, Tübingen 1979.

– Schadensersatz und Privatstrafe in der mittelalterlichen Rechtstheorie, Münster, Köln 1965.

Larenz, Karl: Allgemeiner Teil des deutschen Bürgerlichen Rechts, 6. Auflage, München 1983.

– Lehrbuch des Schuldrechts, Erster Band, Allgemeiner Teil, 13. Auflage, München 1982.

– Lehrbuch des Schuldrechts, Zweiter Band, Besonderer Teil, 12. Auflage, München 1981.

– Methodenlehre der Rechtswissenschaft, 5. Auflage, Berlin, Heidelberg, New York 1983.

Lauterbach, Wolfgang Adam: Collegium pandectarum theoretico – practicum, Tomus primus, editio sexta, Tübingen 1784.

Leage, R. W.: Roman Private Law, 3. Auflage von A.M. Prichard, London 1964.

Lenel, Otto: Über Ursprung und Wirkung der Exceptionen, Heidelberg 1876.

Leonhard, Franz: Allgemeines Schuldrecht des BGB, München, Leipzig 1929.

– Die Aufrechnung, Göttingen 1896.

Leonhard, R.: Compensatio, in: Paulys Real-Encyclopädie der classischen Altertumswissenschaft, Neue Bearbeitung, hrsg. von Georg Wissowa, 7. Halbband, Stuttgart 1900, Sp. 784-788.

Levy, Ernst: Die Konkurrenz der Aktionen und Personen im klassischen römischen Recht, Band 1, Aalen 1964 (Ndr. der Ausgabe Berlin 1918).

– Oströmisches Vulgarrecht nach dem Zerfall des Westreiches, in: SZ 77 (1960), S. 1-15.

– Pauli Sententiae, New York 1969.

– Vulgarization of Roman Law in the Early Middle Ages as Illustrated by Successive Versions of Pauli Sententiae, in: ders.: Gesammelte Schriften, Erster Band, Köln, Graz 1963, S. 220-247.

– Weströmisches Vulgarrecht. Das Obligationenrecht, Weimar 1956.

– West Roman Vulgar Law, The Law of Property, Philadelphia 1951.

Leyser, Augustin: Meditationes ad Pandectas, Vol. III. et IV., Leipzig und Wolfenbüttel 1725.

Liebknecht, Karl: Compensationsvollzug und Compensationsvorbringen nach gemeinem Rechte, Berlin 1898.

Liebs, Detlef: Besprechung von Roberto Bonini, I „Libri de cognitionibus“ die Callistrato, Vol. I, Mailand 1964, in: TR 34 (1966), S. 254-266.

– Die Klagenkonkurrenz im römischen Recht, Zur Geschichte der Scheidung von Schadensersatz und Privatstrafe, Göttingen 1972.

– Lateinische Rechtsregeln und Rechtssprichwörter, München 1982.

– Römisches Recht, 2. Auflage, Göttingen 1982.

Linde, Ioannes: Commentatio synoptica de compensatione in concursu creditorum, Gießen 1782.

Litewski, Wieslaw: Studien zur Verwahrung im römischen Recht, Warschau, Krakau 1978.

Locamerus, Georgius David (Praes.): Disp. de compensationibus (Resp.: Johannes Sigismund Chrailshaimer), Straßburg 1620.

Lombardi, Luigi: Aperçus sur la compensation chez les juristes classiques, in: Bull. 66 (1963), S. 35-91.

Ludovici, Jacob Friedrich (Praes.): Diss. jur. de juramento compensationem non excludente (Resp.: Geraldus Rösing), Halle 1717.

- Doctrina Pandectarum, Editio II., Halle 1714.

Lübtow, Ulrich von: Catos leges venditioni et locationi dictae, in: Symbolae Raphaeli Taubenschlag dedicate Bd. III, in: EOS, Commentarii Societatis Philologae Polonorum, Vol. 48, Fasciculus 3, Breslau, Warschau 1957, S. 227-441.

- Ursprung und Entwicklung der condemnatio pecuniaria, in: SZ 68 (1951), S. 320-359.

Lüke, Gerhard/*Huppert,* Ulf: Durchblick: Die Aufrechnung, in: JuS 1971, S. 165-171.

Luzzatto, Giuseppe: Von der Selbsthilfe zum römischen Prozeß, in: SZ 73 (1956), S. 29-67.

Mackeldey, Ferdinand: Lehrbuch des römischen Rechts, Erster Band, Einleitung und allgemeiner Theil, 14. vielfach veränderte Original=Ausgabe, besorgt durch Johann Adam Fritz, Wien 1862.

Maestertius, Jacob: Tractatus tres. Quorum primus de lege commissoria in pignoribus. Alter de compensationibus. Tertius de secundis nuptiis, Leyden 1549.

Magirus, David (Praes.): Disp. iur. de Compensationibus (Resp.: David Müller), Tübingen 1613.

Marrone, Matteo: In materia di ritenzione, in: Labeo Bd. 4 (1958), S. 81-88.

Mayer-Maly, Theo: Bemerkungen zum Aufbau der Digestentitel, in: Synteleia Vincenzo Arangio-Ruiz, Vol. II, Neapel 1964, S. 878-885.

Mayohl, Joachim Ludolph: Tractatio iuridica de compensatione in concursu creditorum, Rostock und Weimar 1751.

Medice, Sebastian/*Tyndarus*: Tractatus duo de compensationibus, Frankfurt 1585.

Medicus, Dieter: Die Akzessorietät im Zivilrecht, in: JuS 1971, S. 497-504.

- Allgemeiner Teil des BGB, 2. Auflage, Heidelberg 1985.
- Schuldrecht I, Allgemeiner Teil, 3. Auflage, München 1986.
- Schuldrecht II, Besonderer Teil, 2. Auflage, München 1985.
- Zur Urteilsberichtigung in der actio iudicati des Formularprozesses, in: SZ 81 (1964), S. 233-292.

Meischeider, E.: Besitz und Besitzschutz, Berlin 1876.

Meissner, Moritz Ferdinand: De iure debitoris cui solutione interdictum est, Diss. Leipzig 1828.

Meyer, Dieter: Genugtuungsfunktion des Schmerzensgeldes und Strafzumessung – OLG Düsseldorf, NJW 1974, 1289 und OLG Celle, JZ 1970, 548, in: JuS 1975, S. 87-90.

Mickwitz, Gunnar: Geld und Wirtschaft im römischen Reich des vierten Jahrhunderts n. Chr., Amsterdam 1965.

Mincke, Wolfgang: Forderungsrechte als „sonstige Rechte" i.S. des § 823 Abs. 1 BGB, in: JZ 1984, S. 862-866.

Moeller, Vincent: Disp. inaug. jur. de compensationibus, Basel 1632.

Monier, Raymond: Manuel élémentaire de droit romain, Band I, 6. Auflage, Paris 1947, Band II, 4. Auflage, Paris 1948.

Mühlenbruch, Christian Friedrich: Lehrbuch des Pandekten-Rechts, Erster Theil, 2. Auflage, Halle 1837, Zweiter Theil, 2. Auflage, Halle 1838.

Müller, Friedrich: Juristische Methodik, Berlin 1971.

Müller, Johannes Ernst Justus: Promtuarium iuris novum ex legibus et optimorum iurisconsultorum tam veterum quam recentiorum scriptis, ordine alphabetico congestum, Vol. II., Leipzig 1793.

Münchener Kommentar zum Bürgerlichen Gesetzbuch, herausgegeben von Kurt Rebmann und Franz Jürgen Säcker, Band 1: Allgemeiner Teil, AGB-Gesetz, 2. Auflage, München 1984.
Band 2: Schuldrecht, Allgemeiner Teil, 2. Auflage, München 1985.
Band 3: 2. Halbband: Schuldrecht, Besonderer Teil, 2. Auflage, München 1986.

Mugdan, Benno: Die gesamten Materialien zum Bürgerlichen Gesetzbuch für das deutsche Reich, Band 2, Recht der Schuldverhältnisse, Aalen 1979 (Ndr. der Ausgabe Berlin 1899).

Naber, J. C.: Observatiunculae de iure Romano, in: Mnemosyne 36 (nova series, 1908), S. 65-74.

Nardi, Enzo: Studi sulla ritenzione in diritto romano, I, Fonti e casi, Mailand 1947, II, Profilo storico, Mailand 1957, III, Dogmatica giustinianea, Mailand 1957.

Niemeyer, Jürgen: Anmerkung zu BGH NJW 1976, 1147, in: NJW 1976, S. 1792 f.

Obermayer, Klaus: Gedanken zur Methode der Rechtserkenntnis, in: NJW 1966, S. 1885-1892.

Obermüller, Walter: Sicherungsrechte der Bank beim Dokumenteninkasso, in: Recht und Wirtschaft in Geschichte und Gegenwart, Festschrift für Joachim Bärmann zum 70. Geburtstag, herausgegeben von Marcus Lutter, Helmut Kollhosser und Winfried Trusen, München 1975, S. 709-732.

Odofredus de Denariis: Lectura super codice I, Bologna 1969 (Ndr. der Ausgabe Odofredi ... in primam Codicis partem ... praelectiones, Lyon 1552).

Oertmann, Paul: Kommentar zum Bürgerlichen Gesetzbuch und seinen Nebengesetzen, Zweites Buch, Recht der Schuldverhältnisse, Erste Abteilung, § 241 bis 432, 5. Auflage, Berlin 1928.

Osuchowski, Waclaw: Historyczny rozwój kompensacji w prawie rzymskim, Warschau, Krakau 1970.

Otte, Gerhard: Schadensersatz nach § 823 I BGB wegen Verletzung der „Forderungszuständigkeit"?, in: JZ 1969, S. 253-258.

Overbeck, August Wilhelm / *Overbeck,* Bernhard Ludewig: Das edictum divi Marci findet heut zu Tage noch statt, in: dies., Meditationen über verschiedene Rechtsmaterien, Erster Band, Hannover 1796, 51. Meditation, S. 352-364.

– Ein Rechtsfall, in welchem der Spoliant das unternommene Spolium durch die Einrede der Compensation rechtfertigen will, in: dies., Meditationen über verschiedene Rechtsmaterien, Achter Band, Hannover 1799, 408. Meditation, S. 117-126.

Palandt, Otto: Bürgerliches Gesetzbuch, 45. Auflage, München 1986.

Partsch, Josef: Die Schriftformel im römischen Provinzialprozesse, Diss. Breslau 1905.

Pawlowski, Hans-Martin: Methodenlehre für Juristen, Heidelberg, Karlsruhe 1981.

Pecher, Hans Peter: Der Anspruch auf Genugtuung als Vermögenswert, in: AcP 171 (1971), S. 44-81.

Pernice, Alfred: Labeo. Römisches Privatrecht im ersten Jahrhunderte der Kaiserzeit, Zweiter Band, erste Abteilung, 2. Auflage, Halle 1895.

Picker, Eduard: Die Drittwiderspruchsklage in ihrer geschichtlichen Entwicklung als Beispiel für das Zusammenwirken von materiellem Recht und Prozeßrecht, Köln, Berlin, Bonn, München 1981.

Pikart, Heinz: Die Rechtsprechung des Bundesgerichtshofs zur Aufrechnung, in: WM 1963, S. 358-367.

Placentinus: Summa codicis, Turin 1962 (Ndr. der Ausgabe In Codicis ... libros IX Summa Placentino ... conscripta ... Mainz 1536).

Prausnitz, Otto: Die Geschichte der Forderungsverrechnung (Aufrechnung, Kontokorrent, Skontration) vorwiegend nach niederländischen Rechtsquellen mit Beiträgen zur Geschichte des Handels-, Straf- u. Zivilprozeßrechts, Marburg 1928.

Preisendanz, Holger: Strafgesetzbuch mit Erläuterungen und Beispielen, ausgewählten Nebengesetzen sowie einem Anhang über Jugendstrafrecht, 30. Auflage, Berlin 1978.

Priester, Oscar: Compensatio culpae, Diss. Erlangen, erschienen Würzburg 1896.

Priester, Oskar: Ipso iure compensatur. Civilrechtliche Studie als Versuch endgültiger Lösung der Ipso-Iure-Frage, Frankfurt a.M. 1897.

Pringsheim, Fritz: Die Entstehungszeit des Digestenplanes und die Rechtsschulen, in: ders.: Gesammelte Abhandlungen, Zweiter Band, Heidelberg 1961, S. 41-72.

Protte, Nicolaus: Disp. inaug. de Compensationibus, Leyden 1661.

Prueschenckh, Zacharias (Praes.): Disp. jur. de compensationibus (Resp.: Johannes Philippus Romanus), Jena 1635.

Puchta, Georg Friedrich: Pandekten, 9. Auflage (nach dem Tode des Verfassers besorgt von A. F. Rudorff), Leipzig 1863.

Pufendorf, Samuel: De iure naturae et gentium libri octo, Editio secunda, Frankfurt 1684.

Pugliese, Giovanni: Besprechung von Luzatto, Procedura civile romana. Vol. I. esercizio dei diritti e difesa privata; vol. II. Le „legis actiones", Bologna 1946 e 1948, in: Iura 1 (1950), S. 404-420.

Rabel, Ernst: Grundzüge des römischen Privatrechts, 2. Auflage, Darmstadt 1955.

Regelsberger, Ferdinand: Pandekten, Erster Band, Leipzig 1893.

Reh, K. L.: Wann darf der Richter die illiquide except. compensationis zur besondern Ausführung verweisen? mit einem Zusatz von Gensler, in: AcP 2 (1821), S. 210-217.

Rehbein, H.: Das Bürgerliche Gesetzbuch mit Erläuterungen, II. Band, Recht der Schuldverhältnisse, Allgemeine Bestimmungen, §§ 241-432, Berlin 1903.

Reichel, Hans: Aufrechnung und Betrug, in: AcP 125 (1926), S. 178-192.

– Die Schuldmitübernahme, München 1909.

Reinicke, Dietrich: Die zweckentfremdete Aufrechnung, in: NJW 1972, S. 793-796.

Reinicke, G. und D.: Die Ausfüllung primärer und sekundärer Gesetzeslücken nach der Rechtsprechung des Bundesgerichtshofs, in: NJW 1952, S. 1153-1157.

Rennefahrt, H.: Schweizerisches Obligationenrecht mit leichtverständlichen Anmerkungen und vielen praktischen Beispielen, unter Berücksichtigung der neuesten bundesgerichtlichen Rechtsprechung, Zürich 1919.

Rezzonico, Renzo: Il procedimento di compensazione nel diritto romano classico, Basel 1958.

RGRK, Das Bürgerliche Gesetzbuch mit besonderer Berücksichtigung der Rechtsprechung des Reichsgerichts und des Bundesgerichtshofes, Kommentar, hrsg. von Mitgliedern des Bundesgerichtshofes, 12. Auflage, Berlin 1978 ff.

Riemer, Valentin (Praes.): Disp. jur. de compensationibus (Resp.: Elias Reinbolt), Jena 1619.

Rimmelspacher, Bruno: Kreditsicherungsrecht, München 1980.

Rivinus, Johannes Florens (Praes.): Diss. iur. de compensatione inter cohaeredes (Def.: Ernst Heinrich Bose), Leipzig 1728.

Roby, Henry John: Roman Private Law in the Times of Cicero and of the Antonines, Vol. 2. Aalen 1975 (Ndr. der Ausgabe Cambridge 1902).

Rotondi, Giovanni: Contributi alla storia del contratto di deposito nel diritto romano, in: ders.: Scritti giuridici Vol. II. Studii sul diritto romano delle obligazioni, Mailand 1922, S. 1-136.

– Possessio quae animo retinetur, in: ders.: Scritti giuridici Vol. III. Mailand 1922, S. 94-256.

Rummel, Peter: Kommentar zum Allgemeinen bürgerlichen Gesetzbuch in zwei Bänden, 2. Band, §§ 1090 bis 1502 ABGB, Nebengesetze, Wien 1984.

Ruppenthal, Philippe Louis: Diss. sur les principes de la compensation, Koblenz 1808.

Samter, Richard: Nichtförmliches Gerichtsverfahren, Weimar 1911.

Sattelmacher, Paul / *Sirp,* Wilhelm: Bericht, Gutachten und Urteil, 30. Auflage, München 1986.

Savigny, Friedrich Carl von: Das Obligationenrecht als Teil des heutigen römischen Rechts, zwei Bände, Aalen 1973 (Ndr. der Ausgabe Berlin 1851).

– Das Recht des Besitzes, Eine civilistische Abhandlung, 5. Auflage, Gießen 1827.

– System des heutigen römischen Rechts, 8 Bände, Aalen 1981 (2. Ndr. der Ausgabe Berlin 1840-49).

Schetla, Christian Friedrich: Diss. inaug. iur. quaestionem: utrum in compensatione, prout in solutione, habeatur prius ratio usurarum quam sortis, an vice versa, an pro rata usurarum et sortis simul?, Altdorf 1741.

Scheurl, Christoph Gottlieb Adolf von: Compensation, in: ders.: Beiträge zur Bearbeitung des Römischen Rechts, Erlangen 1853, S. 149-189.

Schindler, Karl-Heinz: Justinians Haltung zur Klassik, Versuch einer Darstellung an Hand seiner Kontroversen entscheidenden Konstitutionen, Köln, Graz 1966.

Schlosser, Peter: Zivilprozeßrecht II, Zwangsvollstreckungs- und Insolvenzrecht, München 1984.

Schlüter, Wilfried: Die Einrede der Aufrechenbarkeit des OHG-Gesellschafters und des Bürgen, in: Festschrift für Harry Westermann zum 65. Geburtstag, hrsg. von Wolfgang Hefermehl, Rudolf Gmür, Hans Brox, Karlsruhe 1974, S. 509-524.

Schmidelius, Johannes (Praes.): De compensationibus in specie sic dictis (Resp.: Joann-Georgius Thrum), Erfurt 1670.

Schönke, Adolf / *Schröder,* Horst: Strafgesetzbuch, Kommentar, 22. Auflage, München 1985.

Schreiter, Chr.: Disputatio de compensatione cessionarii posterioris cum priori, Leipzig 1710.

Schröder, Heinrich: Disp. jur. inaug. de compensationibus, Straßburg 1644.

Schubert, Werner: Die Vorlagen der Redaktoren für die erste Kommission zur Ausarbeitung des Entwurfs eines Bürgerlichen Gesetzbuches, Recht der Schuldverhältnisse, Teil 1, Allgemeiner Teil, Berlin, New York 1980.

Schulz, Fritz: Classical Roman Law, Oxford 1951.

- Einführung in das Studium der Digesten, Tübingen 1916.

- History of Roman Legal Science, Oxford 1946.

Schuster, Michael: I. Wie ist das Compensations-Recht geltend zu machen? II. Ist der Uebernehmer eines verpfändeten Grundstückes den Hypotheken-Gläubigern persönlich, folglich mit seinem Vermögen verpflichtet? Zwey Abhandlungen, Wien 1830.

Schwanert, Hermann: Die Compensation nach Römischem Recht. Festschrift, Namens und im Auftrage der Rostocker Juristen-Facultät verfasst, Rostock 1871.

Schwarz, Fritz: Die Grundlage der condictio im klassischen römischen Recht, Münster, Köln 1952.

Schweppe, Albrecht (nach dessen Tode fortgesetzt von Wilhelm *Meier*): Das Römische Privatrecht in seiner heutigen Anwendung, 3. Band, Obligationenrecht, 4. Auflage, Göttingen 1831.

Seuffert, Johann Adam: Praktische Bemerkungen über verschiedene Rechtsmaterien. VI. Zu den Lehren von der Compensation und der Rechnungsablage, in: AcP 11 (1828), S. 379-385.

- Praktisches Pandektenrecht, Zweiter Band, 3. Auflage, Würzburg 1852.

- Ueber die Compensation einer Forderung auf Rechnungs-Ablage mit einer Geldforderung, in: AcP 3 (1820), S. 195-198.

Siber, Heinrich: Anmerkung zu RG JW 1932, S. 3761 ff., in: JW 1932, S. 3761 f.

- Compensation und Aufrechnung. Ein Beitrag zur Lehre des deutschen bürgerlichen Rechts, Leipzig 1899.

- Römisches Recht in Grundzügen für die Vorlesung, II. Römisches Privatrecht, Berlin 1928.

Siebenhaar, Eduard: Commentar zu dem bürgerlichen Gesetzbuche für das Königreich Sachsen, Zweiter Band. Das Recht der Forderungen (bearbeitet von Karl Magnus Pöschmann), Leipzig 1865.

- Lehrbuch des Sächsischen Privatrechts, Leipzig 1872.

Simon, Dieter: Untersuchungen zum Justinianischen Zivilprozeß, München 1969.

Sintenis, Carl Friedrich Ferdinand: Das practische gemeine Civilrecht, Zweiter Band. Das Obligationenrecht, 2. Auflage, Leipzig 1861.

- Von der prozessualischen Natur der Compensation, in: Zeitschrift für Civilrecht und Prozeß, hrsg. von Linde, Marezoll, v. Schröter, 18. Band, Gießen 1843, S. 1-37.

Sitzia, Francesco: Su una costituzione di Giustiniano in tema sportulae, in: Bull. 75 (1972), S. 221-233.

Soergel, Hs. Th.: Bürgerliches Gesetzbuch mit Einführungsgesetz und Nebengesetzen,
Band 1, Allgemeiner Teil, 11. Aufl., Stuttgart, Berlin, Köln, Mainz 1978,
Band 2, Schuldrecht I, 10. Aufl., Stuttgart, Berlin, Köln, Mainz 1967,
Band 4, Schuldrecht III, 11. Aufl., Stuttgart, Berlin, Köln, Mainz 1985.

Solazzi, Siro: La compensazione nel diritto romano, 2. Auflage, Neapel 1950.

Stampe, Ernst: Das Compensationsverfahren im vorjustinianischen stricti juris judicium, Leipzig 1886.

Staudinger, J. von: Kommentar zum Bürgerlichen Gesetzbuch mit Einführungsgesetz und Nebengesetzen, 12. Auflage, Berlin 1978 ff.

– Kommentar zum Bürgerlichen Gesetzbuch mit Einführungsgesetz und Nebengesetzen, II. Band, Recht der Schuldverhältnisse, Teil 1 d, §§ 328-432, 10./11. Auflage, Berlin 1978.

Stoll, Hans: Schadensersatz und Strafe, in: Ius privatum gentium, Festschrift für Max Rheinstein zum 70. Geburtstag, Band II, hrsg. von E. v. Caemmerer, S. Mentschikoff, K. Zweigert, Tübingen 1969, S. 569-590.

Stone, Roy: Gaius noster and „Res nostra", in: SZ 83 (1966), S. 357-365.

Struve, Georg Adam: Syntagma Jurisprudentiae, Secundum ordinem Pandectarum concinnatum, Jena 1687.

Stryk, Samuel: Disputatio de rescindendis contractibus nominalis, in: ders.: Opera omnia vol. X, Dissertationum juridicarum Francofurtensium, vol. V, Florenz 1840, Disputatio XVII, Sp. 479-510.

Stubenrauch, Moritz von: Commentar zum österreichischen allgemeinen bürgerlichen Gesetzbuche, 2. Band, 7. Auflage (bearbeitet von Max Schuster v. Bonnoff, Karl Schreiber, Arnold Krasny), Wien 1899.

Studienkommentar zum BGB, Erstes bis Drittes Buch (§§ 1-1296), Bearbeitet von: Volker Beuthien, Walther Hadding, Alexander Lüderitz, Dieter Medicus, Manfred Wolf, 2. Auflage, Frankfurt a.M. 1979.

Systematischer Kommentar zum Strafgesetzbuch, Allgemeiner Teil (§§ 1-79 b), von Hans-Joachim Rudolphi, Eckhard Horn, Erich Samson, 3. Auflage, Frankfurt a.M., Stand: September 1985, Besonderer Teil (§§ 80-358), von Hans-Joachim Rudolphi, Eckhard Horn, Erich Samson, Frankfurt a.M., Stand: Juni 1985.

Tellkampf, J. L.: Über das Erforderniß der Liquidität bei der Compensation, in: AcP 23 (1840), S. 301-342.

Thibaut, Anton Friedrich Justus: System des Pandekten-Rechts, Erster Band, 7. Ausgabe, Jena 1828.

Thielmann, Georg: Die römische Privatauktion, Berlin 1961.

Thomas, J. A. C.: Textbook of Roman Law, Amsterdam, New York, Oxford 1976.

Thomasius, Christian: Fundamenta juris naturae et gentium, Aalen 1963 (Ndr. der 4. Aufl., Halle, Leipzig 1718).

– Institutiones jurisprudentiae divinae libri tres, 6. Aufl., Halle 1717.

Thon, August: Rechtsnorm und subjektives Recht, Aalen 1964 (Ndr. der Ausgabe Weimar 1878).

Titze, Heinrich: Bürgerliches Recht, Recht der Schuldverhältnisse, 4. Auflage, unveränderter Ndr., Berlin, Göttingen, Heidelberg 1948.

Tyndarus: siehe Medice.

Ubbelohde, August: Ueber den Satz: Ipso jure compensatur. Eine Untersuchung aus dem römischem Rechte, Göttingen 1858.

Uffenbach, Zacharias Conradus: Diss. inaug. jur. de compensatione stricte dicta, Gießen 1663.

Ungepaur, Erasmus (Praes.): Disp. jur. inaug. de compensationibus (Resp.: Zacharias Beichling), Jena 1644.

Upmeyer: Ipso iure compensari, Ein Beitrag zur Lehre von den erfüllungssichernden Rechtsverhältnissen, Berlin 1914.

Vangerow, Karl Adolph von: Leitfaden für Pandekten-Vorlesungen, Dritter Band (Fünftes Buch: Die Obligationen), Marburg, Leipzig 1847.

Vering, Friedrich H.: Geschichte und Pandekten des römischen und heutigen gemeinen Privatrechts. Zum academischen Gebrauch, 4. Auflage, Mainz 1875.

Verrey, Olivier: Leges geminatae à deux auteurs et compilation du Digeste. Thèse, Lausanne 1973.

Visky, Károly: Quelques remarques sur la thèse ipsam rem condemnare et ses rapports économiques, in: RIDA 19 (1972), S. 469-494.

Wächter, Carl Georg von: Pandekten
I, Allgemeiner Teil, Leipzig 1880; II. Besonderer Teil, Leipzig 1881
(hrsg. durch O. v. Wächter)

Walch, Carl Friedrich (Praes.): Diss. iur. de compensatione creditorum in concursu (Resp.: Johannes Ernestus Schmidius), Jena 1770.

Warmelo, Paul van: Le rescrit de Marc Aurèle à propos de la compensation, in: Droits de l'antiquité et sociologie juridique, Mélanges Henri Lévy-Bruhl, Paris 1959, S. 335-341.

Weismann, Jakob: Die Aufrechnung nach dem Bürgerlichen Gesetzbuche, in: ZZP 26 (1899), S. 1-42.

Weitnauer, Hermann: Aktuelle Fragen des Haftungsrechts, in: VersR 1970, S. 585-598.

Wendt, Otto: Lehrbuch der Pandekten, Jena 1888.

Wenger, Leopold: Institutionen des römischen Zivilprozeßrechts, München 1925.

- Die Quellen des Römischen Rechts, Wien 1953.

- Zur Lehre von der actio iudicati, Graz 1901.

Wening-Ingenheim, J. R. von: Lehrbuch des gemeinen Civilrechts, Erster Band, 3. Auflage, München 1827.

Wesenburg, Gerhard/*Wesener,* Gunter: Neuere deutsche Privatrechtsgeschichte, 4. Auflage, Wien, Köln, Graz 1985.

Wesener, Gunter: Offensive Selbsthilfe im klassischen römischen Recht, in: Festschrift für Artur Steinwenter zum 70. Geburtstag, Graz Köln 1958, S. 100-120.

Wieacker, Franz: Lateinische Kommentare zum Codex Theodosianus, in: Symbolae Friburgenses in honorem Ottonis Lenel, Leipzig 1931, S. 259-356.

- Textstufen klassischer Juristen, Göttingen 1960.

- Vulgarismus und Klassizismus im Recht der Spätantike, Heidelberg 1955.

Winscheid, Bernhard: Lehrbuch des Pandektenrechts, Erster Band, 7. Auflage, Frankfurt a.M. 1891, Zweiter Band, 7. Auflage, Frankfurt a.M. 1891.

Wolf, Ernst: Lehrbuch des Schuldrechts, Erster Band: Allgemeiner Teil, Köln, Berlin, Bonn, München 1978.

Wolff, Christian: Ius naturae, Pars V, Hildesheim 1968 (= Gesammelte Werke, hrsg. und bearbeitet von J. Ecole, J. E. Hofmann, M. Thomann, H. W. Arndt, II. Abt. Band 21, hrsg. und bearbeitet von Marcel Thomann, Ndr. der Ausgabe Halle 1745).

Wolter, Udo: Ius canonicum in iure civili, Köln, Wien 1975.

– Mietrechtlicher Bestandsschutz, Frankfurt a.M. 1984.

Wubbe, F. B. J.: Besprechung von Renzo Rezzonico, Il procedimento di compensazione nel diritto romano classico, Basel 1958, in: TR 27 (1959), S. 220-227.

Wunderlich, Johann (Praes.): Diss. iur. de re litigiosa non compensanda (auctor: Johann Nikolaus Sibeth), Jena 1756.

Zachariä, Karl Salomo: Handbuch des Französischen Civilrechts, Zweyter Band, 3. Auflage, Heidelberg 1827.

Zasius, Ulrich: Opera omnia, hrsg. von Johann Ulrich Zasius und Joachim Mynsinger von Frundeck, Band 4, Aalen 1966 (Ndr. der Ausgabe Lyon 1550).

Zeiller, Franz Edler von: Commentar über das allgemeine bürgerliche Gesetzbuch für die gesammten Deutschen Erbländer der Oesterreichischen Monarchie, 4. Band, Wien, Triest 1813.

Zimmermann, Reinhard: Die Einrede der Aufrechenbarkeit nach § 770 Abs. 2 BGB, in: JR 1979, S. 495-499.

Zoller, Friedrich Gottlieb (Praes.): Exercitatio iuridica quaestionum continens utrum debitor, qui solutionem in chirographo promisit, exceptione compensationis adhuc uti queat (Def.: Friedrich Andreas Riesner), Leipzig 1769.